Aide-toi, ton corps t'aidera

Anne-Marie Filliozat
Gérard Guasch

Aide-toi, ton corps t'aidera

Albin Michel

Collection Guides/Clés
dirigée par Patrice Van Eersel

Aux patients,
qui nous ont honorés
de leur confiance

À nos élèves

Et à toi, lecteur,
« Santé !… »

Sommaire

Le bien-être, c'est peut-être pour plus tard,
mais le mieux-être, c'est tout de suite !

Introduction

« Santé !... » dit-on en levant son verre et en souriant. Mais qu'est-ce que nous signifions ainsi au juste ? Exprimons-nous un souhait, une conviction, un vœu pieux ? Est-ce une exhortation, une conjuration, un appel au destin, en espérant que des forces inconnues nous donnent et nous conservent ce bien si précieux ? Ne serait-ce pas que nous considérons la santé comme un cadeau, la maladie comme une fatalité, que nous croyons que c'est la faute à « pas de chance » et que notre participation personnelle à cette loterie est quasi nulle ?

Nous voudrions montrer dans ce livre, né d'un long contact avec la « matière humaine », cette matière qui est faite de douleurs et de joies, de souffrances, de bien-être, de plaisirs et de frustrations, que la santé dépend, certes, de nombreux facteurs qui ne sont pas tous maîtrisables, mais que **nous disposons aussi de ressources efficaces pour la préserver, voire l'optimiser**.

Un nouveau département de la médecine, au nom à rallonge : la psycho-neuro-endocrino-immunologie, a démontré expérimentalement que notre corps (le soma) est en interaction continuelle avec notre psychisme (le mental, l'affectif, les émotions). Explorant les liens qui existent entre la conscience (psycho), le système nerveux (neuro), les sécrétions hormonales (endocrino) et les mécanismes de défense qu'utilise l'organisme (immuno), elle a confirmé que le psychisme a une influence sur l'état de santé ou de maladie bien plus grande qu'on ne le supposait ; que notre organisme est un tout.

Un mot plus familier le traduit : psychosomatique. Pour nous qui la pratiquons depuis des lustres, la psychosomatique est une approche globale de la personne dans une vision unitaire où corps et esprit sont indissociablement unis. Une approche qui considère que **tout ce qui affecte le corps affecte aussi l'esprit, certes, mais que le contraire est aussi vrai**.

Cette unité corps-esprit semble parfois bien théorique. C'est pourtant une réalité. Nous en avons une expérience plus sensible, plus immédiate, dans certaines circonstances ; en cas de plaisir intense ou lorsque nous sommes très stressés par exemple. À l'occasion d'un stress extrême, d'une douleur aiguë, nous ressentons des tensions physiques en même temps que mentales et émotionnelles, les unes renforçant les autres. Impossible alors de ne pas se rendre compte que corps et esprit ne font qu'un. Le schéma suivant l'explique :

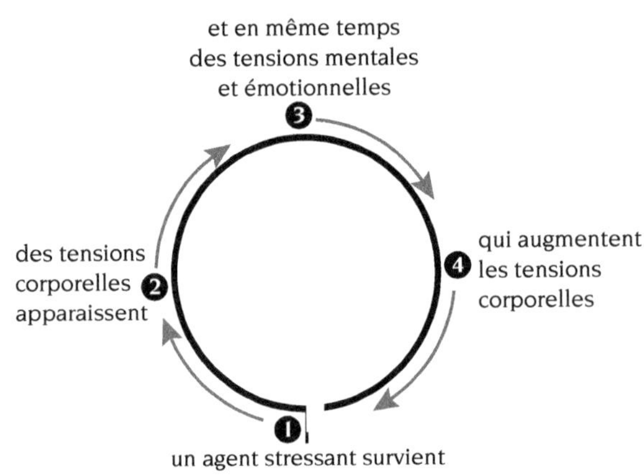

Schéma 1 › Le cercle psychosomatique.

La vie émotionnelle modifie l'organique de même que l'organique modifie la vie émotionnelle. Cette affirmation est au cœur de l'approche que nous vous présentons. Approche qui s'intéresse au premier chef au vécu de chacun, sans prétendre développer une théorie psychologique ou métaphysique qui expliquerait tous nos maux.

Comme on trouvait jadis sur les marchés des « Clés des songes » pour interpréter les rêves, on trouve aujourd'hui des « Clés des maux » censées aider à déchiffrer le sens des maladies ; ce n'est pas le but de ce livre. Il ne prétend pas « expliquer » toutes les maladies, ni les décoder, ni donner une clé symbolique à nos maux. Plus qu'à une interprétation, c'est à une **compréhension** qu'il vous invite et à la **découverte des ressources utiles** pour votre santé.

Toute maladie est due à de multiples facteurs et nous sommes loin de tous les connaître. Chaque avancée de la médecine moderne, chaque emprunt à des médecines traditionnelles nous ouvre de nouveaux territoires, nous montrent de nouvelles zones d'ombre à explorer. Ce que notre propre expérience de cliniciens nous a enseigné, c'est que **nous pouvons avoir une influence certaine sur notre santé**. Cette influence passe par le développement d'un réflexe de mieux-être.

Pour notre profit et celui de nombreux patients, nous avons expérimenté chacune des ressources que nous vous proposons. Chacune a fait la preuve, aussi modeste qu'elle puisse paraître, qu'elle peut avoir une grande importance sur la globalité d'une situation. La théorie des systèmes montre en effet que « si je modifie un élément, c'est tout l'ensemble que je modifie », c'est-à-dire, pour ce qui nous intéresse ici, que **tout ce que nous faisons de bénéfique pour notre corps et notre psychisme a une répercussion globale sur notre bien-être et notre santé**.

Ces ressources que nous vous présentons s'associent naturellement l'une à l'autre et permettent finalement de développer une façon nouvelle de prendre en charge notre santé. Façon nouvelle qui implique un contact avec soi-même et son monde intérieur afin de mieux connaître ses limites, ses besoins, ses priorités. Façon nouvelle qui nous incite à examiner nos certitudes, nos croyances, nos « vérités personnelles » et à modifier tant nos attitudes psychologiques que nos habitudes de vie pour utiliser au mieux nos potentiels latents afin de maintenir notre capital santé et le faire fructifier.

C'est à cette façon nouvelle, ou renouvelée, de concevoir le bien-être et le mieux-être que nous vous invitons ici.

Et pour commencer, faisons un petit test…

Exercice

Avez-vous le réflexe mieux-être ?

Pour le savoir, voici quelques questions à vous poser :

› Si vous sentez que vous êtes mal assis ou que votre corps est dans une position inconfortable, faites-vous rapidement quelque chose pour vous sentir mieux ou attendez-vous que ça devienne insupportable ?

› Lorsque vous éprouvez un vague malaise émotionnel, une petite angoisse, une sensation de vide au creux de l'estomac, faites-vous quelque chose ou attendez-vous que ça passe tout seul ?

› Si vous avez mal à la tête, à l'épaule ou à quelque autre partie du corps, combien de temps attendez-vous avant de faire quelque chose ?

› De façon générale, lorsqu'il s'agit de votre bien-être et de votre santé, pensez-vous qu'il est bon d'agir sans attendre ou qu'il est préférable d'attendre et de voir ?

Le bien-être, c'est peut-être pour plus tard,
mais le mieux-être, c'est tout de suite !
Alors, êtes-vous prêt à faire quelque chose pour vous ?

> 1 <
chapitre

Un cocktail doux-amer : la vie

« La vie est une maladie sexuellement transmissible, de durée indéterminée, et de pronostic fatal !... » Derrière cette boutade se cachent quelques vérités. La vie est un ample mouvement qui nous porte et nous emporte. Vivre est une aventure dont nous savons seulement qu'elle aura une fin comme elle a eu un commencement. Pour le reste, malgré les projets, les programmes, les assurances, les réassurances dont nous cherchons à nous entourer, nous ne pouvons que nous en remettre à la vie même.

Les vécus de notre existence se manifestent dans deux champs, le corps et l'esprit, que l'on croit trop souvent distincts, mais qui sont intimement liés. Ces vécus, qui s'expriment parfois plus sur la scène du corps (soma) ou sur celle de l'esprit (psyché), ne sont en fait que les deux versants d'une même réalité que nous nommerons ici **psychosoma**. Associés dans une union très intime, ils sont à l'origine de ce que nous appelons communément maladie ou santé.

➤ La santé n'a pas de prix...

C'est ce qu'on dit, et pourtant elle en a un, économique bien sûr, mais affectif et énergétique aussi.

■ **Économique**, par le manque à gagner qu'elle entraîne et par le coût des soins. Les maladies dites « de civilisation » : dépression, allergies alimentaires ou respiratoires, maladies cardio-vasculaires, obésité, galopent ; sans compter les effets dommageables de l'alcool et du tabac, et ceux causés par le chômage et les stress prolongés et répétés au quotidien. La course à la productivité se paie cher : le stress gagne, la dépression s'étend, et la société, incapable de s'autoréguler et de réaliser les réformes de fond qui s'imposent et permettraient une vraie prévention, pousse à la médicalisation des individus. C'est ainsi que les ventes mondiales d'antidépresseurs ont atteint, en 2002, le chiffre record de près de 20 milliards de dollars !

■ **Affectif**, car la maladie fait crise, est crise. Comme toute crise, elle peut être une opportunité de changement, de réflexion, d'évolution ou d'enlisement dans une dénégation de notre responsabilité à vivre bien, à vivre mieux. La tentation est grande de tout rejeter sur les facteurs externes : « C'est la faute à pas de chance ! », par crainte de sombrer dans la culpabilité, alors qu'il ne s'agit pas de se culpabiliser, rumination stérile, mais de prendre ses responsabilités.

■ Et **énergétique** ! Bien que nous utilisions chaque jour le terme « énergie » et que nous percevions bien ce qu'il nous en coûte de chauffer et d'éclairer une maison, d'entretenir une voiture, nous avons moins conscience que notre corps fonctionne lui aussi à l'énergie. Énergie que nous puisons dans la nourriture et la respiration, bien sûr, mais aussi, de façon plus subtile, dans l'environnement.

➤ Une si précieuse santé

La santé c'est précieux, aussi la souhaite-t-on aux autres. Mais la nôtre ? La nôtre, il semble que nous ne nous en occupions guère, sauf quand nous sommes malades. Lorsque tout va bien, lorsque nous nous sentons bien-portants, nous ne prenons guère en compte le vécu intime de notre corps ; mais si tout à coup quelque chose ne va pas, c'est l'affolement.

Quand tout va bien, il nous arrive quand même de penser de

temps à autre que, pour rester en santé, il est nécessaire de prendre soin de son alimentation, de son sommeil, de faire du sport. Mais, si des troubles somatiques se manifestent, on ne pense plus qu'à trouver qui va nous sortir de là, comme on chercherait un plombier, et on râle si le « dépanneur » met en question l'installation !

À une époque de *fast-food* (restauration rapide), qui n'est bien souvent que de la *fat-food* (alimentation grasse), quand elle n'est pas de la *fake-food* (alimentation « bidon » colorée, texturisée et aromatisée pour tromper le palais et flatter le goût), et de préparations instantanées (un peu de poudre, un peu d'eau : c'est prêt !), on espère que les traitements soient courts, les résultats immédiats. Le rôle dévolu aujourd'hui au médecin est le plus souvent celui d'un technicien de santé, dont on attend surtout qu'il soit un habile dépanneur.

Lorsqu'on est malade, consulter un médecin et prendre « de la chimie », voilà la réponse, jugée correcte, qu'on nous a enseignée. C'est là une vision réduite de ce qu'est la santé. Quant au spécialiste, qui sait chaque jour « plus de choses sur moins de choses », nous avons pris l'habitude de lui livrer notre corps morceau par morceau. Or, notre corps n'est pas un jambon à débiter en tranches ; il est une totalité ! C'est pourquoi il ne faut pas s'étonner que nombre de patients éprouvent un malaise croissant devant une médecine qui relègue chaque jour un peu plus la personne au rôle d'**objet porte-symptômes**, en oubliant qu'elle est avant tout le **sujet**, l'acteur principal de ce qui se joue. Et ne pas s'étonner non plus de la demande croissante de soins alternatifs.

Faut-il y voir le reflet d'une certaine insatisfaction (voire d'une insatisfaction certaine) des systèmes officiels de soins, ou la prise de conscience qu'il existe d'autres points de vue sur la santé et l'art de se soigner qui prennent mieux en compte la personne dans sa globalité ?

À qui confier sa santé ?

« Ma santé est bien trop précieuse pour que je la laisse *seulement* entre les mains des médecins !... » disait l'un de nos patients. Ceci est plus qu'une plaisanterie ; en effet, la formation universitaire des médecins est centrée sur l'étude des mécanismes pathologiques. Passant de longues heures à apprendre signes et symptômes, l'étudiant finit par ne plus penser qu'en termes de maladie et de traitement. Nous sommes loin aujourd'hui du médecin philosophe qu'Hippocrate jugeait l'égal des dieux. Hippocrate, père de notre médecine, qui n'hésitait pas à affirmer : « Il ne faut pas rougir d'emprunter au peuple ce qui peut être utile à l'art de guérir. »

Rien de ce qui peut contribuer au mieux-être physique et psychique de l'être humain ne devrait en effet demeurer étranger ni au médecin ni au patient. Hélas, il n'en va pas ainsi. L'avancée de la recherche, l'étendue des connaissances scientifiques nouvelles, l'orientation idéologique des études font que le médecin tend de plus en plus à se spécialiser dans une branche du savoir médical. Il devient ainsi un habile technicien, mais néglige d'être un éducateur de santé. Et la séparation des études de psychologie fait de cette dernière la parente pauvre de l'enseignement. La vision globale que l'on peut ainsi avoir des processus de santé s'en trouve d'autant diminuée.

Quoi qu'il en soit, et même si l'on est parfaitement satisfait de la relation que l'on a avec son (ses) médecin(s) et des soins reçus, il est toujours bénéfique de développer en soi une attitude responsable face à sa santé.

S'occuper de soi n'est pas si facile

« S'occuper de soi n'est pas si facile, dites-vous, et puis je ne sais pas par quel bout commencer. » C'est justement pourquoi nous avons écrit ce livre, pour vous aider à vous y retrouver, à prendre les choses en main et à développer votre réflexe mieux-être.

Réflexe qui intéresse autant l'esprit que le corps, la santé que la maladie. Mais, d'abord, voyons un peu ce qui fait obstacle.

C'est un ensemble complexe et assez confus de pensées, où se mêlent un sentiment d'écrasement face à l'ampleur de la tâche, d'incapacité, d'inaptitude et une certaine paresse à assumer nos responsabilités. Sentiment dans lequel se retrouve tout le poids de nos croyances et de notre éducation. Quand la maladie est là, il s'y ajoute une certaine perte d'autonomie, de la crainte, de la confusion et un besoin accru de se faire prendre en charge par un tiers.

Tout cela est compréhensible, mais ne doit pas nous faire perdre de vue qu'il est bon que chacun d'entre nous développe une attitude responsable de prise en charge personnelle ; attitude aussi utile que l'on soit malade ou bien portant, pour éviter les divorces qui, parfois, peuvent désharmoniser l'union du couple corps-esprit.

➤ L'amphore et le papillon

Vivre n'est pas simple, vivre n'est pas sans risques ; nous en faisons chaque jour l'expérience et notre corps aussi. Ce corps, qui nous appartient peut-être un peu moins que nous ne lui appartenons, est sensible aux variations de l'environnement, à nos émotions, à nos humeurs, aux contraintes du milieu dans lequel nous évoluons. Comme celui des autres animaux, il s'adapte et se défend pour maintenir la vie en lui. Mais notre corps n'est pas seul ; il est intimement uni avec ce que nous appelons notre esprit.

Pour les Grecs, le souffle, l'âme (*psukê*, du verbe *psukein*, souffler ; d'où vient le mot « psyché ») est le principe vital qui anime le corps. Selon un mythe ancien, l'âme est comme un papillon enfermé dans une amphore (qui symbolise le corps, *soma*) et aspire à reprendre son vol.

Si nous parlons aujourd'hui plus volontiers du corps et de l'esprit que du corps et de l'âme, nous avons gardé les racines grecques de ces mots pour former le mot « psychosomatique ».

Mais, avant d'aller plus loin, si vous le voulez bien, réfléchissons un peu.

Une petite minute de réflexion…

› Quand vous lisez le terme « psychosomatique », à quoi ce mot vous fait-il penser ? Qu'évoque-t-il pour vous ?

› Quelque chose qui relèverait uniquement du mental ?

› Certains malades, qui pourtant souffrent dans leur corps, s'entendent ainsi dire par leur médecin : « Vous n'avez rien, c'est psychosomatique. » Si votre médecin vous dit cela, que comprenez-vous ? Et d'où tirez-vous ces conclusions ? Quelles sont vos sources d'information ?

Rassurez-vous, ceci n'est pas un interrogatoire au deuxième degré, c'est juste une petite mise au point, une invitation à réfléchir comme vous en trouverez d'autres dans les chapitres suivants. Une mise au point utile, car notre tête est bourrée d'informations, de croyances, de préjugés ramassés ici ou là, qui souvent font obstacle à l'acquisition de nouvelles connaissances.

Alors, faisons le point ; nous nous comprendrons mieux ensuite, et cela pourra nous permettre de partager avec vous une réflexion neuve, nourrie d'éléments jusque-là peu ou mal connus.

La psychosomatique, le psychosomatique, donc, c'est quoi pour vous ?

➤ Le psychosomatique, c'est l'unité corps-esprit

« Psychosomatique », mot ambigu, qui fascine ou repousse, et que souvent on ne sait trop par quel bout prendre. Mot chauve-souris (des poils et des ailes !) chargé d'une aura qui évoque les grands mystères de l'organisme et, en particulier, ce mystérieux « saut du psychique dans le somatique » postulé par Freud. « Objet limite » pour certains biologistes, il semble être un « objet impensable » pour certains psychologues. C'est qu'aujourd'hui les sciences de la

Vie et les sciences de l'Homme sont séparées par un fossé qui, trop souvent, paraît infranchissable. Fossé sur lequel la psychosomatique est justement comme un pont lancé.

Plus communément, le terme « psychosomatique » évoque des maux, des symptômes physiques ayant leur origine « dans la tête », une souffrance que certains jugent plus ou moins « imaginaire ». Pour nombre de médecins, il sert à désigner une catégorie assez vague de maladies qui seraient d'origine psychique. Quant à nous, thérapeutes accueillant et accompagnant des personnes de tous âges présentant des souffrances de tous ordres, ayant expérimenté la puissance des approches psychocorporelles qui privilégient le concept d'énergie, nous donnons au mot « psychosomatique » (que nous écrivons sans trait d'union) le sens d'**unité fondamentale du corps et de la psyché**.

D'ailleurs, à bien y réfléchir, le fonctionnement de notre organisme ne peut être que psychosomatique, car il implique inéluctablement les interactions du corps et de l'esprit dans un tout dynamique en recherche permanente d'équilibre et de complétude. Et l'expérience quotidienne montre que **tout ce qui nous affecte affecte indistinctement l'esprit et le corps**.

Quand on parle de psychosomatique, il ne s'agit pas de la jonction de deux entités distinctes, mais bien de leur enchevêtrement inextricable au sein d'une personnalité où, constamment, l'une influence l'autre et crée cette unité indissociable que nous nommons ici **psychosoma**.

Cette unité conditionne notre état de santé physique et psychique, notre vécu tout entier. Nos sensations, nos réactions, notre comportement, notre manière d'être dans notre corps comme dans notre mental, nos mouvements pulsionnels et émotionnels, sont des expressions psychosomatiques. Nous réagissons à tout, tout le temps, dans toutes les dimensions de notre être. **L'unité corps-esprit soutient toute notre construction d'être vivant**.

Il en découle que cette vision globale, holistique, du fonctionnement de l'organisme n'intéresse pas seulement le domaine de la maladie, mais, de façon bien plus large, **tout le vécu** qui est le nôtre. Ce terme s'applique donc au vaste domaine de la santé dans les multiples dimensions que lui confère la définition de l'Organisation mondiale de la santé (OMS) lorsqu'elle parle de « santé globale ». Aussi considérerons-nous tout au long de ces pages que **notre organisation fondamentale est de nature psychosomatique**. Cette affirmation est soutenue par nombre de recherches, dont beaucoup ont trait au stress.

Être plus conscients

À ce sujet, Mme le docteur Nicole Baumann, directeur du laboratoire de neurochimie à l'hôpital de la Pitié-Salpêtrière, à Paris, n'hésite pas à affirmer : « Nous nous construisons et pouvons également nous détruire tout au long de la vie. Si les individus étaient conscients de certains effets délétères du stress, ils pourraient modifier leurs comportements. Une amélioration considérable de leur état de santé s'ensuivrait… »

Alors, pourquoi ne pas chercher à être plus conscients et à nous construire plutôt qu'à nous détruire ? Être plus conscients et chercher activement à vivre mieux, sans pour autant tomber dans la préoccupation et faire de cette recherche une nouvelle source de préoccupation et de stress, voilà la gageure.

Commençons donc par explorer le vaste domaine de ce qu'on appelle aujourd'hui le stress afin de mieux en connaître les versants positifs et négatifs et, au passage, rendons hommage à de petites bestioles qui nous en ont beaucoup appris.

Quand les souris claquent des dents…

Ah ! dira-t-on jamais assez ce que nous devons aux souris ? Oui, les souris, ces grandes oubliées de la science. Pourtant ce sont elles, ces obscures, ces sans-grade, que l'on inocule, trépane, électrocute, anesthésie, soumet aux expériences les plus audacieuses, les plus imprévues. Les souris que l'on stresse et immole sur l'autel de la connaissance.

Que pouvaient-elles bien penser ces petites souris qu'un médecin déposa par un froid hiver canadien sur le rebord de la fenêtre de son laboratoire ? Elles claquaient des dents et luttaient, luttaient contre les morsures du froid. Mais, comme la chèvre de M. Seguin, elles s'épuisèrent ; le froid en vint à bout. Elles en claquèrent, les pauvres, de trop claquer des dents. Et quand le chercheur revint, il ne trouva plus que des petits corps raides et froids. Des petits corps inertes qui allaient sous son scalpel livrer un bien étrange mystère : les glandes surrénales de chacune avaient considérablement augmenté de volume. Hans Selye imagina-t-il, alors, qu'il allait lancer le mot à la mode pour désigner le mal à la mode ?

➤ Le mot...

Ce mot, « stress », le docteur Selye (1907-1982) l'emprunta au vocabulaire de la physique où il désigne la force, la pression, la charge affectant la structure d'un objet métallique soumis à des contraintes qui peuvent le déformer. « Stress » vient du verbe latin *stringere* qui signifie étreindre, serrer, pincer ; mot qui a donné naissance en français à astreindre, étreindre, détresse... Il est curieux de noter qu'avant d'appartenir à la physique des métaux, ce mot désignait au XVIIe siècle, dans la langue anglaise, la souffrance, les épreuves, les ennuis, les calamités de la vie ; sens qu'il a repris aujourd'hui, dans le vocabulaire courant.

Jeune étudiant en médecine à l'université de Prague, en 1926, Hans Selye s'étonne de voir que des patients atteints de maladies différentes présentent des altérations biologiques communes. Il en conçoit qu'il doit exister un commun dénominateur à des états pathologiques différents et nomme celui-ci « syndrome général de maladie ». Tout aurait pu en rester là. Mais lorsque, quelques années plus tard, installé au Québec, il se lance dans des recherches sur les hormones sexuelles chez des souris soumises à différentes épreuves par le chaud, le froid, l'électricité, les rayons X, Selye a la surprise d'observer des manifestations organiques semblables.

Accumulant des observations, le chercheur tchèque publie, en 1936, dans la prestigieuse revue *Nature*, un article sur les réponses non spécifiques provoquées par un agent agressif physique, quel qu'il soit. Le mot « stress » est lancé ; il connaîtra la fortune que l'on sait. Selye n'en est pas très satisfait, il lui aurait préféré le mot *strain* (contrainte), mais ne pourra jamais le rattraper. Ses recherches ultérieures le conduiront à définir avec plus de précision ce qu'il nomme non plus « syndrome général de maladie », mais, de façon plus vaste, « syndrome général d'adaptation », et à étendre son étude aux facteurs psychologiques. En 1950, il publie son ouvrage fondamental : *Stress*. Plus de mille pages, cinq mille références répertoriées : une somme !

Vingt-cinq ans plus tard, il déclare : « Le stress va de pair avec l'expression de toutes nos impulsions intérieures. Il résulte de toute demande qui s'exerce sur une partie de l'organisme. En fait, l'absence de stress, c'est la mort. »

➤ ...Et la chose

Et pour ultime définition, il donnera celle-ci : « Le stress est la réponse non spécifique de l'organisme à toute demande qui lui est faite. » Non spécifique, c'est-à-dire générale. **Le stress est une réponse générale de l'organisme à une stimulation d'ordre physique et/ou psychologique.**

Cette stimulation peut être forte ou légère, agréable ou désagréable. Coups, caresses, joie, tristesse, douleur, plaisir, odeurs, bruits, lumières, tout est pour l'organisme facteur de stress. Toute variation de l'environnement représente un stress heureux (*eustress*) ou malheureux (*distress*), bon ou mauvais pour l'organisme, qui répond immédiatement par une sécrétion d'hormones et de neurotransmetteurs, mettant en jeu les complexes mécanismes biologiques que nous étudierons au chapitre suivant.

La vie est un processus d'adaptation permanent et efficace, mais seulement jusqu'à un certain point. L'intensité, la durée et la répétition des sollicitations peuvent créer un effet de surcharge.

Elles entraînent des risques de dysfonctionnement. C'est lorsque nous dépassons nos limites naturelles d'autorégulation que nous ressentons les effets néfastes du stress ; nous disons alors : « Je suis stressé. » En réalité, quand nous percevons cela c'est que, dans la plupart des cas, nous avons déjà dépassé les bornes, nous sommes déjà en « sur-stress ». Et, comme disait un humoriste : « Quand on dépasse les bornes, il n'y a plus de limites... »

Avant d'aller plus loin, faisons un peu le point...

› Vous plaignez-vous souvent d'être surchargé(e), fatigué(e), stressé(e) ?

› Avez-vous parfois l'impression d'être « à bout » ?

› Vous dites-vous : « Je n'en peux plus » ?

› Êtes-vous facilement irritable ?

› Avez-vous du mal à dormir ? Des troubles de l'appétit ?

› Recherchez-vous fréquemment des stimulants ?

Attention ! si vous avez répondu oui à toutes ces questions, vous êtes sans doute déjà dans une zone dangereuse pour votre équilibre, votre santé.

Pourquoi ne pas prendre un moment pour souffler un peu et vous demander à quoi cela tient ?

Se détendre, réfléchir, faire le point, nous est aussi nécessaire dans notre vie quotidienne qu'au pilote de ligne ou au marin au long cours.

Vous trouverez dans les pages qui suivent d'autres invitations à le faire et des propositions concrètes pour vous « reprendre » quand le besoin s'en fait sentir.

➤ Un peu de l'un, un peu de l'autre

Ce que nous avons pris l'habitude de considérer comme négatif, en nous plaignant des excès de la vie quotidienne, est en fait un mécanisme d'adaptation indispensable. Sans stress, il y a bien longtemps que la lignée humaine se serait interrompue et nous ne serions pas là pour en parler.

Disons-le clairement : **sans vie, il n'y aurait pas de stress, mais sans stress, il n'y aurait pas de vie !** Reconsidérons donc ce mot, et l'usage que nous en faisons.

Une étude récente a été menée aux États-Unis, à l'Ohio State University ; elle intéressait (une fois encore !) des souris de laboratoire. La moitié d'un lot de ces petits rongeurs furent enfermés pendant deux heures et demie dans une cage étroite et peu hospitalière avant qu'on leur applique un vaccin. Les autres furent laissés dans leur cage habituelle, beaucoup plus confortable. Or, le premier lot a réagi plus efficacement contre l'injection ultérieure d'une protéine allergisante, et ceci jusqu'à neuf mois plus tard. Comme si un stress, appliqué au bon moment, avait permis à leur organisme de conserver une mémoire plus fidèle des corps étrangers.

Le stress est un mécanisme de vie, un mécanisme d'adaptation, un mécanisme positif, il n'est pas mauvais en soi. Ce qui nous pèse, c'est la charge de stress que nous ressentons comme excessive. De fait, ce sont les contrariétés quotidiennes, l'excès de travail, la fatigue des transports, les problèmes financiers, le manque de sommeil, les frustrations sournoises, les petits ennuis de chaque jour qui surchargent le système et risquent de le mettre en déséquilibre. Ajoutons à cela le peu de soin que nous donnons généralement à notre corps, des erreurs alimentaires, un excès de tabac, d'alcool, un manque d'exercice, de repos, et nous aurons un tableau assez complet des facteurs de mauvais stress.

Et le bon ? Le bon stress, lui, est lié aux situations plaisantes :

ambiance agréable, travail valorisant, repos, détente, surprise heureuse, baisers, caresses, mots tendres, contact physique chaleureux, relations affectives et sexuelles satisfaisantes. C'est aussi le stress initial, celui qui nous pousse à nous bouger, à entreprendre une action ; le meilleur étant le plus bref. S'il se prolonge, il risque d'épuiser nos réserves et alors de changer de polarité, de bon devenir mauvais. Et, puisque le stress est notre lot à tous, il importe que dans notre cocktail bon et mauvais s'équilibrent, sans quoi la coupe de la vie risque d'être bien amère.

➤ Et tourne, tourne, le petit vélo dans ma tête...

Notre cerveau fabrique en permanence des images, des pensées, et chacun sait combien il est difficile d'arrêter ce flux, ne serait-ce qu'un court moment. Quand tout va bien, que nous sommes de bonne humeur, nos productions mentales participent de notre vécu agréable. Mais, tout comme le climat, l'humeur est changeante ; elle peut être bonne ou mauvaise, claire ou sombre. Les jours sombres, la rencontre de difficultés, de soucis, entraîne un contenu mental négatif, des images où dominent les craintes, les inquiétudes, l'anxiété. Le « petit vélo » qui tourne sans répit dans ma tête accélère. Parfois, il dérape et m'entraîne dans la rumination mentale. Je me sens envahi par les problèmes qui sont là, ou que j'imagine être là. Ne trouvant pas d'issue, je me sens écrasé.

Les agents stressants auxquels nous sommes confrontés sont nombreux. Les uns sont externes, nous les avons évoqués. D'autres sont d'origine interne : soucis qui nous obsèdent, pensées négatives, sentiments d'inutilité, de dévalorisation, de perdre sa vie à la gagner, et ceux-là, nous n'en mesurons pas toujours l'ampleur ni l'impact sur notre état psychosomatique.

Les problèmes que je rencontre suscitent en moi des flots d'émotions : peur, colère, tristesse, anxiété, angoisse, culpabilité peut-être. Sans répit, mon énergie est absorbée par cette activité psychique ; le petit vélo tourne sans relâche dans ma tête. Et même s'il est imaginaire, cela crée des tensions, des blocages respiratoires, des crispations musculaires qui relancent les tensions mentales et augmentent mon malaise. C'est le cercle vicieux de la rumination mentale.

➤ Le mot de la chose

Une situation imaginée, une pensée, un simple mot déclenchent dans notre organisme les mêmes réactions qu'une situation réelle. Pour notre corps, **la chose et l'idée de la chose, c'est la même chose !** La chose et le mot de la chose aussi. Voulez-vous en faire l'expérience ?

Exercice

Des images et des mots

■ **Expérience I :**

Commencez par vous installer confortablement. Laissez votre corps se détendre. Respirez doucement, profondément. Continuez de respirer doucement, tranquillement, sans forcer votre respiration. Sentez la caresse de l'air. Laissez votre corps se détendre encore et encore. Sentez comme une douce chaleur, une légère torpeur vous envahir. Votre corps apprécie le temps que vous lui laissez pour souffler. Savourez cette détente. Détendez-vous plus encore en laissant votre pensée flotter.

Voilà, c'est bien. La détente va maintenant vous aider à vous concentrer sur une évocation et à mieux percevoir les effets de votre pensée sur votre corps.

Maintenant, imaginez un citron. Un beau citron, bien mûr, bien jaune, brillant comme un soleil. Un citron chargé de sucs, d'arômes.

Vous le prenez dans vos mains. Vous le caressez. Vous jouez avec lui. Vous sentez son écorce lisse, douce. Vous le humez.

Sentez son odeur fruitée, un peu acide, si typique : l'odeur d'un citron mûr. D'un beau citron mûr.

››

Suite...

Imaginez que vous le coupez en deux. L'arôme s'intensifie. Pénètre par vos narines. Entre dans votre bouche. Vous fait saliver.

Alors, avez-vous senti le goût du citron sur la langue ? Était-ce agréable? L'eau vous est-elle venue à la bouche ?

Si vous le désirez, vous pouvez répéter l'expérience yeux fermés, avec un autre fruit de votre choix ou avec quelque chose que vous aimez bien manger, boire, humer : du pain sortant du four, une tasse de chocolat chaud, une crème à la vanille, une tarte aux pommes, des frites croustillantes, des crevettes roses... Quelque chose dont l'évocation vous est familière et particulièrement agréable.

Que sentez-vous alors ? L'eau ne vous vient-elle pas à la bouche ? Et pourtant, ce ne sont que des mots, ce n'est qu'une image, ce n'est qu'une idée ...

■ **Expérience II :**

Toujours installé bien confortablement, je laisse mon corps se détendre, se décontracter. Encore et encore... J'expire doucement, lentement, en lâchant l'air dans un grand soupir ; un soupir de détente, de bien-être. Je me donne le temps de souffler. Je me donne du temps. Mon corps se détend plus encore et mon esprit aussi. Je continue de respirer lentement, doucement, profondément.

Ma respiration est calme et profonde, mon cœur tranquille et régulier. Je laisse la détente s'approfondir encore plus en moi, de la racine des cheveux à la plante des pieds : les mâchoires, les épaules, les hanches... Je me détends plus encore. Corps et esprit se détendent.

Voilà, c'est bien. C'est parfait.

Maintenant je pense à une situation intime, agréable : un corps ou une partie d'un corps que j'aime, que j'ai aimé, que je désire, que j'ai touché avec plaisir ou que j'aimerais bien toucher, caresser...

Que ressentez-vous ?

Qu'est-ce qui s'émeut dans votre propre corps ?

Et ce ne sont toujours que des mots, des images, des évocations...

➤ Se parler « bellement »

« Mort et vie sont en pouvoir de langue... » Cette expression, que l'on trouve dans la règle des Templiers, nous invite à la réflexion. Les chevaliers du Temple étaient en effet invités à parler toujours « bellement » à leurs frères, c'est-à-dire avec respect, mesure et considération. C'est que, comme disait le fabuliste, la langue est la meilleure et la pire des choses au monde. Les mots peuvent caresser, séduire, réconforter ; ils peuvent aussi heurter, blesser, offenser. Ils peuvent guérir ou détruire. Et pas seulement autrui ; nous-mêmes aussi.

Combien d'entre nous, lorsqu'ils ne réussissent pas quelque chose, ont pour première réaction de se dire : « Je suis nul » ? Combien, pour le moindre oubli, la moindre erreur, se rabaissent en se critiquant sévèrement ?

Réfléchissons-y et soyons attentifs au contenu de nos pensées et de notre imagination, aux mots que nous employons dans notre dialogue intérieur. Évitons les litanies de : « Ça me tue », « Ça me bouffe », « Ça me ronge », « Ça m'épuise », « Ça me rend malade »... Et les qualificatifs injurieux : « Quel(le) ... ! », « Ah ! vraiment je suis le roi (la reine) des... ». Trop souvent répétées, ces expressions forment une sorte de **programmation négative nuisible à l'estime de soi, à notre bien-être et à notre santé**.

Cette hostilité contre soi-même engendre des images et des émotions négatives qui vont entraîner une cascade de modifications de notre milieu intérieur (nous verrons cela en détail au chapitre suivant) et s'enregistrer dans nos muscles sous forme de tensions. Toutes les cellules de l'organisme reçoivent ces messages. Faire périodiquement un peu de ménage mental, un bon shampooing intérieur, est une façon de maîtriser les chevaux qui galopent dans nos têtes et d'éloigner les oiseaux du malheur qui pourraient vouloir nicher dans nos crânes. Alors, pourquoi ne pas se parler « bellement » plutôt que s'injurier chaque jour ? C'est une façon de **lutter contre la pollution mentale**.

Exercice

Le shampooing intérieur

› Installez-vous confortablement, c'est plus agréable. Laissez votre corps, votre esprit, se détendre. Respirez doucement, profondément. Détendez-vous plus encore. Voilà, c'est bien. C'est très bien.

› Maintenant, passez en revue les mots que vous utilisez le plus souvent dans votre dialogue intérieur, les qualificatifs que vous vous appliquez quand vous êtes en colère contre vous-même.

› Comment réagiriez-vous si quelqu'un d'autre vous les disait ?

› Quelqu'un vous les a-t-il déjà dits ? Qui ? À quel moment ? Dans quelles circonstances ?

› Parmi ces mots, lesquels vous semblent les plus négatifs, les plus blessants, les plus heurtants ?

› Quels sont ceux qui vous causent le plus d'émotions désagréables ? Par quoi pourriez-vous les remplacer ?

Cette exploration peut vous aider à faire le ménage et éviter des programmations négatives inconscientes. Vous pouvez la faire périodiquement et observer les changements dans votre dialogue intérieur. Vous observerez aussi, sûrement, des changements dans votre façon de parler et peut-être même de voir la vie.

Et pour que votre lutte contre la pollution mentale soit plus efficace, choisissez donc tout de suite un « mot de protection ». C'est un mot que vous vous direz mentalement avec force pour arrêter un flux de pensées parasites, annuler une pensée négative, contrôler une angoisse naissante, freiner le petit vélo qui commence à tourner dans votre tête. C'est simple, ça paraît bête, mais c'est efficace. Pourquoi ? Parce que ça modifie instantanément le cours de nos pensées. Et si vous l'accompagnez d'une forte expiration, c'est encore plus efficace.

Alors à vous de choisir : « Suffit ! Assez ! Stop ! Basta ! Enough ! J'arrête !... » Ou comme vous faites sur l'ordinateur : « J'efface ! Delete ! Corbeille ! Poubelle !... » Le choix est grand. L'important, c'est que ce mot soit significatif pour vous, simple, toujours disponible. Essayez et vous verrez.

➤ Que se passe-t-il en moi quand je me sens stressé ?

■ Dans le **corps**, je ressens des modifications physiques plus ou moins brusques et marquées. Cela peut aller d'une simple accélération du cœur à une sensation que l'air vient à manquer ; d'une simple tension à une crispation générale ; de la simple fatigue à un ressenti de vide profond, d'épuisement sans remède.

■ Dans la **sphère émotionnelle**, je ressens quelque chose, souvent imprécis, qui peut aller d'une vague anxiété à une peur qui noue le ventre, une peur qui glace, qui donne la nausée.

■ Et dans la **pensée**, le petit vélo tourne à toute vitesse, ou au contraire il peut donner l'impression de se bloquer, vidant ma tête de toute idée utile.

C'est dire que, selon ma personnalité, mon histoire de vie, les enjeux liés à la situation, mon ressenti va être plus ou moins intense, plus ou moins désorganisateur.

➤ À chacun son stress

Sous l'effet du stress, la nature des réponses physiologiques et chimiques est la même chez tous, tandis que le « vécu » (la façon dont on ressent les choses) est essentiellement personnel. « Chacun fait son stress, sa fatigue, sa dépression, sa maladie pour son propre compte et dans son propre contexte. Chacun cherche à s'adapter au mieux à la vie telle qu'elle se présente à lui », faisait remarquer Hans Selye.

Cela explique l'intensité de nos réactions, la coloration mentale et affective personnelle de notre ressenti. C'est dans ces moments de malaise, de « mal-être », que nous prenons le plus facilement conscience de notre fonctionnement psychosomatique. Des perturbations physiques se mélangent à des émotions, des pensées ; nous nous sentons pris dans les rets d'action-réaction aux différents niveaux de notre organisme : corps, tête, cœur. Nous sentons alors que tout ne fait plus qu'un. Sous l'effet d'un stress intense, la plupart des sujets ressentent un état de malaise et subissent une baisse notable de leurs performances (situation pénible bien connue de ceux qui passent des examens). D'autres sont excités par la pression ressentie : leurs performances en sont augmentées, leur rythme plus rapide, leur pensée plus productive. Il est ainsi nombre de personnes qui n'arrivent à « produire » que sous l'effet de l'urgence, ce qui représente un « surcoût énergétique » onéreux pour l'organisme.

Quelles que soient nos réponses personnelles aux situations difficiles, il nous est utile de connaître le fonctionnement psychophysiologique de notre organisme afin d'être en mesure d'apprécier nos limites, de mesurer les risques, de développer des stratégies efficaces et de payer un moindre coût par rapport à notre investissement énergétique. Voici un schéma qui nous aidera à mieux comprendre cela :

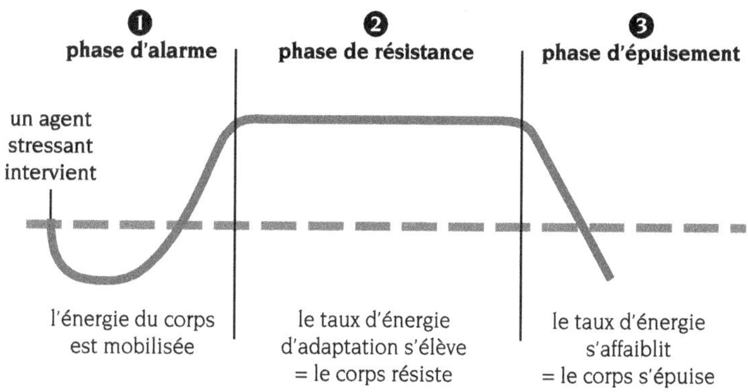

La ligne grise, pointillée, désigne l'état habituel, dit « normal » par Hans Selye, *de la résistance de l'organisme à la pression des agents stressants de la vie quotidienne. La ligne orange, pleine, désigne la courbe d'évolution de l'« énergie d'adaptation » utilisée par l'organisme pour résister à l'agression des agents stressants.*

Schéma 2 › *Courbe d'évolution de la résistance au stress dans ses différentes phases, selon* Hans Selye.

Cette courbe est universelle ; elle concerne autant les animaux que les humains. Rappelez-vous, la dernière fois que vous avez visité un aquarium, vous avez sûrement remarqué la petite étiquette qui disait : « Ne frappez pas sur les vitres, ne faites pas de photo au flash, cela stresse nos amis les poissons. »

De phase en phase

Nous avons généralement plus conscience des désordres qui surviennent dans la **phase d'alarme**. C'est qu'alors, sous l'effet d'une décharge brusque d'adrénaline, tous nos systèmes physiques et psychiques sont mis en alerte et que nous nous sentons plus ou moins perturbés.

Ensuite, notre organisme s'adapte à la situation. Il entre en **phase de résistance** et retrouve un semblant d'équilibre, au prix d'ajustements divers. Dans cette deuxième phase, nous mobilisons toutes nos forces pour « tenir le coup », ce qui représente un coût énergétique plus ou moins élevé, et peut même nous donner des raideurs dans le cou...

Si la situation dure, ou si de nouveaux agents stressants viennent s'y ajouter, nos forces lâchent et notre capacité d'adaptation faiblit jusqu'à nous amener au-dessous de notre seuil de départ, dans la **phase d'épuisement**, zone très dangereuse, mettant en péril notre santé. C'est bien évidemment dans cette zone, surtout si la situation tend à se prolonger, que les risques de désordres psychosomatiques sont les plus grands.

Face au danger

Quand il est mis en danger par des agressions, une surcharge, un trop plein, un ras-le-bol, notre organisme développe spontanément des stratégies. Le biologiste Henri Laborit en a identifié trois principales, chez l'animal comme chez l'homme :

- **la fuite**, qui consiste à se retirer de la situation. C'est une réaction adaptée face à un agent agresseur – homme(s) ou situation(s).

Elle nous permet de réduire la phase de résistance et de revenir rapidement à la normale. Cependant, dans notre vie civilisée, la fuite directe n'est pas souvent possible, aussi prend-elle parfois un masque comme celui de la maladie qui entraîne un absentéisme scolaire ou professionnel important ;

- **l'attaque**, qui consiste à entrer en lutte directe avec l'agresseur, à tenter d'avoir le dessus. Cette réaction n'est souvent pas possible non plus dans une société « policée » comme la nôtre ; il pourrait y avoir des représailles et, depuis que je suis petit, on m'a appris à réprimer mes colères, alors il m'est impossible de transgresser l'interdit... Aussi n'est-il pas surprenant que l'agressivité « ravalée » dans un moment de conflit refasse surface, de manière larvée, dans des comportements ultérieurs ;
- **l'inhibition de l'action** : n'ayant pas libre accès aux solutions précédentes, c'est celle que, le plus souvent, je me vois contraint de choisir. Mon corps se prépare à l'action, mais celle-ci est impossible ; c'est l'impasse. Ne pouvant agir, je reste passif, impuissant, sidéré comme le moineau face au serpent. Mon organisme se fige, se contracte : je me replie sur moi-même, corps et esprit raidis.

Les deux premières stratégies nous conduisent à réagir activement et, dans cette action, que ce soit la fuite ou l'agression, nous déchargeons nos tensions, ce qui nous libère, au moins partiellement, des effets du stress. Par contre, quand il y a inhibition de l'action, les tensions ne peuvent être déchargées. Nous gardons tout l'impact du stress : dans notre corps sous forme de contractures musculaires, dans notre cœur sous forme d'émotions non extériorisées, et dans notre mental sous forme d'images négatives. C'est dire si cette stratégie, acceptée comme « socialement correcte », est coûteuse.

À ces trois stratégies, identifiées par Henri Laborit, nous pouvons en ajouter une quatrième : **l'hyperactivité**. Souvent utilisée de façon inconsciente dans notre monde moderne, elle est la conjugaison des deux premières : fuite et action. J'agis, mais pas de façon directe, je fuis dans autre chose ou dans un aspect partiel de la situation que je ne peux (ou ne veux) affronter directement. Le bénéfice que j'en retire est la décharge d'une partie de mes tensions mentales et physiques dans l'action, et une protection par l'évitement de la situation émotionnelle (sorte de « coupure » par rapport à mon ressenti). Toutefois, si cette hyperactivité devient habituelle, comme c'est le cas chez beaucoup, elle entraîne une baisse du sentiment de bien-être qui, à son tour, peut jeter le sujet dans une nouvelle recherche d'activités et l'amener à un état d'épuisement.

➤ Droit au cœur

Une vaste étude rétrospective (11 119 patients de cinquante-deux pays ayant souffert d'un infarctus du myocarde, comparés à 13 648 sujets semblables, mais sans problèmes cardiaques) publiée en 2004 souligne que le rôle du stress dans l'incidence de ce type de maladie est beaucoup plus important que ce que l'on croyait précédemment.

Le stress, comme facteur de risque cardiaque, sans être aussi grave que celui associé au tabagisme, est comparable à celui causé par l'hypertension artérielle ou l'obésité abdominale. Et cela n'est qu'une illustration parmi tant d'autres des nombreux effets nocifs d'un stress excessif et prolongé.

➤ Travailler trop nuit gravement à la santé !

Cet avertissement devrait-il figurer sur les feuilles d'embauche et les fiches de paie en caractères gras, entouré d'un épais liséré noir ? En lisant les nombreuses études réalisées sur le stress au travail, on pourrait le penser.

L'une d'elles, effectuée par l'Institut français d'action sur le stress (IFAS) entre mars 2003 et mars 2004, s'est intéressée à 12 997 salariés de tous les niveaux de qualification, issus de quatre entreprises de l'industrie et des services. Il en ressort que chez les travailleurs interrogés, un homme sur cinq et près d'une femme sur trois souffrent d'un excès de stress. Les quarante-cinq-cinquante-quatre ans sont les plus concernés et les non-cadres les plus fragilisés, suivis par les cadres et les cadres supérieurs. Tous expliquent cet état par leurs activités professionnelles, mais également par la difficulté à concilier celles-ci avec leur vie privée.

Cette étude montre aussi que la charge de stress progresse tout au long de la vie avec une accélération aux alentours de la quarantaine, et que ce phénomène est en corrélation directe avec le degré d'autonomie éprouvé dans le travail. C'est ainsi que les managers, au sommet de la hiérarchie, paraissent avoir un risque de surstress nettement moins élevé que les non-cadres ; ce qui ne veut pas dire qu'ils n'aient pas eux aussi de nombreuses raisons d'être stressés.

De plus, les chiffres font apparaître un lien certain entre la dimension collective du stress et le style de management de l'entreprise. Il en est de même pour tout groupe humain organisé : Église, armée, école et, bien sûr, famille. Chaque famille génère une ambiance affective particulière et produit un type de stress particulier, qui s'exerce plus sur certains de ses membres que sur d'autres. Le stress des parents se répercute sur les enfants, comme celui des maîtres sur leurs élèves ou celui des éducateurs sur les jeunes dont ils s'occupent.

Par ailleurs, le chômage, aujourd'hui si répandu, est un facteur redoutable de souffrance psychique et physique, et vivre sans famille est aussi un facteur de stress. Alors, que conclure ? Que, cachés dans les replis de la vie, les facteurs de stress sont nombreux et que les enquêtes statistiques ne peuvent pas tous les débusquer.

➤ Alerte, c'est l'alarme !

Souvent nous sommes plus stressés par les idées qui tournent dans notre tête que par les événements eux-mêmes, et nous maintenons notre corps dans une position d'alerte inconsciente. Celle-ci, qui correspond à une situation d'alarme interne, entraîne une dépense d'énergie inutile pour l'organisme, source de fatigue méconnue. En prendre conscience et se détendre est une économie d'autant plus importante que le stress prolongé a un impact majeur sur notre santé physique, psychique et spirituelle. Certes, **toute maladie a de multiples causes et ce n'est pas le stress en soi qui crée la maladie, c'est la mauvaise gestion des agents stressants**. Mais, comme le montre bien la première courbe, quand il atteint la zone d'épuisement, l'organisme se voit plus ou moins gravement fragilisé. Voilà qui devrait nous inviter à éviter d'entrer dans le cercle vicieux du stress, étonnamment identique au cercle vicieux de la rumination mentale.

Lorsque je suis dans une situation difficile, du fait de circonstances extérieures ou du petit vélo qui tourne dans ma tête et pédale dans les idées négatives, anxiogènes, je développe des tensions mentales et organiques ; mes usines chimiques en sont affectées. Du fait des interactions permanentes psyché-soma, soma-psyché, ces contractures vont augmenter la sensation de malaise et donc le climat émotionnel négatif. Et tourne, tourne la roue de l'anxiété, des idées obsédantes, de la tension intérieure, des crispations…

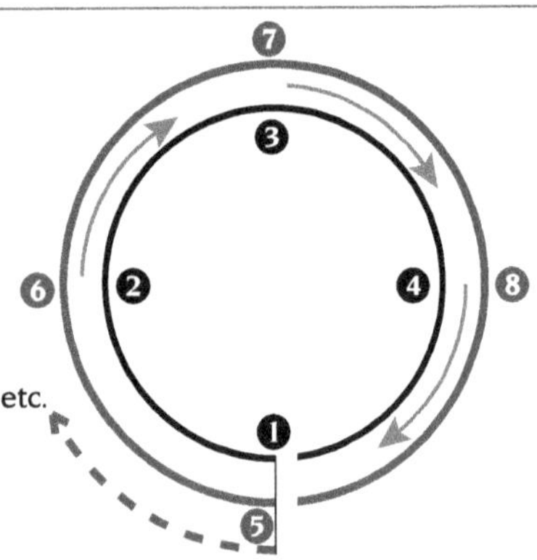

❶ un agent stressant survient
❷ des tensions corporelles apparaissent
❸ et en même temps des tensions mentales et émotionnelles
❹ qui augmentent les tensions corporelles
❺ les sensations de malaise augmentent
❻ les tensions corporelles s'accroissent
❼ et renforcent le climat émotionnel négatif
❽ et alors tourne la roue de l'anxiété…

Schéma 3.1 › *Le cercle psychosomatique vicieux.*

➤ Comment échapper au cercle vicieux du stress ?

Que faire, concrètement, pour éviter de tomber dans une telle spirale négative, d'entrer dans la phase dangereuse de l'épuisement ? Comment échapper au cercle vicieux de la rumination mentale ?

Il convient de bouger et de faire bouger ses énergies ! Si l'on n'a pas toujours les moyens de changer la situation, on peut toujours faire quelque chose pour soi, tout de suite. Alors, je choisis des choses simples et rapides : utiliser mon mot de protection, souffler énergiquement (grand soupir), m'étirer, bouger mon corps, faire une pause, une relaxation express, détendre les sourcils, les mâchoires, la nuque, les épaules, boire un verre d'eau (notre organisme a besoin d'être sans cesse correctement hydraté pour que ses circuits électrochimiques fonctionnent au mieux), reconnaître mes émotions et mes besoins du moment... J'utilise les ressources que je connais, dont je sais qu'elles me font du bien, et que je peux appliquer dans ces moments-là. Par exemple, si au

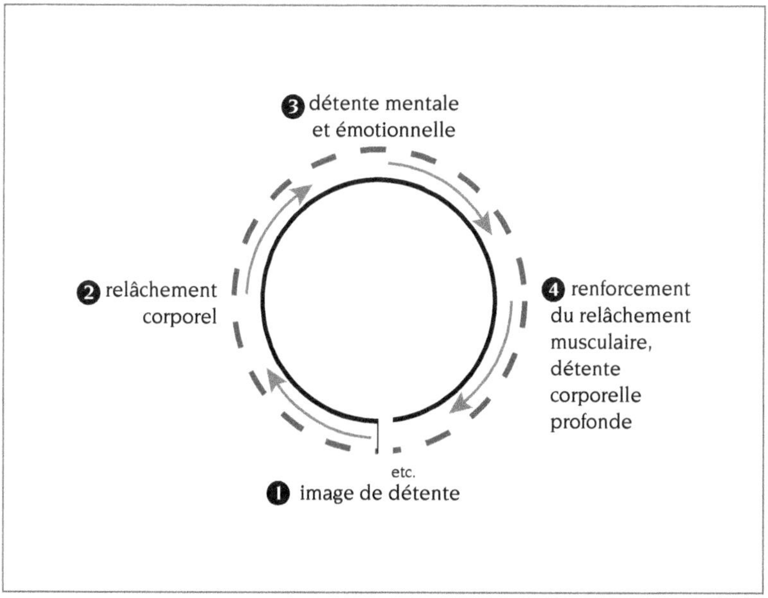

Schéma 3.2 › Le cercle psychosomatique bénéfique.

lieu de crisper mes muscles je lâche tout de suite ma respiration dans un long soupir, une expiration profonde, j'évite ainsi d'accumuler des tensions et module l'ampleur de ma réponse au stress. Et comme je vais alors monter moins haut dans la résistance, je retomberai moins bas dans l'épuisement. Cela me permettra de revenir plus vite et plus facilement à mon équilibre de base.

Nous allons donner dans les prochains chapitres de nombreux exemples de choses à faire qui conjuguent les données de la psychophysiologie moderne avec la richesse de pratiques ancestrales, taoïsme en particulier. Ces pratiques pour se garder en santé, nous les avons nous-mêmes expérimentées et enseignées à d'autres depuis de longues années. Vous pouvez les expérimenter à votre tour, elles sont bénéfiques tant pour votre corps que pour votre esprit. Retenez pour votre usage celles qui vous plaisent le plus, celles que vous trouvez les plus faciles, les plus efficaces, les mieux adaptées à vos propres besoins. Elles vous aideront à développer votre « réflexe mieux-être ». Ce n'est pas magique, certes, mais c'est aidant. Ne vous y trompez pourtant pas : se sentir mieux ne veux pas forcément dire se sentir bien tout de suite. Mais quand on se sent déjà un peu moins mal, c'est un bénéfice.

Ces techniques nous aident à nous reprendre, à nous ancrer, à garder le contact avec nous-mêmes et avec nos besoins réels. Le mieux-être est un premier pas vers le bien-être. Même si le chemin est long, voici déjà un premier pas de fait et, comme dit le proverbe chinois, « le voyage des dix mille lieues commence par le pas que tu vas faire » !

➤ Et puis, n'oublions pas : la vie est là !

Oui, la vie est là ! Soyons donc attentifs à la ressentir circuler en nous, vigilants à entretenir sa pulsation. Soyons réceptifs aux plaisirs petits ou grands que nous donne la vie : un rayon de soleil, le chant d'un oiseau, l'appel imprévu d'un(e) ami(e), une chanson aimée que diffuse la radio. La vie est là, et nous ne sommes pas seuls.

Il est bon de relever un peu la tête et de regarder plus loin que l'écran : celui du pare-brise, de la télévision, de l'ordinateur, du portable, de la calculatrice ou de nos préoccupations, qui, tous, font barrage à la vie, la vraie ; pas celle de la télé-réalité, ni de la réalité virtuelle.

Si absorbés que nous sommes, nous en oublions parfois ces choses simples et pourtant bonnes qui nous maintiennent en contact avec le puissant mouvement de la vie : regarder un enfant, une fleur, caresser un animal, soigner une plante, regarder le ciel, laisser son regard se perdre dans le lointain, embrasser un être aimé. Ces choses nous maintiennent au contact de l'énergie même de la vie, dimension trop souvent oubliée par nos biologistes et psychologues contemporains, et qu'il vaut bien la peine de redécouvrir. Nous y reviendrons. Nombre des pratiques que nous vous proposons sont une invitation à éveiller notre conscience à des choses simples et faciles à percevoir : les tensions musculaires, la respiration, le cours de nos pensées, le mouvement de nos émotions. Ne les méprisons pas ; aussi simples qu'elles soient, elles sont fondamentales.

« La vie est là, simple et tranquille… »

Le ciel est, par-dessus le toit,
 Si bleu, si calme!
Un arbre, par-dessus le toit,
 Berce sa palme.

La cloche, dans le ciel qu'on voit,
 Doucement tinte.
Un oiseau sur l'arbre qu'on voit,
 Chante sa plainte.

Mon Dieu, mon Dieu, la vie est là
 Simple et tranquille…

Paul Verlaine.

➤ Mieux comprendre pourquoi le corps est si important

Le corps est important, nous l'avons dit et nous le redirons encore. Avec ses sensations, ses perceptions, ses émotions, il est notre résidence dans le monde, le lieu de tous nos tourments et de toutes nos joies aussi.

Revenir aux sensations du corps, en prendre plus pleinement conscience, est une façon de pouvoir agir sur elles. Se rendre compte, sans attendre, de ce qui ne va pas, une façon de ne pas laisser empirer les choses.

Nous ne sommes pas les « maîtres et possesseurs de la Nature », nous en sommes une partie. La nature et la vie sont en nous, nous sommes en elles ; le petit univers de notre corps participe du grand univers.

Pour nous en convaincre, lisons donc le chapitre suivant. Nous y verrons comment, pour maintenir son équilibre, notre corps déploie des trésors d'habileté.

› 2 ‹
chapitre

La merveilleuse intelligence de notre corps

Cliquetis d'armes, piaffement de chevaux, avions de chasse, voitures-radar... Du fantassin au général, l'armée est de revue ! À chaque fête nationale, au son des fifres et des tambours, on exhibe à l'admiration des foules les forces de défense de la nation. Certains en sont impressionnés.

Mais, à bien y songer, les meilleures forces de défense du monde, les plus impressionnantes, ce sont encore les nôtres, celles de notre corps ! Armée invisible où cellules et humeurs s'occupent à toute heure du jour et de la nuit d'assurer la défense de cet ensemble ultracomplexe qu'est notre organisme, et la cohésion de son milieu intérieur. Défense et adaptation : voilà les mots d'ordre pour ces combattants de l'ombre qui luttent inlassablement.

▶ Tous des funambules

Le corps humain est un assemblage complexe d'organes qui doivent travailler en harmonie. La coordination des fonctions vitales est assurée grâce à de nombreux modes de régulation et de contrôle. Ainsi, sans en être pleinement conscients, nous sommes tous des funambules, des êtres en recherche permanente d'équilibre.

L'équilibre de notre organisme est dynamique, pas statique ; il ressemble plus à celui de l'acrobate avançant sur la corde raide, aidé du souple jeu de son balancier, qu'à celui de l'éléphant assis sur un tabouret. C'est qu'il s'agit de maintenir la vie en nous en dépensant le moins d'énergie possible et en gardant notre équilibre tant physique que mental. Pour cela l'organisme doit adapter ses réponses aux changements incessants de l'environnement.

Stress, contraintes, astreintes, émotions agréables ou désagréables, rythme et intensité de l'activité, variations de lumière ou de chaleur, nombreux sont les facteurs internes et externes qui bousculent l'équilibre de notre organisme. Et c'est à un niveau très subtil (en deçà de la molécule et de la biochimie) que ces variations d'équilibre commencent par se faire sentir ; en effet, tout débute au niveau énergétique. Si l'organisme parvient alors à rétablir l'équilibre, tout va bien, mais s'il ne le peut pas, il y a source de risque, car on assiste à une sorte de cascade d'amplifications entre les différents relais du corps.

➤ Notre mer intérieure

Descendant d'une cellule primitive et de très lointains ancêtres évoluant dans des eaux saumâtres, nés de la mer, nous avons gardé la mer en nous. Notre corps est constitué pour deux tiers environ d'eau, liquide primordial. Cette eau, chargée de sels minéraux (calcium, phosphore, sodium, potassium, magnésium, entre autres) et enrichie par des éléments rares (oligoéléments) tels que l'or, l'argent, le cuivre, contient aussi de nombreux messagers chimiques qui font le lien entre les différentes cellules. Elle est le milieu nourricier de nos organes, la mer intérieure qui baigne les rivages secrets de notre corps. Nos milliards de cellules, actives petites usines, y puisent les matériaux nécessaires à la vie et y rejettent les produits de leurs sécrétions. Pour que nos cellules et l'ensemble du corps aillent bien, la concentration moyenne en sels minéraux doit rester constante ; le rein joue le rôle de régulateur, le foie est une grande usine d'épuration. Sang, lymphe, liquides intra et extracellulaires constituent ce milieu intérieur qui, par de nombreux mécanismes, maintient la stabilité de ses composants afin d'offrir aux cellules les meilleures conditions de fonctionnement possible.

➤ Là où il y a du gène...

À grand renfort de médias, les biologistes ont, ces dernières années, proposé à notre admiration un nouveau héros : le génome. Grâce à des techniques de pointe, nous savons maintenant où logent les quelque quarante mille gènes qui constituent notre patrimoine héréditaire, même si nous ignorons encore quelle est la fonction exacte de nombre d'entre eux.

Rappelons-nous que nos cellules sont comme des cerises, de très petites cerises, des cerises microscopiques. Comme ce fruit, la cellule est limitée à l'extérieur par une enveloppe (la membrane), possède une pulpe gélatineuse (le cytoplasme) et, au centre, se trouve un noyau. Dans le noyau de chacune de nos cellules, il y a de minuscules filaments en forme de tenailles, visibles au microscope : les chromosomes (du grec *chroma*, couleur, et *soma*, corps) que nous héritons pour moitié de notre père et pour moitié de notre mère. Ces petits filaments sont comme la bibliothèque de l'ordinateur central que représente pour chaque cellule le noyau ; en eux est stockée la mémoire de notre évolution comme êtres vivants.

Dans les chromosomes sont localisés des éléments beaucoup plus petits, les gènes, qui déterminent les caractères héréditaires : couleur de la peau, forme du nez ou des oreilles, etc. Certains gènes pathologiques transmettent de génération en génération des anomalies qui peuvent se répercuter sur la santé. L'erreur biochimique héréditaire peut rester longtemps inapparente et ne se démasquer que tardivement. C'est en gouvernant l'activité de chaque cellule que le programme génétique détermine les caractères de l'organisme. Mais c'est dans l'activité biochimique spécifique de la cellule que s'exprime le patrimoine génétique.

En d'autres termes, tout passe toujours des molécules aux tissus en passant par les cellules, et même ce qui paraissait jusque-là immuable, la détermination génétique, subit dans son expression des fluctuations. Fluctuations soumises elles-mêmes au milieu extérieur, aux conditions de vie, et pas aussi indépendantes qu'on le croit de notre univers mental. Ainsi la détermination génétique participe-t-elle de l'état naturel de notre corps, qui est justement un état instable, un état fluctuant.

➤ Ça communique à tous les étages

Pour qu'il y ait vie, il faut de l'organisation et, pour maintenir cette organisation, il faut qu'il y ait communication. Une communication à tous les étages, du plus superficiel au plus profond. Notre corps est organisé comme une grande entreprise dont toutes les activités font l'objet d'un contrôle minutieux. Il n'est pas une simple juxtaposition d'organes exerçant leurs fonctions propres indépendamment les unes des autres, il est une unité où les diverses fonctions sont solidaires et coordonnées et où chacune n'a de signification que relativement à l'ensemble dont elle fait partie. Toute action sur le corps et dans le corps provoque une réaction. À chaque situation particulière, l'organisme répond de façon à s'adapter au mieux et à sauvegarder la vie en lui. Des mécanismes de rétrocontrôle ou feedback (terme emprunté à la cybernétique) assurent l'harmonie de ces changements. Cet effet peut être comparé à celui du thermostat qui règle la température d'une pièce en relançant ou en éteignant le chauffage. C'est ainsi que sont assurés notre équilibre hormonal et bien d'autres équilibres nécessaires au bon fonctionnement du corps.

Unificateur, le milieu intérieur l'est parce qu'il est un espace de communication. Baignant l'ensemble des cellules, il permet la diffusion et la circulation des différents messagers chimiques : hormones, qui proviennent d'une dizaine de glandes à sécrétion interne (glandes endocrines, du grec *endon*, au-dedans, et *krino*, je sécrète), et neurotransmetteurs, spécialisés dans la conduction nerveuse. C'est ainsi que les cellules immunitaires chargées de défendre notre organisme peuvent recevoir des informations du cerveau par la voie des neurotransmetteurs ou par celle des hormones, et le cerveau lui-même est informé de l'activité du système immunitaire par les messagers chimiques que ses cellules fabriquent.

➤ Les cellules parlent aux cellules

L'aspect le plus fascinant, peut-être, de ces divers mouvements d'information est que les cellules maintiennent entre elles une communication constante. Sur leurs membranes il existe des récepteurs spécifiquement sensibles à diverses informations, ce qui leur permet de développer la réponse la mieux adaptée à chaque situation. Et, entre certaines cellules voisines, il existe des espèces de ponts, qu'on appelle synapses (du grec *synapsis*, point de jonction). Outre les messagers chimiques, hormones et neurotransmetteurs dont nous venons de parler, il existe aussi d'autres modes de communication intercellulaire, et tous ne sont pas encore complètement explorés ; ainsi des signaux électromagnétiques et lumineux que les cellules échangent entre elles. Ce que l'on sait quand même aujourd'hui, c'est que nos organes et nos cellules maintiennent, grâce à une multitude de champs et d'ondes, un réseau constant d'échanges et que celui-ci assure l'harmonie de tout notre fonctionnement. Avant même les manifestations chimiques, hormonales ou électriques, ce sont ces échanges énergétiques qui agissent dans l'organisme. Sous des formes diverses, l'énergie est à l'œuvre dans notre corps !

➤ Chapeau, le cerveau !

Des milliards de cellules nerveuses interconnectées en réseaux et assemblées en une masse bien protégée par une boîte osseuse, voilà notre cerveau, centre de contrôle et de traitement des informations nécessaires à la vie. L'ensemble des régulations de l'organisme est coordonné par le système nerveux central (cerveau, cervelet, moelle épinière) et par un vaste réseau de câbles de diamètre varié, les nerfs, qui sont les vecteurs de l'information nerveuse.

L'information utile est portée de neurone en neurone par un signal électrique de brève durée (quelques millièmes de seconde) lancé comme un train à grande vitesse dans le circuit. En certains points du trajet (synapses) où les prolongements des cellules nerveuses se tendent comme des mains l'une vers l'autre pour faire une chaîne, mais sans se toucher vraiment, il existe un infime espace. Celui-ci n'est large que de quelques millièmes de millimètre, mais, pour faire image, disons qu'il est comme le canal de la Manche qui sépare la France de l'Angleterre. Le train de l'impulsion électrique ne peut alors plus passer ; il doit emprunter un bateau. Le signal change de nature : d'électrique il se transforme en chimique (molécules de neurotransmetteurs) afin de pouvoir rejoindre la cellule suivante dans laquelle il redevient électrique. C'est cet ensemble de signaux, tantôt électriques, tantôt chimiques, qui assure le transport des informations depuis le cerveau jusqu'à l'extrémité des nerfs, et son retour. Ainsi pouvons-nous, dans un temps très bref, agir et réagir, et la pensée prendre son essor. Les synapses régulièrement utilisées sont stables, mais d'autres, devenues inutiles, s'affaiblissent et disparaissent. Il se crée ainsi des circuits privilégiés de communication dans le réseau nerveux.

➤ Le siège de la pensée et de l'émotion

Lorsque nous sommes au volant, nous analysons en un temps très court les divers paramètres nécessaires à la bonne conduite de notre voiture, puis nous utilisons actes volontaires et réflexes pour nous frayer un passage dans la circulation. C'est notre cerveau qui, en un temps record, traite les informations avant de commander l'action.

Le cerveau est le centre intégrateur de nos conduites et de nos actions, aidé en cela par divers relais : cervelet, moelle épinière, plexus nerveux, nerfs moteurs et sensitifs, mais ne nous y trompons pas, les structures nerveuses sont autant servantes que maîtresses. Le système nerveux n'est pas le maître d'œuvre exclusif des différentes fonctions qui assurent l'unité de fonctionnement de l'organisme, chaque partie y concourt.

Siège de la pensée et du langage, de la volonté et de la décision, le cerveau est aussi celui de l'imagination et de la créativité et le grand intégrateur de notre vie émotionnelle et affective. Sous sa surface plissée, qui est constituée par les formations les plus récentes de l'évolution (ce qu'on appelle écorce cérébrale ou cortex) se cachent des formations plus anciennes qui constituent l'autre partie du cerveau : le cerveau émotionnel, qui intervient d'une manière prépondérante dans notre qualité de vie.

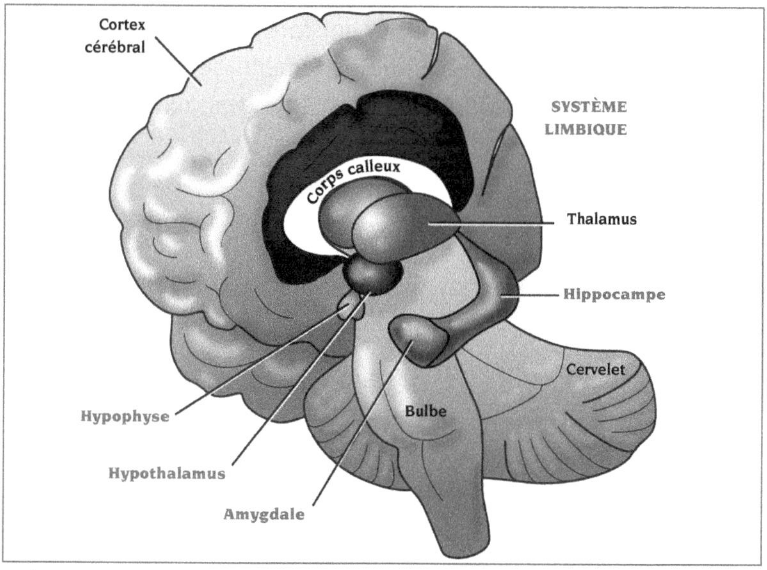

Schéma 4 › Cerveau en coupe, montrant l'écorce cérébrale et le cerveau émotionnel (système limbique).

➤ « Voir » le cerveau en action

Dans une vision prémonitoire, le grand physiologiste russe Ivan Petrovitch Pavlov écrivait en 1927 : « Si l'on pouvait voir à travers la voûte crânienne, et si la zone à excitabilité optimale était lumineuse, on pourrait voir, sur un homme pensant, le déplacement incessant de ce point lumineux, changeant continuellement de forme et de dimension. » Depuis la fin des années 1980, c'est en quelque façon chose faite. Non pas, certes, que la voûte crânienne soit devenue transparente ni les échanges entre neurones lumineux, mais la vision de Pavlov s'est vérifiée grâce à un jeu d'artifices qui unissent informatique et neurologie.

Ces techniques, regroupées sous le nom d'« imagerie fonctionnelle cérébrale », associent l'usage de la tomographie par émission de positons (TEP) à celui de l'imagerie fonctionnelle par résonance magnétique (IRM). Elles permettent aujourd'hui de « voir » ou, plutôt, grâce à la mesure des modifications du flux sanguin analysées par ordinateur et transformées en images numériques, d'obtenir une représentation visuelle de ce qui se passe quand le cerveau travaille sur différents modes : réflexion, évocation de souvenirs, lecture, prière, émotion…

Exercice

Et moi, sans appareils, je peux visualiser aussi

Et, d'abord, je marque ma page et souffle un peu.

Souffler, faire une pause, se détendre un moment, quand on lit ou quand on étudie, c'est détendre l'esprit et le corps, prendre le temps que les informations nouvelles s'intègrent à notre stock de connaissances.

Et je peux visualiser ce que je veux. Il me suffit d'imaginer, de me représenter, ou seulement de me dire comment sont les choses pour que mon cerveau les imprime, les enregistre.

Alors, par exemple, je regarde le schéma précédent. Puis, tout en respirant tranquillement, je ferme doucement les yeux et me le représente en mettant des couleurs sur chaque partie ou sur la partie qui m'intéresse particulièrement et je pense à la fonction de cette partie de mon cerveau qui me devient ainsi plus familier.

Je peux faire la même chose pour n'importe quelle autre partie de mon corps et même (c'est un jeu !) dialoguer avec cette partie. Lui dire, par exemple, ce que j'attends d'elle, ce que je pense de la façon dont elle fonctionne, la remercier pour ses bons services, etc. Je crée ainsi avec mon corps un dialogue bénéfique pour ma santé.

➤ Le cerveau des émotions

Diverses parties du cerveau se chargent de traiter les émotions, le système limbique en particulier. Celui-ci, que nous pouvons appeler notre cerveau émotionnel, contrôle tout ce qui régit notre bien-être psychologique et une bonne part de notre bien-être corporel. Mais il est vulnérable et peut entraîner des dysfonctionnements. La plupart des désordres émotionnels ont pour origine des expériences désagréables ou douloureuses vécues dans le passé. Expériences sans rapport direct avec le présent, mais qui se sont imprimées de façon indélébile et continuent d'influer sur le ressenti et les comportements, parfois longtemps plus tard. C'est que notre cerveau et notre corps n'oublient rien ; les émotions qui ne s'expriment pas s'impriment en eux. Elles sont mémorisées, stockées, encapsulées, congelées, prêtes à être réactivées si les conditions s'y prêtent.

Notre cerveau émotionnel, assez peu perméable au langage et à la raison, l'est beaucoup plus aux images, aux produits de l'imagination. Tout ce qui tourne en permanence dans notre tête, images, pensées, sentiments, influence notre rapport au monde, notre humeur, nos humeurs, et nous rend plus ou moins sensibles aux agents stressants. C'est pourquoi, dans notre approche thérapeutique, nous utilisons beaucoup la relaxation, la visualisation d'images, l'expression émotionnelle et la mobilisation des mémoires du corps par le mouvement et la respiration.

Ce cerveau possède des mécanismes naturels d'autoguérison, comparables à de nombreux autres mécanismes du corps, comme la cicatrisation d'une plaie, l'élimination de microbes ou de corps étrangers. Les pratiques que nous proposons dans ce livre tirent profit de ces mécanismes et permettent de retrouver équilibre et bien-être.

De plus, la psycho-neuro-endocrino-immunologie nous montre que, pour nous garder en santé, il est nécessaire qu'il y ait une interrelation harmonieuse entre les deux hémisphères cérébraux : le gauche qui produit les défenses et le droit qui les stimule. Elle démontre aussi que la relaxation mentale et une attitude créatrice face à la vie stimulent la multiplication de nos cellules de défense : les lymphocytes.

La conscience n'est pas tout

Cerveau, moelle épinière et nerfs forment le système nerveux central, système conscient qui régit nos fonctions de relation, tandis qu'une partie spécialisée du système nerveux central se charge de gérer et de réguler de façon automatique la fonction des organes. Logé dans la base du cerveau et la moelle épinière, c'est le système nerveux végétatif, chef de l'inconscient corporel. Bichat (1771-1802), le décrivant, dit de lui : « Ce système préside à notre vie interne qui est analogue à celle du végétal [d'où le qualificatif : végétatif] qui naît, croît et périt, fixé au sol dont il reçoit le germe. » Gardien de notre vie végétative, ce système se trouve étroitement lié à notre vie émotionnelle.

Nous n'avons pas besoin d'être conscients pour que nos poumons respirent, que notre cœur batte, nos reins filtrent ou notre foie excrète ; que nous soyons endormis, anesthésiés ou en état de coma, ces fonctions sont assurées. Quand tout dort, le système nerveux végétatif veille encore. C'est lui qui commande la motricité des fibres musculaires de viscères tels que le cœur, l'estomac, l'intestin et des vaisseaux qui distribuent le sang dans l'organisme. C'est lui aussi qui commande la sécrétion des glandes.

Que l'eau vienne à manquer dans notre corps, en déclenchant la soif, il nous en avertit. Est-elle en excès, il active les processus d'excrétion. Son fonctionnement rythmique et continu échappe habituellement à la volonté et à la conscience, c'est pourquoi on l'appelle parfois aussi système nerveux autonome. Mais cette autonomie n'est que relative car il n'est pas isolé ; il existe des passerelles entre lui et le système nerveux central. Aussi nous est-il possible d'agir sur le rythme respiratoire, la fréquence cardiaque, la température de la peau et même sur les sécrétions hormonales (thyroïde ou pancréas par exemple) au travers de certaines techniques qui mobilisent à la fois corps et esprit : relaxation, méditation, visualisation, programmation mentale, exercices taoïstes, qi-gong, yoga...

➤ Un réseau complexe et efficace

Organisé comme un ensemble de réseaux (les plexus) qui mélangent leurs fibres d'étage en étage, le système nerveux végétatif enveloppe tous nos organes de liens inextricables ; pas une seule cellule de notre corps n'échappe à son action.

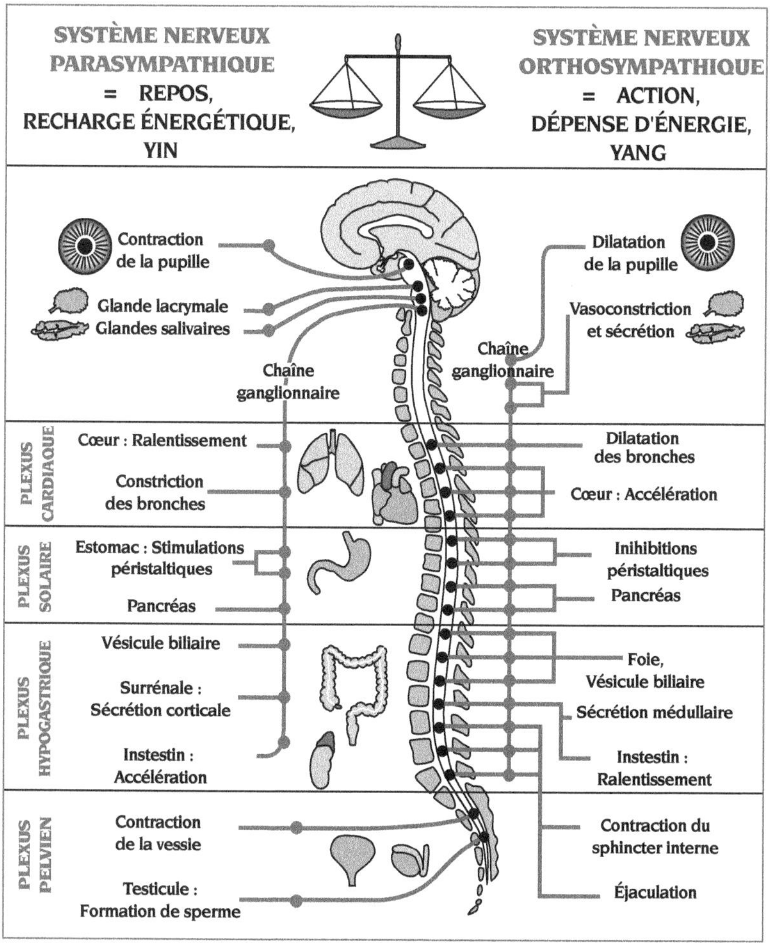

Schéma 5 › La balance végétative joue un grand rôle dans l'équilibre psychosomatique.

Fonctionnellement il se divise en deux sous-systèmes, l'orthosympathique et le parasympathique :

- **l'orthosympathique** entraîne une augmentation du rendement corporel dans les situations d'urgence et de stress. Orienté vers le travail et l'action, il consomme et détruit : **c'est un dépensier** ;
- **le parasympathique** sert la régénération des tissus et la synthèse des réserves corporelles. Orienté vers la nutrition et la réparation, il amasse et construit : **c'est un économe**.
- N'en tirons toutefois pas de conclusions hâtives : l'un n'est pas « le bon » (l'économe parasympathique qui nous relaxe) et l'autre « le méchant » (le dépensier orthosympathique qui nous pousse au travail et à l'action) ; l'un et l'autre sont indispensables à l'harmonie de nos grandes fonctions.

➤ Une régulation solidaire et harmonieuse

« Ortho » et « para » travaillent la main dans la main. Leurs actions apparemment s'opposent, mais en fait elles se complètent et constituent ce qu'on appelle la balance végétative. L'harmonie de leur mouvement alternatif de régulation concourt à l'entretien et à la conservation de la vie. Les anciens Chinois y voyaient une manifestation des deux forces complémentaires, le yin et le yang. Cette conception, qui peut sembler à certains fort ésotérique, est aujourd'hui de mieux en mieux établie par des recherches de pointe menées en laboratoire.

Dans une situation d'urgence, de stress, de peur, l'orthosympathique sonne l'alarme et prend les rênes ; il « met l'accélérateur ». Stimulé par l'adrénaline et la noradrénaline que sécrètent les glandes surrénales, notre organisme se prépare alors à l'action. Le cœur s'accélère et la pression artérielle s'élève pour conduire plus rapidement le sang vers les muscles ; un surplus de sucre est libéré dans le sang pour leur fournir de l'énergie, les bronches se dilatent afin de permettre une meilleure oxygénation des cellules, le travail digestif se ralentit, la force musculaire augmente : tout est prêt pour lutter, agir ou fuir. Quand tout est réglé, le parasympathique reprend le dessus ; il « met le frein » et invite le corps à la détente, au repos. Le cœur et la respiration se calment, la pression artérielle s'abaisse, la digestion reprend. Souvent, un besoin d'uriner se fait sentir. Parfois le sommeil vient. L'organisme entre en récupération.

➤ Risque d'usure !

« Ortho » et « para » travaillent soit alternativement, soit simultanément, suivant la charge qu'ils reçoivent et la tâche qu'ils ont à accomplir. Ainsi, quand nous dormons, quand le corps se repose, nous sommes sous l'influence du parasympathique, mais que le téléphone ou le réveil sonne et voilà que l'orthosympathique prend la main, il nous pousse à nous lever et à répondre aux tâches qui nous appellent. Si nous avons faim, l'orthosympathique nous pousse à chercher satisfaction. Que nous soyons repus, et c'est le parasympathique qui nous invite au repos. De là la somnolence qui suit souvent les repas, joliment appelée dans les livres de médecine vagotonie postprandiale. Et, pour jouir, l'homme et la femme ont besoin de l'un et de l'autre. En dilatant les vaisseaux sanguins, le parasympathique permet l'érection du pénis tout comme du clitoris, ainsi que la lubrification vaginale. Quant à l'orthosympathique, en contractant les muscles il fait que l'homme éjacule et, dans les deux sexes, permet la réponse orgasmique.

Si la charge est trop lourde sur un plateau de la balance, celle-ci se déséquilibre. L'excès de fonctionnement du parasympathique est appelé vagotonie. Celle-ci correspond à un excès de tonicité des organes innervés par le nerf vague qui contrôle les mouvements du voile du palais, du cœur et des vaisseaux, du larynx, des poumons et du tube digestif. Poussée à l'extrême, elle provoque ce qu'on appelle un malaise vagal, qui se manifeste par une forte transpiration au niveau du visage et du tronc, une sensation de vertige et une brève perte de connaissance. L'excès de fonctionnement de l'orthosympathique (sympathicotonie), dû en grande partie au rythme trépidant de la vie actuelle, aux pressions du travail et aux excès d'excitants, passe, lui, le plus souvent inaperçu, car il n'entraîne pas de manifestation aiguë comparable au malaise vagal. Ses effets sur les muscles, le cœur, la respiration et la circulation artérielle sont plus insidieux, mais ils n'en sont pas moins source de déséquilibre et d'usure de l'organisme.

C'est pourquoi il est important de prendre soin de son système végétatif (ce grand oublié de la médecine moderne !) et, pour cela, de se donner le temps de souffler, de faire des pauses, de se détendre, de se relaxer. La relaxation, la méditation et la respiration consciente sont d'excellents moyens pour permettre au parasympathique de mieux jouer son rôle régulateur. Elles nous aident à refaire nos énergies et à protéger notre santé.

Le cerveau végétatif

Situé à la base du cerveau, juste en dessous d'une formation appelée thalamus (d'où son nom), l'**hypothalamus** est une petite masse de substance grise aux cellules hautement spécialisées. Véritable « cerveau végétatif », guère plus grand que l'ongle du pouce et ne pesant qu'à peine 4 grammes (le cerveau total en pèse 1 400), il joue dans l'économie de l'organisme un rôle hors de proportion avec sa taille modeste. L'hypothalamus participe en effet à la régulation de la soif, de la faim, du sommeil, du métabolisme des graisses, de la température corporelle, et aussi à celle de certains états émotionnels comme la colère, la peur, le désir sexuel. Agissant sur l'humeur, il a une influence directe sur l'énergie que nous mettons à agir. De plus, il déclenche et arrête en temps voulu les processus hormonaux qui entraînent la poussée de croissance pubertaire et la maturation sexuelle ; chez la femme, il règle le cycle menstruel.

Clef de voûte de la régulation des systèmes nerveux végétatif et endocrinien, l'hypothalamus travaille en étroite collaboration avec une glande endocrine située juste en dessous de lui : l'**hypophyse**. Un mauvais fonctionnement de ce couple peut entraîner de sérieux troubles endocriniens et métaboliques. De plus, l'hypothalamus est un carrefour : ses effets se font sentir vers le bas et vers le haut, ce qui fait de lui le pivot de la pathologie psychosomatique.

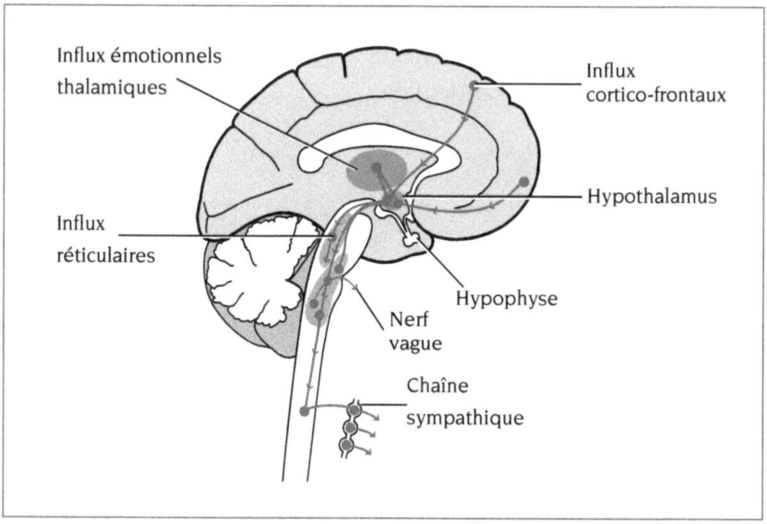

Schéma 6 › *Les relations cortex-hypothalamus-hypophyse.*

➤ Nos hormones, des messagères

Une hormone (du grec *hormaô*, j'excite, j'éveille) est une substance chimique sécrétée et déversée par une glande endocrine dans le sang, puis transportée par lui jusqu'à certains organes qui lui sont électivement sensibles et dont elle influence le fonctionnement. Chaque hormone, produite par une glande spécialisée, circule librement dans le corps, mais n'agit que sur des récepteurs spécifiques. C'est un **messager chimique** qui transmet à distance un ordre à un ou plusieurs organes cibles. Son action peut être plus ou moins étendue. C'est ainsi que les hormones de l'ovaire ou du testicule agissent essentiellement sur les organes sexuels, mais aussi sur le cerveau ; celles de la thyroïde de même, et aussi sur la peau, les ongles, les cheveux. L'insuline du pancréas régule le métabolisme du sucre ; le cortisol de la surrénale celui de l'eau. Nos surrénales, elles, participent à la lutte contre les nuisances de la vie et chaque jour sont mises à rude épreuve. En effet, que nous réagissions à des émotions intenses ou à de petites frustrations répétées, elles libèrent de grandes quantités d'hormones. Or, un bon fonctionnement de ces glandes est fondamental, car de lui dépendent bien d'autres aspects de notre santé, notre niveau d'énergie physique en particulier.

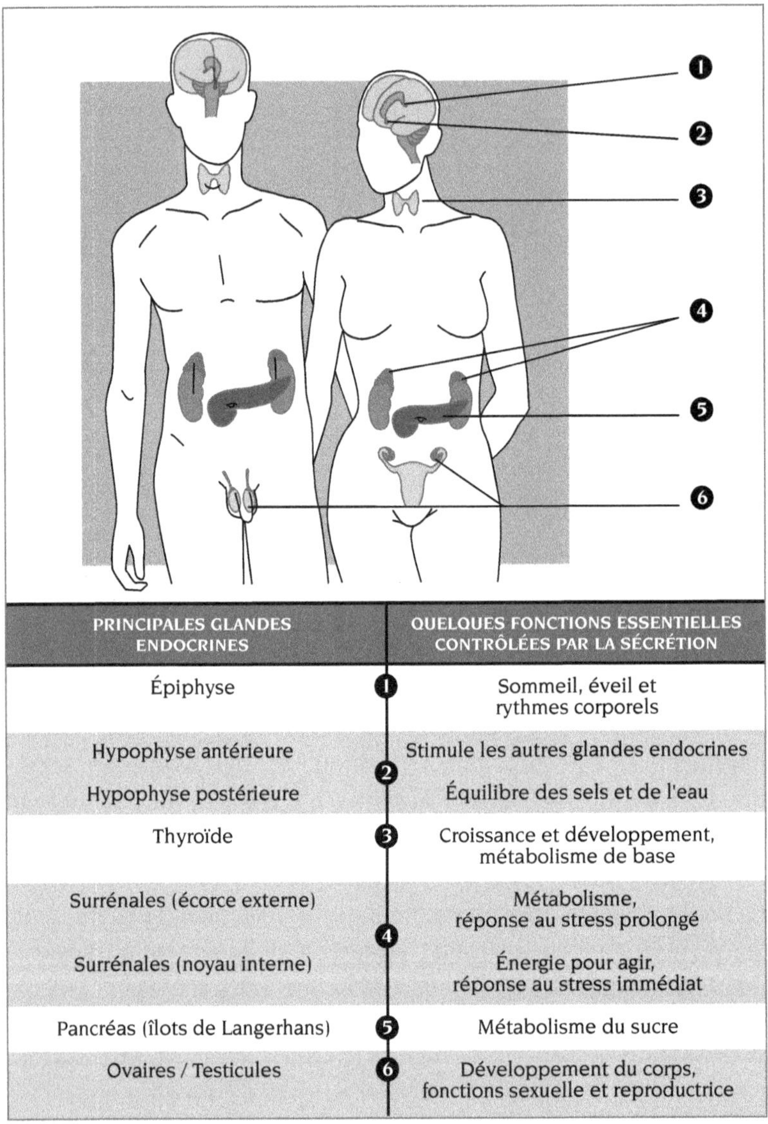

PRINCIPALES GLANDES ENDOCRINES		QUELQUES FONCTIONS ESSENTIELLES CONTRÔLÉES PAR LA SÉCRÉTION
Épiphyse	1	Sommeil, éveil et rythmes corporels
Hypophyse antérieure	2	Stimule les autres glandes endocrines
Hypophyse postérieure	2	Équilibre des sels et de l'eau
Thyroïde	3	Croissance et développement, métabolisme de base
Surrénales (écorce externe)	4	Métabolisme, réponse au stress prolongé
Surrénales (noyau interne)	4	Énergie pour agir, réponse au stress immédiat
Pancréas (îlots de Langerhans)	5	Métabolisme du sucre
Ovaires / Testicules	6	Développement du corps, fonctions sexuelle et reproductrice

Schéma 7 › Les principales glandes endocrines.

Exercice

Et maintenant, si on soufflait un peu ?

Et si maintenant on soufflait un peu et qu'on jouait à imaginer tout ça ?

Souffler, nous l'avons déjà vu, quand on lit ou quand on étudie, c'est détendre l'esprit et le corps, prendre le temps que les informations nouvelles s'intègrent à notre stock de connaissances.

Apprendre dans le plaisir augmente nos capacités de mémorisation et donc nous permet d'apprendre plus et mieux. Souffler, c'est aussi, en toute circonstance, renforcer et harmoniser les liaisons corps-esprit.

Alors j'appuie confortablement mon dos sur le dossier de mon siège et je souffle… je souffle. Je gonfle et creuse le ventre lentement, doucement, profondément… Comme les vagues d'une mer calme.

Je relâche mes mâchoires, mes épaules, mon corps tout entier. Je laisse le calme se faire en moi, mon esprit flotter.

Maintenant, j'imagine que mon cerveau est une boule d'énergie rayonnante qui resplendit sur mon corps. Un soleil qui brille sur ma mer intérieure.

Je vois le soleil, ses reflets sur la mer. C'est un matin calme. L'aube de la vie. Dans la mer, les premières formes de vie s'animent. Cellules transparentes, globules irisés.

Dans mon corps aussi des cellules flottent. Dans mon corps aussi, il y a des formes nacrées, des organes aux reflets de coquillage, des textures douces et nacrées. Je peux les imaginer, les voir, les toucher, les caresser par la pensée.

Une lumière bleutée traverse mes nerfs, de la tête aux pieds. Elle porte des messages ; des messages jusqu'au bout de mes doigts, jusqu'au bout de mes pieds. Tout communique ; rien n'est isolé. Il règne partout une grande harmonie.

Et par-dessus tout ça brille un soleil.

Un soleil, intense et bienveillant, brille dans ma tête.

»

»

Suite...

Le soleil qui brille dans ma tête éclaire mon cerveau émotionnel et, juste au centre, une toute petite glande en forme de fraise : l'épiphyse avec son horloge interne. Il envoie des rayons vers la base de mon crâne, dans mon hypothalamus, gros comme une cerise, puis dans mon hypophyse, grosse comme une noisette. Et, de là, une cascade de lumière illumine toutes mes glandes endocrines qui s'allument tour à tour.

La thyroïde posée comme un papillon sur ma gorge et derrière elle, plus petites, comme des coccinelles, les parathyroïdes.

Le thymus, au centre de ma poitrine, derrière l'os du sternum qui unit les côtes en avant.

Le pancréas, au niveau du creux de l'estomac, cravatant l'estomac. Le plexus solaire, plus en arrière. Le plexus qui est un grand carrefour de communication, véritable cerveau de mon ventre. Le plexus qui, lui aussi, resplendit comme un soleil.

Les surrénales, posées comme deux petites pyramides sur mes reins.

Les ovaires, nichés dans mon bassin ou les testicules dans mes bourses.

Toutes mes glandes brillent en même temps, illuminant l'intérieur de mon corps. Elles assurent d'une façon constante et harmonieuse mon équilibre hormonal pour le plus grand bien de ma santé.

Tout en moi communique, cellules, organes, systèmes. Du plus simple au plus compliqué, du plus complexe au plus rudimentaire. Toujours, tout le temps.

Si j'ai un besoin spécifique, je peux allumer une glande en particulier. Par exemple, mon pancréas en rouge pour le stimuler : je le vois sécréter, comme une source généreuse, l'insuline qu'il déverse dans mon sang pour permettre à mes cellules d'utiliser parfaitement le sucre dont mon organisme a besoin pour se nourrir. Ou ma thyroïde en vert pâle, si j'ai besoin de la freiner, de calmer mon cœur, de tranquilliser mon esprit.

Je continue de respirer lentement, tranquillement, en remerciant mon corps de fonctionner parfaitement. En admirant la sagesse de ses régulations.

Et puis, doucement, tranquillement, je termine cette visualisation. J'ouvre les yeux. Et, si le cœur m'en dit, je reprends ma lecture.

L'immunité cellulaire

Le système immunitaire[1] est l'ensemble des organes et cellules qui participent à la défense de notre organisme contre des éléments « indésirables » qu'il identifie et détruit. Les cellules du système immunitaire sont les **globules blancs** (leucocytes) ; ceux-ci circulent dans tout le corps grâce au réseau sanguin et au réseau lymphatique qui lui est associé. Dans les ganglions lymphatiques, les microbes (virus, bactéries) et autres particules étrangères sont filtrés et détruits. C'est pourquoi, en cas d'infection, certains ganglions (aine, aisselles, cou) augmentent de volume et peuvent être douloureux quand on les palpe. Les cellules du système immunitaire sont chargées d'une très importante mission : établir une distinction entre le « soi » : ensemble des cellules normales de l'organisme et le « non-soi » : cellules anormales, cancéreuses ou infectées par un virus, microbes, molécules indésirables, ou même cellules étrangères comme dans le cas de greffe d'organes provenant d'un autre sujet. Ce système est ainsi capable de reconnaître et de s'attaquer spécifiquement tant à un inconnu qu'à un « indésirable ».

Allergie et auto-immunité sont des dysfonctionnements du système immunitaire. L'allergie consiste en une réaction exagérée à l'introduction d'éléments étrangers dans le corps (aliments, médicaments, allergènes respiratoires) alors que les maladies auto-immunes sont des maladies d'autodestruction au cours desquelles le système immunitaire « perd le nord » et s'attaque aux cellules normales de l'organisme qu'il devrait protéger. Quant au sida, il représente un effondrement du système, une immunodépression. Un système immunitaire déprimé est une porte largement ouverte aux envahisseurs. Les revêtements de l'organisme (peau, muqueuses) constituent, s'il n'y a pas de

1. Ce terme vient du latin *immunis*, qui désigne une exemption de services ou d'impôts, une protection contre des charges ou des obligations. Cf. l'immunité parlementaire.

brèche, c'est-à-dire pas de déchirure, pas de plaie, une barrière de protection capitale contre l'entrée des bactéries et des virus.

➤ Quand mes cellules jouent « aux gendarmes et aux voleurs »...

Si des envahisseurs forcent l'entrée de notre corps, l'état d'alarme est déclaré. L'organisme mobilise rapidement ses troupes et envoie sur le front une armée de globules blancs **(leucocytes)** chargés de neutraliser l'ennemi. Ces derniers identifient l'envahisseur, s'approchent de lui, l'entourent, l'absorbent et le digèrent ; ils le phagocytent (du grec *phagein*, manger, et *cytos*, cellule). Disons, pour faire image, qu'ils agissent comme ces petits êtres de jeux vidéo qui avalent et digèrent les indésirables. Et pendant ce temps-là, l'inflammation, qui entoure la zone de combat, joue le rôle d'un cordon de police qui limite l'extension du conflit.

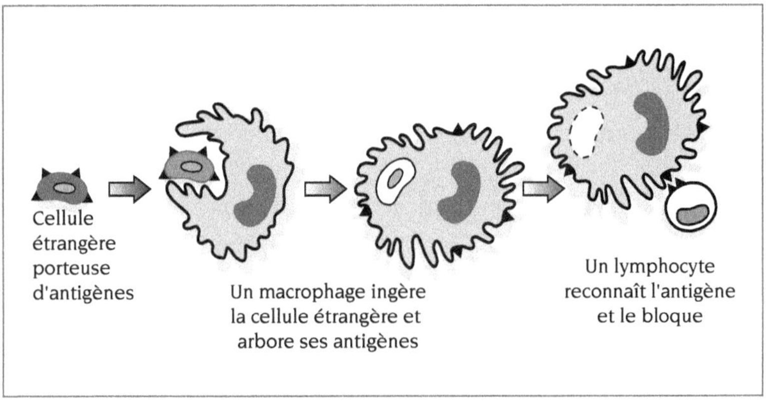

Schéma 8 › Globule blanc ingérant une cellule étrangère.

Si la lutte se solde par une victoire de l'attaquant, une autre ligne de défense intervient alors. Ces nouvelles cellules sont de grandes dévoreuses **(macrophages)** : elles ingèrent les microbes, les cellules mortes, les débris. Elles font comme les poissons nettoyeurs chargés de maintenir la propreté de l'aquarium, ce sont les éboueurs de l'organisme. Quand elles ont bien fait leur travail, tout peut s'arrêter là. Mais, parfois, les forces attaquantes sont en trop grand nombre ; l'organisme met alors en jeu des systèmes plus complexes et plus spécifiques.

Après avoir digéré les cellules étrangères, les macrophages arborent leurs trophées de guerre ! Ils présentent à leur surface les plaques d'identité de ces cellules **(antigènes)** et envoient des messages **(interleukines)**. D'autres cellules, ainsi informées, sont alors chargées d'une mission spécifique : prendre en chasse et détruire toute cellule portant cet antigène. Ce sont les **lymphocytes T** (T pour thymus, lieu où ils acquièrent leur maturité). Leurs alliés, les **lymphocytes B** (appelés ainsi parce qu'ils proviennent de la moelle osseuse, *bone marrow* en anglais), prolifèrent alors et produisent massivement des substances capables de neutraliser les antigènes : les **anticorps**. Ceux-ci se répandent dans toute la circulation et, se liant à tout antigène identique au premier reconnu, ils le neutralisent en le verrouillant.

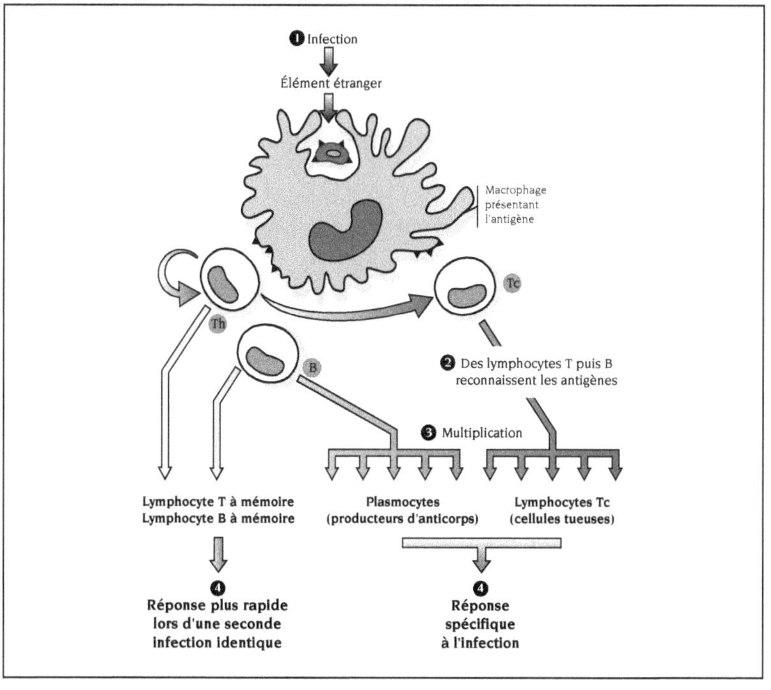

Schéma 9 › Lymphocytes libérant des anticorps.

Et pendant ce temps-là, il se forme encore d'autres lymphocytes, « à mémoire » ceux-là, qui seront prêts en cas d'une infection identique ultérieure. Déjà informés, ils n'auront pas besoin de passer par la phase de reconnaissance ; il en résultera une réponse plus rapide et plus forte. C'est pour cela que certaines maladies ne sont contractées qu'une seule fois : l'organisme a appris à les combattre dès le premier contact. C'est là aussi le principe de la vaccination qui, par inoculation atténuée, stimule la production d'anticorps.

Pour compléter ce vaste ensemble, il y a encore les cellules NK (*natural killers*, tueuses naturelles), qui ont pour mission de détruire les cellules tumorales naissantes, et les lymphocytes « suppresseurs » qui ordonnent le cessez-le-feu une fois l'attaque achevée. Ces derniers sont capables de « jeter des ponts » pour établir des contacts. Ces ponts provisoires ne durent que le temps nécessaire à la cellule tueuse pour reconnaître si l'autre cellule doit être détruite ou non.

On peut ainsi distinguer une immunité cellulaire où le combat se fait au corps à corps et une immunité humorale où il se fait par l'intermédiaire des anticorps répandus dans la lymphe et le sérum sanguin. Malgré ces trésors de défense, l'organisme reste vulnérable, la vie fragile, et il nous appartient d'en prendre soin.

➤ Méditer stimule le système immunitaire

Et ce pendant des mois ! affirment des chercheurs américains, dans une étude publiée en 2003 qui montre que la réponse immunitaire générée par un vaccin contre la grippe fut nettement plus importante chez des sujets faisant de la méditation que chez les autres. De plus, ces bienfaits sur le système immunitaire ont, dans certains cas, subsisté pendant quatre mois. On ne s'explique pas encore clairement le lien qui peut exister entre le fait de méditer et un renforcement de la réponse immunitaire, mais il est intéressant de remarquer que l'électroencéphalogramme a permis de déterminer que les volontaires ayant fait de la méditation présentaient une activité accrue dans la zone du cerveau associée aux émotions agréables : amour, joie.

Exercice

Je visualise !

Les informations contenues dans les paragraphes précédents peuvent faire l'objet d'une visualisation personnelle. Pour réaliser celle-ci, je crée des images que je vois, me représente ou simplement imagine en pensée. Que je les voie comme sur un écran ou que je me laisse bercer par le pouvoir évocateur des mots, ces images personnelles sont très efficaces pour renforcer les défenses de l'organisme.

Mais, d'abord, je choisis mon style :

› **logique**, qui fait appel aux schémas et aux images scientifiques ;
ou
› **analogique**, où j'emploie, des images poétiques, des métaphores, des mises en scène comme dans un dessin animé.

Dans le premier cas, j'utilise les connaissances que j'ai acquises, les descriptions et les schémas du texte.

Dans le second, je produis mes propres images. (Attention, comme nous l'avons dit, celles-ci peuvent être des mots, des descriptions. Visualiser veut dire se représenter, ce qui n'implique pas forcément de voir des formes comme sur un écran de télévision.)

Par exemple, j'imagine mes cellules de défense comme un banc de petits poissons voraces qui se précipitent, bouche ouverte, sur les indésirables et les avalent.

Ou je les vois comme une bande de petits moineaux qui les picorent avidement, comme des miettes de pain.

Ou encore, mes globules deviennent des tigres ou des requins (et pourquoi pas des requins-tigres ?) affamés cherchant activement qui dévorer. (C'est à moi de leur préciser ce dont je souhaite me débarrasser.)

Ou ils sont des enfants rieurs qui jouent « aux gendarmes et aux voleurs ».

Ou bien ce sont des fabriques de produits bénéfiques (les anticorps) qu'elles déversent dans le sang pour le « dépolluer ».

Ou encore je visualise mes anticorps comme les membres d'un service d'ordre musclé qui ceinturent et neutralisent les indésirables (antigènes).

»

»

Suite…

Ou bien, ou encore… (J'utilise ici mes images personnelles, qui sont de loin les meilleures, parce qu'elles naissent de ma propre imagination.)

Et maintenant, je me relaxe :

Pour cela, je m'installe confortablement et laisse mon corps se détendre. Je respire doucement, profondément. Je choisis mon programme, ferme les yeux et laisse mon film se dérouler.

S'il n'y a pas d'images qui me viennent en tête, je ne me tracasse pas. Je sais et j'en ai déjà fait l'expérience (cf. « Des images et des mots », p.30) que penser simplement à quelque chose, le simple énoncé de mots, a sur mon corps le même effet que des images structurées.

Je sais aussi que me relaxer (surtout si je le fais régulièrement) a un effet identique et aussi bénéfique que la méditation sur mon système immunitaire.

Avant de terminer, je prends un instant pour remercier mon corps de sa bonne collaboration et l'encourager à maintenir l'équilibre.

Et puis je me félicite chaleureusement pour le bien que je me fais à moi-même lorsque je prends le temps de souffler un peu et de m'occuper de moi.

Systèmes à régulation multiple

Comme nous l'avons vu, système nerveux et système endocrinien sont étroitement unis, et nous verrons au chapitre suivant que, comme le dit Jean-Didier Vincent, « la dimension neuroendocrinologique du moi apparaît à la surface de l'être sous la forme des émotions ».

Système nerveux et système immunitaire sont eux aussi étroitement unis ; les organes chargés de la fabrication et du stockage des cellules immunitaires (thymus, rate, ganglions lymphatiques, moelle osseuse et muqueuses) reçoivent une très riche innervation sympathique. C'est en prenant compte de ces faits qu'est née la psycho-neuro-immunologie.

Une étude américaine montra, dès la fin des années 1970, les conséquences des situations de deuil sur la réponse immunitaire.

Portant sur vingt-six veuves, elle mit en évidence que, six semaines après le décès de leur conjoint, la fonction de leurs lymphocytes T était fortement diminuée. Une conclusion s'imposait ; les individus en état de stress voient leurs défenses immunitaires chuter. D'autres études l'ont confirmé : en situation de stress, le système nerveux verrouille la réponse immunitaire à différents niveaux. Par exemple, le taux et l'activité des cellules NK, dont nous avons vu qu'elles tuent spontanément les cellules cancéreuses, sont au plus bas chez des étudiants le lendemain des examens.

Les recherches avançant, on découvrit aussi que la réponse immunitaire peut provoquer des changements hormonaux et qu'il existe entre cerveau et système immunitaire une boucle régulatrice parfaitement intégrée. Par l'intermédiaire de messagers, qui sont les hormones sécrétées sous l'influence du stress, système nerveux et système immunitaire communiquent. C'est ainsi que l'hormone de croissance stimule les réponses immunitaires, alors que le cortisol, secrété par la surrénale en cas de stress prolongé, les freine. C'est alors que la psycho-neuro-immunologie accrocha un nouveau wagon à son train et devint la psycho-neuro-endocrino-immunologie.

Il est aujourd'hui clairement établi que **les agressions psychologiques, surtout lorsqu'elles sont répétées, diminuent le potentiel de défense d'un individu**, dans une mesure qui dépend tant de la structure de sa personnalité que de ses capacités d'adaptation. Stress, fatigue, épuisement, déprime et dépression affaiblissent le système immunitaire, mais diminution des défenses ne veut pas pour autant dire maladie. L'apparition de celle-ci, comme nous le verrons plus avant, nécessite l'association d'autres facteurs.

En résumé, nous retiendrons de tout cela que par des modifications énergétiques subtiles (pensées, images, émotions, sentiments), le psychisme entraîne des changements dans les signaux du système nerveux et que celui-ci agit sur le système endocrinien qui libère des hormones. Quant au système immunologique, il a aussi ses propres sécrétions, les cytokines. De plus, chaque système agit en retour sur les autres ; des récepteurs communs leur permettent d'échanger des informations. C'est ainsi que des neurotransmetteurs et des cytokines sont sécrétés et reconnus à la fois par le système nerveux et par le système immunitaire. Et c'est grâce à ces multiples régulations que nous nous maintenons bien-portants.

➤ Et le psychisme ?

Par-dessus tout ça, ou par-dessous tout ça, ou au milieu de tout ça, en tout cas agissant toujours en interaction avec les systèmes organiques, il y a le psychisme.

Dans le langage courant, et dans ce livre même, nous utilisons souvent des termes dont la signification est très proche. C'est ainsi que nous parlons du psychisme, de la psyché, du mental, de l'émotionnel, de l'affectivité, de la conscience, de l'intellect... Tous ces termes se réfèrent à la vie psychique, au domaine du psychologique, tous concernent l'esprit, la pensée. Précisons donc un peu. Le sens premier que nous donnons à « psychisme » est celui de principe auquel se rattachent des faits d'expérience, cette expérience pouvant être d'ordre mental : pensées, images, rêves, fantaisies, ou par voie psychosomatique intéresser aussi le corps : émotions, pulsions, etc.

Parler de principe, c'est parler de cause, d'origine ou d'élément constituant ; ici nous parlons d'**un élément constituant qui joue un rôle dynamique** dans cet ensemble complexe que nous appelons organisme ou psychosoma. Dans un sens second, nous rejoignons l'usage courant et, avec le mot « psychisme », nous désignons l'ensemble des phénomènes de la vie psychique ou mentale.

Dans une de ses conférences d'introduction à la psychanalyse, Freud écrit : « La conscience ne peut pas être l'essence du psychisme ; elle n'en est qu'une qualité et, à savoir, une qualité intermittente, plus souvent absente que présente. Le psychisme en soi, quelle que puisse être sa nature, est inconscient... » Et, ailleurs, il note : « Quelques-uns ou tous les maillons du processus peuvent rester en deçà du seuil de la conscience, ce qui n'implique aucun changement dans la forme de l'effet externe. » Les effets externes qui nous intéressent ici, que nous sachions ou pas encore tous les expliquer, sont au premier chef les manifestations corporelles et leurs effets sur la santé.

Voyons maintenant un peu comment s'organise la vie psychique. Au début de la vie, l'embryon humain est une petite boule de cellules qui se différencient, s'organisent, et la vie intra-utérine du fœtus est essentiellement corporelle, avec cependant déjà des réactions sensorielles : ainsi il cherche à éviter le désagréable et à renouveler les sensations agréables. Après sa naissance, très rapidement les réactions du bébé s'enrichissent. Elles deviennent de plus en plus intentionnelles, se colorent d'émotions. Les acquisitions explosent, tant au niveau des capacités motrices que des aptitudes affectives et émotionnelles. Par ailleurs, les sensations corporelles s'accompagnent d'images mentales ; l'enfant acquiert le langage et la pensée verbale.

Cette genèse nous amène à penser que les différentes facettes du psychisme ne sont pas indépendantes les unes des autres, qu'elles fonctionnent en synergie, et prennent origine dans le corps. Nous savons bien que c'est le cerveau qui commande le développement du tout, cependant il y a incontestablement des organisations spécifiques. De même que le corps a son fonctionnement et ses lois propres, le psychisme a les siens mais les deux instances sont en permanence interconnectées, en interrelations étroites. Pour Freud, lui-même, « le psychisme s'étaie sur le roc du biologique ».

Depuis l'Antiquité, les philosophes ont essayé de décrire la psyché et d'expliciter son rapport au corps, le plus souvent en les opposant. Il n'est pas dans notre propos de faire ici l'inventaire des différentes théories qui se sont succédé, mais mentionnons au moins l'apport de Freud qui nous a donné une meilleure connaissance de la psyché et de son fonctionnement. Introduisant la notion d'inconscient dynamique, les études de Freud ont révélé une nouvelle complexité dans le domaine de la pensée et, de ce fait, considérablement enrichi notre lecture des faits psychiques, tout comme celle de nos rêves. Or, il s'avère que cet inconscient est aussi à l'œuvre dans le fonctionnement de notre corps, au point de pouvoir provoquer des symptômes physiques.

› 3 ‹
chapitre

La valse des émotions

La vie est une force mystérieuse, un élan puissant qui nous habite dès notre conception et jusqu'au dernier jour. Qu'il soit doux ou amer, le cocktail de la vie est un mélange de nombreux ingrédients soutenu par un long trait de stress et une pointe d'émotion. Juste une pointe ? Non, plus que ça ! La vie est mouvement, l'émotion aussi. L'une ne va pas sans l'autre. L'émotion est mouvement de vie, la vie une suite d'émotions, un fleuve, une valse, une cascade de mouvements affectifs qui retentissent de façon positive ou négative sur notre organisme et intéressent aussi bien notre mental que notre corps.

➤ Une palette d'émotions

L'élan de la vie s'accompagne d'un ressenti affectif constant. Un ressenti qui s'inscrit à la fois dans le corps, le mental et le cœur. Nos vécus émotionnels traduisent une certaine relation de notre être avec le monde. L'émotion est une réaction rapide et brève ; en une fraction de seconde elle met en mouvement l'esprit et le corps et ne dure guère plus de quelques minutes. L'humeur (bonne ou mauvaise) est, elle, une tonalité affective générale qui persiste plus longtemps. Nos « états d'humeur » peuvent ainsi durer plusieurs heures, voire plusieurs jours. Certains d'entre nous oscillent périodiquement entre joie et tristesse, bonne et mauvaise humeur ; cette variation cyclique fait que l'on parle parfois de cyclothymie.

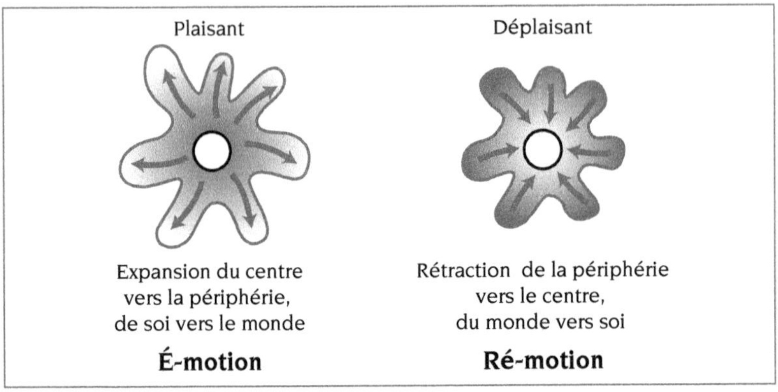

Schéma 10 › Mouvements d'expansion et de rétraction d'un organisme (ici, une amibe).

Telles les couleurs de base qu'un peintre utilise pour composer sa palette, cinq émotions de base : **peur, colère, tristesse, joie, amour,** colorent les mouvements de vie qui nous mettent en relation avec notre environnement et nous permettent d'y répondre. Baignant d'ombre et de lumière notre vie quotidienne, nos émotions donnent à celle-ci du relief, du piquant, une saveur à nulle autre pareille.

Chacune de ces émotions a une fonction spécifique :

- **la peur**, qui tantôt nous donne des ailes tantôt nous cloue au sol, nous permet de nous écarter du danger ou d'y faire face ;
- **la colère** est une énergie d'attaque et de défense qui nous conduit à préserver notre territoire, notre intégrité et nous pousse à conquérir ce dont nous avons besoin ;
- **la tristesse** commande les pleurs qui vident le chagrin, elle nous aide à « digérer » nos souffrances ;
- **la joie** est une énergie d'échange qui stimule le plaisir de vivre ;
- **l'amour** permet le rapprochement entre les individus, la recherche d'intimité, la conjonction des sexes.

À ces émotions de base, certains ajoutent le **dégoût** (qu'on observe déjà chez le nourrisson en réponse à une saveur amère, et qui semble s'être développé au cours de l'évolution pour assurer la survie de l'individu), la **surprise** (que d'autres assimilent à la réaction d'alarme qui précède la peur), la **tendresse** et l'**émoi érotique**. Toutes se nuancent (ainsi de la tristesse qui parfois s'exprime sous forme de découragement, de déception ou d'ennui), se mélangent, se fondent, se modulent et forment des états affectifs complexes : les **sentiments**.

En 2000, grâce aux techniques d'imagerie cérébrale – ici, caméra par émission de positons –, on a pu pour la première fois visualiser sur un écran les régions du cerveau activées par la joie, la tristesse, la peur ou la colère chez une quarantaine de volontaires. Les zones cérébrales sollicitées sont distinctes selon l'émotion ressentie, mais communes à tous les individus testés. Et tout récemment, grâce à la résonance magnétique (IRM), on a pu démontrer que chez de jeunes couples passionnément amoureux le cerveau montre une activation dans la zone de la motivation et de la récompense.

Les émotions colorent notre vie et nourrissent l'art, la littérature, la musique, la poésie sans qui les choses ne seraient que ce qu'elles sont.

Un sonnet de la « Belle Cordière »

Je vis, je meurs ; je me brûle et me noie ;
J'ai chaud extrême en endurant froidure ;
La vie m'est et trop molle et trop dure ;
J'ai grands ennuis entremêlés de joie.

Tout en un coup je ris et je larmoie,
Et en plaisir maint grief tourment j'endure ;
Mon bien s'en va, et à jamais il dure ;
Tout en un coup je sèche et je verdoie.

Ainsi Amour inconstamment me mène ;
Et quand je pense avoir plus de douleur,
Sans y penser je me trouve hors de peine.
Puis quand je crois ma joie être certaine,
Et être au haut de mon désiré heur,
Il me remet en mon premier malheur.

Louise Labé

➤ Des sentiments à foison

Les sentiments, nuancés et variés, qui colorent notre vie affective, sont comme les branches d'un grand arbre dont les racines et le tronc seraient constitués des cinq émotions précitées : peur, colère, tristesse, joie, amour.

Ce qui différencie l'émotion et le sentiment est assez subtil. Phénomène qui intéresse autant le corps que l'esprit, l'émotion se ressent rapidement dans tout notre être. Elle provoque des manifestations somatiques immédiates qui signent l'intensité du trouble et disparaissent plus ou moins rapidement. Le sentiment, lui, est un ressenti moins corporel et s'inscrit plus dans la durée. On peut aussi dire que les émotions sont « publiques » parce que extériorisées, alors que les sentiments sont « privés », dirigés vers l'intérieur.

Imaginons que j'aie un accrochage en voiture. Le choc me provoque une peur immédiatement accompagnée par une décharge d'adrénaline qui entraîne une cohorte de changements dans mon corps : accélération du cœur, sueur, tremblements des membres, mollesse dans les jambes. Cette peur première provoque souvent et quasi instantanément un réflexe de défense, une envie de réagir par le geste et la voix. C'est alors la colère qui surgit. Colère contre l'autre, contre moi, contre les éléments : pluie, brouillard, verglas, chaussée glissante éventuellement, et qui, parfois, s´étend en vagues croissantes. Colère contre la malchance, le ciel, le destin… Colère habituellement d'autant plus grande que la peur fut intense et les dommages importants. Lorsque celle-ci s'apaise, une sorte de lassitude, de fatigue m'envahit, puis dans les heures qui suivent mon corps reprend petit à petit son fonctionnement normal. L'émotion est amortie, mais il me reste un ressenti fait d'affects plus nuancés : il se peut qu'alors j´éprouve un sentiment de culpabilité (« Ah, j'aurais dû, j'aurais pu faire ceci ou cela ») ou d'impuissance, d'injustice, ou tout autre type de sentiment ; la palette est infinie. Chacun a sa manière personnelle de réagir aux événements, en fonction de son tempérament, de sa personnalité, de son histoire de vie. Ainsi, nous baignons tous, en permanence, dans un climat émotionnel, et la qualité de ce climat influence notre humeur et notre état physique. Est-ce à dire que le fait d'éprouver des émotions est un mal ? Faudrait-il les éliminer ? Bien sûr que non ; d'ailleurs nous ne le pouvons pas puisque les émotions sont à la base de notre élan vital. Cependant, chaque individu a une manière bien personnelle de les vivre.

Et la sexualité ?

Elle aussi se vit d'une manière bien personnelle. C'est qu'en elle se fondent et se confondent nombre de désirs, d'émotions et de sentiments. Notre corps est le lieu d'expression de nos émotions et de notre désir d'amour, et la fonction de reproduction se double, chez nous humains, d'une fonction non moins importante : la fonction érotique.

Mais la sexualité n'est pas seulement une fonction biologique, elle est avant tout une des composantes fondamentales de l'être humain ; la **manifestation de l'élan de vie qui nous habite**. C'est une énergie qui anime nos comportements et un moyen de partager notre intimité et nos émotions avec le ou la partenaire que l'on choisit. En cela la sexualité est communication. L'envie d'aimer est une marque de bonne santé mentale et physique. Le besoin d'aimer se manifeste tout à la fois dans le cœur et le corps. Que dire d'un amour tout en tête qui n'aurait pas de corps ? Qu'il est platonique ? Soit, mais pour que l'échange soit complet, les corps doivent se rapprocher.

Les baisers, les caresses ont pour effet de libérer de nombreux composés chimiques dans l'organisme. Hormones et neurotransmetteurs (qui, nous l'avons vu au chapitre précédent, sont des sortes d'hormones à vocation nerveuse) stimulent nos principaux mécanismes de régulation au travers des systèmes nerveux, endocrinien et immunologique, éveillent des émotions. Les jeux, les préludes, attisent le désir, éveillent images et sensations et préparent les corps à l'étreinte sexuelle.

Chacun de nous a des sentiments, des attitudes, des convictions et des comportements différents en relation avec la sexualité (sa propre sexualité et celle des autres). Cela s'explique par l'éducation que nous avons reçue et les expériences personnelles qui sont (et ont été) les nôtres. Pour bien comprendre le fait sexuel, il nous faut l'aborder dans une perspective tout à la fois biologique, psychologique et sociale, car la sexualité intéresse à la fois l'individu et le groupe humain. Elle est tributaire autant du système neuro-endocrinien que de la culture, la morale, la politique ou la religion.

➤ Cerveau et émotion

Si les vécus émotionnels ont de tout temps intéressé les philosophes et les moralistes, qui les appelaient passions et les tenaient pour des obstacles à la raison (« Le cœur a ses raisons que la raison ne connaît point », disait Pascal), ce n'est qu'assez récemment qu'ils ont suscité l'intérêt des psychologues et plus récemment encore celui des neurophysiologistes. Aujourd'hui, ceux-ci travaillent la main dans la main avec les neuropharmacologues (qui s'intéressent aux effets des drogues et des médicaments sur les états émotionnels et sur l'humeur) et les neuropsychologues qui ne dédaignent pas les mécanismes neurologiques. Des laboratoires hautement spécialisés, servis par les techniques nouvelles d'imagerie cérébrale dont nous avons déjà parlé, traquent les effets de l'émotion dans les moindres recoins du cerveau.

Pour avoir démontré que l'homme n'est pas le « décideur rationnel » qu'on avait longtemps voulu croire, le psychologue Daniel Kahneman a ainsi reçu, en 2002, le prix Nobel d'économie pour ses recherches sur la neuro-économie. L'intelligence et la raison ne sont donc plus aujourd'hui les reines de la pensée et, à côté de l'intelligence rationnelle, il est devenu courant de parler d'**intelligence émotionnelle**.

L'émotion ainsi étudiée apparaît comme « un phénomène affectif complexe, constitué de plusieurs composantes : neurophysiologique, expressive et subjective ». Le flux d'émotions que nous ressentons dans notre corps correspond à un flot d'informations qui circulent dans notre cerveau et à une cascade d'effets organiques. Diverses formations nerveuses se trouvent impliquées :

- **le cortex cérébral**, qui reçoit les composantes sensorielles (ce que nous sentons et ressentons) et gère les composantes cognitives et représentatives (ce que nous en savons, ce que nous pouvons en comprendre et ce que nous pouvons en exprimer). Par ce canal, les sensations sont transformées en perception, pensée et mémoire ;
- **le cerveau émotionnel** (système limbique), qui gère les composantes affectives de l'expérience et les « compare » à la valeur des expériences passées. Il nous permet de reconnaître ce qui est favorable ou défavorable tant à notre équilibre biologique qu'à notre confort et à notre plaisir ;
- **le cerveau archaïque**, et tout particulièrement l'hypothalamus (véritable petit cerveau végétatif), qui régule « en cascade » les diverses glandes endocrines (hypophyse, thyroïde, surrénales, etc.) qui, par leurs sécrétions, modifient le milieu intérieur et engendrent les effets corporels corrélatifs à l'émotion.

Par ailleurs, deux petites formations nerveuses cachées dans les profondeurs du cerveau accaparent aujourd'hui l'attention des scientifiques. Véritables vedettes de la recherche actuelle, ce sont l'**amygdale** et l'**hippocampe**.

La première, ainsi nommée parce qu'elle a la taille et la forme d'une amande, est double et se loge sous chaque hémisphère du cerveau. On a longtemps cru que l'amygdale ne jouait de rôle que dans la peur, mais on sait aujourd'hui qu'elle intéresse aussi les états de fureur, et même qu'elle traite toutes les émotions qui transitent par elle avant d'éveiller les centres nerveux de son proche voisin l'hippocampe et de stimuler l'hypothalamus. De plus, un neuroanatomiste hollandais, Gert Holstege, a pu montrer grâce à la caméra à positions (TEP) qu'elle se désactive au moment de l'orgasme, mais qu'elle reste active si celui-ci est simulé. Il en va de même pour le cortex cérébral.

L'hippocampe, dont la forme évoque un petit cheval de mer, est double lui aussi. Il joue un rôle important dans la mémorisation des émotions et dans les phénomènes de mémoire, spatiale en particulier. Des études réalisées sur des chauffeurs de taxi londoniens qui, comme tous les chauffeurs de taxi, doivent mémoriser le nom des rues, les sens interdits, les difficultés de circulation et bien d'autres choses encore, ont révélé que chez eux l'hippocampe est particulièrement développé. Pour mieux comprendre tout cela, promenons-nous un instant dans le cerveau.

➤ Horreur, une araignée !

Lucile a horreur des araignées. Voir une de ces petites bêtes velues lui donne la chair de poule. Or, voici que pendant qu'elle lit tranquillement sur son beau sofa blanc, son œil accroche tout à coup une forme suspecte. Là-bas, près de son pied nu, elle vient d'apercevoir une petite masse noire. Horreur !... Serait-ce une araignée ?

Le sang de Lucile ne fait qu'un tour et, avec lui, un cocktail de neuromédiateurs parmi lesquels ne manque pas, bien sûr, l'adrénaline. En moins de temps qu'il n'en faut pour l'écrire (tout ce qui suit se déroule en quelques fractions de seconde), son organisme est en alerte, diverses structures de son cerveau sollicitées.

La rétine de l'œil capte l'image suspecte et celle-ci, convertie en informations électrochimiques, arrive jusqu'à une zone de l'écorce cérébrale spécialisée dans la vue : le cortex visuel. Aussitôt une image se forme. Mais déjà l'amygdale a été alertée, et avant que les composantes de cette image – couleur, forme, orientation – soient analysées dans le lobe temporal qui précise la forme de l'objet, elle a déclenché une réaction de peur : l'alerte est donnée.

La réponse réflexe ne se fait pas attendre : Lucile a une envie furieuse d'écarter son pied, de bondir sur ses jambes et de fuir. Mais la peur la retient. Et s'il prenait l'envie à cette horrible bestiole de bondir sur elle au moment même où elle va retirer le pied ?

Pendant ce temps, les autres structures cérébrales travaillent à toute vitesse. Un centre moteur du cortex frontal mobilise les muscles des yeux et fixe leur attention sur l'objet suspect. Ceci fait, il passe l'information au cortex pariétal qui en précise la position. Est-ce qu'il bouge ? Non, toujours pas. Cela rassure un peu Lucile, et lui laisse le temps de décider ce qu'elle va faire. L'hippocampe, qui en a vu d'autres, et s'en souvient, est alors consulté. Oui, ça pourrait bien être une araignée. Alors, sans la quitter des yeux, Lucile déplace tout doucement ses jambes, se lève et, livre en main, prête à écraser l'intruse, s'approche doucement. Ouf, rien ne bouge. Peut-être qu'elle est endormie, pense Lucile. Non, elle n'est pas endormie, et ce n'est pas une araignée ! Juste un fil enroulé. Un fil de laine de l'étole en angora que Lucile tricotait avant de se mettre à lire...

➤ Le cortex classe et trie

Notre écorce cérébrale, riche en matière grise, est intimement associée au processus de l'émotion.

Une équipe de chercheurs espagnols s'est intéressée à sa fonction dans les réactions produites par l'affection, l'amour, la joie. Elle a récemment mis en évidence que le cortex cérébral ne perçoit pas seulement les informations affectives, mais reconnaît aussi celles qui sont agréables. Ces psychologues ont ainsi montré que voir le visage de maman, même si celui-ci exprime de la colère, provoque dans l'organisme des réactions plus positives que voir celui d'une séduisante actrice ou d'un sportif aimé des foules. Pour conduire leur recherche, ils ont utilisé une série d'images standardisées (paysages, scènes romantiques ou érotiques, etc.) connues des psychologues comme système international d'images affectives, parmi lesquelles ils ont inséré des portraits d'êtres chers aux sujets examinés.

Pendant que les sujets visionnaient sur un écran les images choisies pour eux, les chercheurs observaient les réactions musculaires de leur visage (en particulier celles du muscle zygomatique qui contrôle le sourire), et mesuraient leur fréquence cardiaque. Ces réactions étaient plus intenses quand on leur présentait des portraits de personnes aimées. De plus, on a contrôlé la réaction de leur cerveau. Les résultats montrent que le cerveau et le corps reconnaissent les images d'êtres chers comme « aimables » en réagissant de façon positive, et démontrent le rôle actif que joue le cortex cérébral dans cette perception.

➤ Le monde émotionnel

Comme nous venons de le voir, l'émotion est au cœur du corps mais, bien qu'il soit intimement mêlé à notre vie psychique et corporelle, nous connaissons assez mal notre monde émotionnel ; il ne fait pas partie des connaissances apprises à l'école ou dans la famille. Chacun se débrouille comme il peut avec ses propres émotions sans que soient abordées leur nature, leur fonction, la façon de faire au mieux avec. Analysons donc un peu ce qui se passe quand nous sommes émus.

En termes d'énergie, le destin de chaque émotion est le même : un temps de charge, au cours duquel il y a une montée des tensions musculaires, affectives, mentales, et un deuxième temps au cours duquel ces tensions cherchent à se décharger en vue d'un soulagement : la peur par le cri, la colère par les gestes et/ou la parole, la tristesse par les larmes, l'amour et la joie par des mouvements, des mimiques, des sons.

charge émotionnelle + tension

↓

décharge émotionnelle + relâchement corporel

Si ce processus de charge-décharge est entravé, cette énergie reste à l'intérieur de nous. Elle surcharge alors nos circuits nerveux et peut se transformer en sensation d'angoisse, tension chronique, vécu de stress prolongé, affection somatique ou toute autre manifestation. Les perturbations de la vie émotionnelle sont le reflet ou la cause d'une grande variété de troubles ; nous en parlerons en détail dans les chapitres suivants.

➤ « Tout m'énerve ! »

Sam est un garçon de seize ans, solide, trapu, bien bâti. Sa santé est bonne, mais il se plaint de douleurs fréquentes dans les épaules. Bien qu'il ne fasse pratiquement pas de sport (il préfère les jeux vidéo), ses muscles sont fortement développés ; ceux de la mâchoire et de la nuque très tendus. Ses épaules sont tendues aussi. Il se dégage de tout son corps l'impression qu'il retient ses émotions, mais que retient-il ? Il suffit de l'écouter pour le savoir. « Tout m'énerve ! » dit-il, et il relate une série d'accrochages : avec sa prof de gym (« Une cloche »), sa mère (« Elle me broute... »), sa sœur aînée (« Cette nullasse ! »). Il a rompu plusieurs fois de façon violente avec sa petite amie, qui l'énerve aussi. Ces conflits débouchent parfois sur des crises de rage, pendant lesquelles il crie, insulte, lance des coups de pied dans les portes, les murs. Récemment, il a frappé du poing dans une vitre et s'est retrouvé avec six points de suture ; il s'en est fallu de peu qu'un tendon soit sectionné.

À l'écouter, on a l'impression que Sam cherche le conflit et fait monter la tension jusqu'à la crise, qui lui procure une certaine détente. Et c'est bien de cela qu'il s'agit. C'est de la colère que son corps retient, de la rage qui est bloquée dans ses mâchoires ; une rage impuissante d'enfant soumis à une figure maternelle rigide et autoritaire. Figure qu'il projette sur les autres femmes de son entourage : professeur, sœur, petite amie, auxquelles il cherche sans cesse querelle. Mais la détente qu'il obtient est de courte durée ; une fois l'explosion passée, il se sent coupable. Et puis les menaces et les sanctions pleuvent : privation de télé, de sorties, portable confisqué... Ses parents sont à bout, l'ambiance familiale chargée d'électricité. Rien ne s'arrange, Sam se sent brimé, incompris, victime d'injustices. Pourquoi n'obtient-il pas plus de soulagement ? Parce que sa colère et sa rage sont agies impulsivement, parce qu'il a créé une espèce de réflexe de « mise à feu » qui court-circuite la conscience. Et peut-être aussi parce que cette colère, toujours prête à flamber, cache quelque chose de plus profondément enfoui.

➤ Une émotion peut en cacher une autre

Il n'est pas rare qu'une émotion, souvent et facilement exprimée, puisse en cacher une autre. Par exemple, il est des colères qui explosent d'autant plus facilement qu'elles servent à masquer une tristesse trop douloureuse à exprimer, et des tristesses d'autant plus inconsolables que ceux qui les éprouvent ne s'autorisent pas à la colère.

En effet, il est bien difficile de faire l'économie de la colère qui est la réponse naturelle, biologique et psychologique à la frustration. Si l'expression de la colère est interdite (et dans beaucoup de familles, c'est le cas), la charge qui lui est liée ne s'évacuera pas. Seule la tristesse s'exprimera en vécu de chagrin ou par des pleurs, mais ces pleurs ne pourront en aucun cas nettoyer la charge de la colère retenue et enfouie, puisque celle-ci est d'une tout autre nature. Pour pouvoir être évacuée, digérée, métabolisée, chaque émotion nécessite l'expression qui lui est propre, par les mots, la voix et les gestes appropriés. Nous ne pouvons pas débarrasser notre organisme de la charge d'une émotion en en exprimant une autre. Par contre, si nous acceptons d'ouvrir la porte à ce que nous ressentons dans le moment, il est possible que peu après un autre contenu émotionnel se dévoile.

Toutefois, comme nous venons de le voir dans le cas de Sam, ce n'est pas toujours si simple. Pour que puisse s'exprimer l'émotion authentique, nos mécanismes de défense internes doivent être assez souples, ou avoir été assez assouplis dans le cadre d'une thérapie. C'est pourquoi la présence d'un thérapeute à nos côtés peut se révéler nécessaire pour reconnaître ce que nous avons vraiment besoin d'extérioriser et nous éviter de rester bloqués dans l'expression interminable d'une « émotion masque ».

➤ Une dame qui ne pouvait pas se mettre en colère

Véra est une femme d'une cinquantaine d'années, d'un statut social aisé, qui souffre d'une dépression « chronique », dit-elle. Elle prend des antidépresseurs et des anxiolytiques suffisamment puissants pour qu'ils la rendent inapte à toute activité professionnelle et sociale. Quand nous la rencontrons, elle se présente avec un visage figé dans la tristesse, un corps dévitalisé. Au cours du premier entretien, elle pleure en disant que de toute façon tout la fait pleurer, et que c'est comme ça depuis dix ans.

Invitée à raconter les circonstances l'ayant amenée à sombrer dans une si profonde dépression, elle relate un événement qui l'a vivement blessée : la rupture d'une amitié ; rupture qu'elle a vécue comme une trahison. Mais, invitée à prendre conscience de son ressentiment vis-à-vis de son amie, elle nie un tel sentiment : « Non, non, dit-elle, je ne lui en veux pas. Je n'ai pas de raisons de lui en vouloir. » Elle se sent infiniment peinée de cette brouille, et puis c'est de sa faute, dit-elle, elle s'était trop investie dans cette relation.

Au cours des entretiens suivants, Véra, accompagnée pas à pas dans la possible reconnaissance de sa colère, commence à dire que son amie n'a pas été juste, que… que… et que… Peu à peu les forces lui reviennent et elle accepte de taper sur un coussin pour crier sa colère. Une colère dirigée d'abord contre la « traîtresse », puis contre des images parentales de son enfance : mère, grand-mère par qui elle s'est aussi sentie à un moment donné trahie. Au fond du puits des larmes, il est ainsi fréquent de trouver de la colère et une grande peur à exprimer cette colère.

De ce jour, entre colères exprimées et souvenirs élaborés, les larmes se tarissent peu à peu. Véra retrouve de l'énergie pour faire ce qu'elle aime. Elle s'habille de couleurs plus gaies, plus claires, se maquille avec plus de soin, diminue les doses de médicaments. Elle envisage de reprendre ses activités antérieures, un souffle de créativité l'anime à nouveau. Inutile de dire que les troubles somatiques associés (fatigue, insomnie, mal au dos, difficultés de digestion) ont eux aussi disparu.

➤ Riches et pourtant déprimés

Si l'on en juge par la consommation sans cesse en hausse de médicaments anxiolytiques (littéralement : qui dissolvent l'anxiété) et antidépresseurs, et par le fait que les consultations spécialisées dans le traitement des troubles de l'humeur sont saturées, il apparaît que le niveau moyen d'anxiété ne cesse de croître dans les pays économiquement développés. Selon une enquête publiée aux États-Unis en 2000, comparant deux groupes de jeunes des années 1950 et 1990, celui-ci aurait doublé durant ces quarante dernières années. Ne serait-ce pas l'expression d'un mal de vivre ambiant ?

Le ressenti de bien-être n'est pas corrélé seulement avec les critères de la vie matérielle ; trop de moyens peuvent nous vider de nos raisons de vivre. Dans nos pays dits « nantis », le taux de dépressions, de suicides et de maladies liées au stress s'accroît chaque année de façon alarmante. Dans un contexte où l'accumulation des biens et la compétitivité sont valorisées à outrance, tout ce qui s'inscrit sur le registre de la perte et du manque est particulièrement mal vécu. Les émotions liées au deuil sont vues comme indésirables et souvent trop vite réprimées. Même quand nous perdons un être cher, la « décence » nous demande de réagir rapidement ; l'entourage se propose plus facilement de nous inviter au cinéma pour nous « changer les idées » que de nous prêter une épaule pour y poser notre tête et des bras pour y pleurer notre chagrin. Et c'est ainsi que nous sommes nombreux à traîner dans notre « besace affective » des deuils inachevés qui entretiennent un fond dépressif plus ou moins permanent.

« Il pleure sans raison... »

Il pleure sans raison
Dans ce cœur qui s'écœure.
Quoi ! nulle trahison ?...
Ce deuil est sans raison.

C'est bien la pire peine
De ne savoir pourquoi
Sans amour et sans haine
Mon cœur a tant de peine !

Paul Verlaine

➤ La peur, alliée ou ennemie ?

La peur, qui peut nous sauver la vie et nous rendre prudents, est facilement envahissante ; elle peut infiltrer de façon insidieuse notre corps et nos comportements. Elle se révèle alors être une grande pourvoyeuse de névroses et de troubles psychosomatiques. Cette peur viscérale est directement liée à la réaction de surprise et d'alarme typique du stress, selon Selye. Qu'elle soit consciente ou inconsciente, qu'on l'appelle peur, angoisse ou anxiété, elle entraîne une cascade de réactions corporelles, parmi lesquelles une décharge d'adrénaline qui va affecter le fonctionnement de nos organes et peut favoriser l'éclosion de troubles divers. Si elle est si souvent difficile à contrôler sans aide, c'est que nombre de facteurs provoquant la peur ou l'angoisse ne sont pas reconnus consciemment ; ils n'en déclenchent pas moins les mêmes réactions physiologiques que lorsqu'on les perçoit. À chaque instant notre cerveau reçoit, interprète et filtre un grand nombre d'informations qui passent inaperçues à nos sens. Les douaniers de notre conscience sont souvent distraits ou somnolents.

➤ Une petite fille qui avait peur de son ombre

Pauline a aujourd'hui cinquante ans. C'est une dame seule qui vit assez isolée et souffre d'angoisse chronique. Si son chef de bureau l'appelle, son cœur s'affole, ses mains transpirent, sa tête se vide, son corps tremble. Pendant qu'elle attend d'être reçue, elle s'inquiète de ce qu'on va lui demander. Une seule idée lui tourne dans la tête : « Je ne vais pas pouvoir. Je ne vais pas savoir. Jamais je n'y arriverai ! » C'est ainsi que, quand le stressé se dit : « Il faut que j'y arrive ! », l'anxieux pense : « J'ai peur de ne pas y arriver », l'angoissé : « Jamais je n'y arriverai » et le déprimé : « Même pas la peine d'y penser ! ».

Pourtant Pauline travaille, fait des efforts. Mais elle est toujours inquiète, comme lorsque petite fille elle redoutait le regard de son père, ses réprimandes. Réprimandes rares à vrai dire, car son regard suffisait généralement à tout contrôler. Évoquant son enfance, Pauline se rappelle ses peurs : peur des fantômes, terreurs nocturnes, crainte de ses professeurs et, ajoute-t-elle : « J'avais même peur de mon ombre. Je sentais comme si quelqu'un me suivait. »

Cette peur, ces angoisses, tôt apparues dans sa vie, se sont ancrées dans son corps ; son équilibre végétatif est depuis longtemps perturbé : elle souffre de l'estomac, respire mal, rougit, bégaye, tremble, ses mains transpirent. « Quand je sens une émotion, dit-elle, ça m'envahit tout le corps. Surtout si je dois participer à une réunion dans laquelle on peut me demander de prendre la parole. J'ai peur de ne pas savoir quoi dire. C'est comme lorsqu'on m'interrogeait à l'école. »

Pauline comprend ce qui lui arrive, mais jusqu'à présent cette compréhension ne l'a guère aidée à aller mieux. C'est pourquoi nous allons lui proposer un autre mode d'aborder ses problèmes. Un mode qui associera relaxation approfondie, travail en imagerie mentale, mobilisation active de ses tensions et de ses émotions. Nous l'encouragerons, en particulier, à s'affirmer plus dans son expression personnelle et dans celle de ses besoins.

Au royaume de la peur…

Une antique légende raconte qu'il y eut une fois un roi guerrier qui enfermait ses prisonniers dans une vaste salle où étaient rassemblés des hommes en armes. Face à eux, une grande porte de fer s'ornait de têtes de mort sanglantes.
Une fois réunis, le roi s'adressait à eux en ces termes : « Vous êtes maintenant en mon pouvoir, mais je ne pense pas vous garder prisonniers, aussi je vous donne le choix : mourir à l'instant même sous les flèches de mes gardes ou prendre le risque d'ouvrir la porte de fer que vous voyez ici… »

Pleins de terreur devant la porte mystérieuse, ils préféraient tous mourir sous les flèches. Bien des années plus tard, quand le roi cessa de guerroyer, un vieux soudard qui l'avait toujours fidèlement servi osa s'adresser au souverain.

– Ô, mon roi, lui dit-il, j'ai toujours fidèlement servi Votre Majesté. Maintenant que la mort approche, je voudrais tranquilliser mon âme d'une question qui l'inquiète…

– Dis-moi, brave soldat.

– Ô, mon roi, avant de mourir je voudrais savoir ce qu'il y a derrière la porte mystérieuse.

– Va et vois par toi-même !

Fort de cette royale permission, le vieux soldat descendit à la salle souterraine et, malgré, l'obscurité, malgré sa peur, malgré les têtes de mort, malgré le sang qu'on voyait encore, il poussa la porte de fer. Celle-ci grinça sur ses gonds et s'entrouvrit. Un rayon de soleil envahit alors la salle et, quand il réussit à l'ouvrir en entier, le soldat découvrit, à sa grande stupeur, que celle-ci donnait sur un chemin. Un chemin qui montait vers la lumière et la liberté…

Il courut alors vers le roi. Celui-ci, caressant sa barbe avec une expression indéfinissable et beaucoup de tristesse dans les yeux, lui dit :

– Tu vois, je leur ai toujours donné le choix, mais tous ont préféré mourir plutôt que de prendre le risque d'ouvrir cette porte qui leur faisait si peur…

Et nous, combien de portes n'osons-nous pas franchir par peur de prendre des risques ? Combien de fois préférons-nous mourir intérieurement plutôt que d'oser être libres ? Plutôt que d'ouvrir la porte de nos rêves…

➤ Quand la peur nourrit la colère

Caroline est inquiète, affreusement inquiète, parce que Prune, sa fille de seize ans, n'est pas encore rentrée à la maison. Il est 23 h 15 et elle n'avait la permission que jusqu'à 22 heures. Ne lui est-il rien arrivé de grave ? Caroline imagine le pire : elle voit déjà sa « gamine » agressée par des voyous, couverte de bleus, de sang, violentée ou pire encore. Quand, après une heure d'angoisse qui lui a paru une éternité, elle entend la clef dans la serrure, elle se précipite sur sa fille et, sans prendre le temps de lui demander le pourquoi de ce retard, l'abreuve de reproches. La main lui démange et, dans son accès de fureur, elle se retient tout juste de la gifler.

Que s'est-il donc passé chez cette maman ? Elle n'a pas pu dire à sa fille l'angoisse qui lui nouait l'estomac pendant qu'elle imaginait le pire. Sans même qu'elle ait eu le temps d'en prendre conscience, toute la charge de sa peur s'est transformée en colère et en agressivité. Pire encore, cette peur qui n'a pas pu se dire va rester tapie au fond de son cœur et, désormais, à chaque sortie de sa fille, Caroline risque de vivre la même angoisse et d'éprouver la même colère irrépressible si celle-ci ne respecte pas l'horaire prévu.

Que serait-il bon qu'elle fasse ? Sans doute qu'elle parle avec sa fille. Mais pas n'importe comment, ni n'importe quand ; le mieux serait qu'elle prenne d'abord le temps, seule, de reconnaître la nature de ses émotions et de ses sentiments. Qu'elle examine à la lumière de la conscience l'intensité de ses craintes et cherche dans sa propre histoire s'il ne s'est pas passé auparavant quelque chose qui alimente ces dernières. Puis, dans un deuxième temps, en choisissant un moment de calme et d'intimité, qu'elle ouvre son cœur et parle sincèrement à sa fille de ses peurs, de ses craintes, de ce qui l'inquiète. Parler avec sincérité est indispensable pour entretenir une saine communication.

➤ Angoisse et anxiété

L'anxiété est une émotion que nous connaissons tous. Ses motifs sont divers : un examen, une compétition sportive, un travail en retard, une entrevue de sélection, l'attente d'une naissance, un amour, une perte ou une séparation, et bien d'autres encore. Parfois elle nous dynamise, parfois elle nous paralyse, tout dépend de son intensité.

L'inquiétude, l'anxiété et l'angoisse sont trois degrés d'un même état émotionnel. Toutes trois s'accompagnent d'une réaction d'alarme de l'organisme et sont reliées à une émotion de base : la peur. Précisons :

- **l'inquiétude** (du latin *inquietus*, agité) est un état de tension interne, d'intranquillité, causé par la crainte, l'incertitude, l'appréhension, l'irrésolution, qui s'accompagne parfois d'agitation motrice ;
- **l'anxiété** est une émotion confuse qui donne le sentiment de l'imminence d'un danger indéterminé. C'est une forme atténuée de l'angoisse, sans manifestations somatiques ;
- **l'angoisse** se traduit elle aussi par le sentiment d'un danger imminent, mais s'accompagne d'une sensation physique pénible qui prend la forme d'une oppression (d'où son nom, du latin *angustia*, resserrement ; d'où vient aussi le mot « angine ») thoracique, respiratoire, cardiaque. Quand elle se fait plus intense, elle peut entraîner un cortège de manifestations végétatives (c'est-à-dire produites par une surcharge du système nerveux végétatif) : mains froides et moites, sueurs, frissons, vertiges, tremblements, sensation de boule dans la gorge, de nœud dans l'estomac, rougeur ou pâleur, envie urgente d'uriner, diarrhée...

Cette distinction de termes, claire lorsqu'on l'écrit, devient plus floue lorsqu'on la vit. La réalité des faits nous montre que ce qui les différencie vraiment n'est qu'une question d'intensité. Une telle distinction n'a d'ailleurs pas grand intérêt en pratique puisque les mécanismes mis en jeu par le corps sont les mêmes dans tous les cas et que ce qui importe au premier chef est le vécu, le ressenti du sujet.

Ajoutons à cela que sous l'influence de l'anglais, qui utilise couramment le terme *anxiety* et très peu *anguish*, les revues scientifiques parlent volontiers d'anxiété, alors que sous l'influence de l'allemand *Angst*, les revues psychanalytiques parlent plutôt d'angoisse. Voilà pourquoi dans le langage courant, et même dans les milieux psychologiques ou médicaux, on utilise souvent aujourd'hui un terme pour l'autre.

L'angoisse sous toutes ses formes

Si la peur est une émotion provoquée par un objet conscient, il n'en va pas de même pour l'angoisse. Ceci ne veut pas dire qu'elle soit sans objet, mais que, le plus souvent, celui-ci reste, au moins dans un premier temps, inconscient. Les philosophes existentialistes, Sartre en particulier, parlent d'angoisse existentielle pour définir le malaise que nous éprouvons parfois devant la vie et la mort et qui nous amène à questionner notre condition d'êtres humains. Un tel malaise est notre lot à tous, et l'angoisse immédiate, née de difficultés présentes ou éveillée par elles, se nourrit aussi de notre histoire au travers de réminiscences anachroniques et douloureuses.

Un sentiment occasionnel d'angoisse ou d'anxiété est naturel, car l'anxiété, tout comme le stress, est constitutive de la nature humaine ; sans elle, pas de progrès, de recherches ni d'inventions. Mais si elle devient trop intense ou nous envahit pendant de très longues périodes, elle peut nuire considérablement à notre bien-être et à notre efficacité. Ainsi, lorsque l'angoisse prend une ampleur telle que, nous paralysant, elle nous fait redouter une mort subite, elle devient panique. Quand elle se cristallise sur des objets particuliers (couteaux, lames, épingles, insectes, serpents, microbes, espaces clos...), la voilà transformée en phobie. Et si elle nous pousse à développer des rites compulsifs (se laver cent fois les mains, éviter telle pensée, ne pas prononcer certains mots...), c'est une obsession.

Chez les sujets souffrant de graves troubles mentaux (psychoses), l'angoisse prend une forme plus déstructurante et altère la perception du monde et de soi-même, ce qui entraîne des sentiments d'irréalité, de dépersonnalisation et de morcellement. À un degré moindre, une forte angoisse nous rend vulnérables et nous fait perdre notre objectivité ; notre paysage intérieur s'assombrit, nous voyons la vie en noir, les choses au pire. Certains vivent ainsi entre l'angoisse de vivre et la peur de mourir, d'autres la déversent vers leurs organes et la transforment, avec la complicité de leur système nerveux végétatif et de leur inconscient, en troubles fonctionnels divers : gastrite, colite, spasmes, tachycardie, dysfonctions sexuelles, douleurs en urinant...

Quant à la bien ou mal nommée névrose d'angoisse, elle se présente comme un état dans lequel l'anxiété devient une compagne permanente, abusive. État ponctué de crises aiguës et accompagné de divers troubles psychiques et somatiques. Enfin, comme nous le verrons au chapitre 7, diverses manifestations d'anxiété accompagnent généralement les états dépressifs et même parfois les masquent, ce qui peut rendre le diagnostic difficile.

Exercice

Quel est votre degré personnel d'anxiété ?

Vous considérez-vous comme anxieux ? En avez-vous conscience ? Voici quelques questions qui vous aideront à faire le point. Nous vous invitons à y répondre en précisant : jamais, parfois, toujours.

› Ressentez-vous une tension pénible, vague et inexpliquée ?

› Vous sentez-vous excédé(e), énervé(e) sans raison apparente ?

› Avez-vous hâte d'en finir avec ce que vous entreprenez ?

› Avez-vous du mal à vous concentrer sur une lecture, un problème, une tâche ?

› Avez-vous un sentiment de peur inexpliqué ?

Si vous avez beaucoup de « toujours » ou de « souvent » dans vos réponses, sans doute serait-il bon de penser à faire quelque chose pour vous détendre et de réfléchir à ce qui vous cause cette tension anxieuse.

➤ L'anxiété est-elle génétique ?

L'anxiété fait partie de la nature humaine, elle est parfois une compagne abusive, et il n'y a pas d'âge pour être anxieux. Pour autant, doit-on penser que celle-ci est innée ?

En 1996, l'hebdomadaire américain *Science* annonçait avec bruit la découverte du « gène de l'anxiété » – le gène SLC 6A4 – situé sur le chromosome 17 qui serait anormalement court chez les sujets enclins à voir la vie en noir. Cette observation ne semble pas avoir vraiment été confirmée, mais nombre de spécialistes s'accordent aujourd'hui à penser que nous avons tous une disposition plus ou moins forte à être anxieux. Disposition qui, comme tant d'autres caractéristiques de l'individu, serait due à plusieurs gènes (et non pas à un seul) et serait liée tant à notre tempérament qu'à notre sensibilité végétative et se verrait ensuite renforcée ou amoindrie par les expériences de la prime enfance. L'anxiété serait donc à la fois innée et acquise ; voilà qui met tout le monde d'accord. Et, comme nous le disions au chapitre 2, il est bon de se rappeler que la détermination génétique subit dans son expression des fluctuations, fluctuations soumises elles-mêmes au milieu extérieur, aux conditions de vie, et pas aussi indépendantes qu'on le croit de notre univers mental.

Quant au principal mécanisme biochimique de l'anxiété, il est aujourd'hui à peu près élucidé. Il implique un neuromédiateur, la sérotonine, qui serait sécrété en quantité insuffisante ou bien capté par un nombre trop restreint de récepteurs neuronaux. C'est pourquoi dans les états d'anxiété intense, et tout particulièrement dans les attaques de panique, il est habituel aujourd'hui en médecine allopathique de prescrire conjointement un antidépresseur qui aide à concentrer la sérotonine et un anxiolytique qui va diminuer la sensation d'angoisse.

Exercice

Comment freiner une angoisse qui monte ?

Sentir l'imminence d'une catastrophe (qui en fait ne viendra peut-être jamais) rend anxieux ; ne pas pouvoir agir peut rendre malade. C'est pourquoi il est utile de prendre vite les choses en main.

Lorsque nous sentons l'angoisse nous envahir, agir, et vite, peut éviter de se sentir trop désorganisé.

› La première chose à faire, c'est de barrer au plus vite la route aux pensées et aux sensations qui nous envahissent. Un « Stop ! » énergique ou toute autre formule personnelle (« Basta ! », « Non ! », « Suffit », « J'efface »...) peut être utilisé. L'important, c'est de dévier l'attaque. Et vite !

› Ensuite, de se donner le temps de faire une pause, aller boire un verre d'eau, respirer doucement et profondément, faire quelques pas. Si l'on est au bureau, dans une réunion, sortir un moment, aller aux toilettes, se laver les mains, se passer de l'eau fraîche sur le visage. Mettre le corps en mouvement va éviter que l'angoisse s'installe dans nos muscles et dans notre respiration.

› On peut alors prendre un temps pour réfléchir. Penser que l'angoisse résulte d'une rencontre entre diverses émotions qui, se faisant obstacle l'une l'autre, n'arrivent pas à s'exprimer clairement, peut nous aider à trouver un fil et à dénouer l'écheveau. Il est toujours bon de chercher ce qui nous trouble, nous inquiète, de prendre la vraie mesure des choses. Mais, ici, le mieux est de se relaxer d'abord...

› La respiration lente et profonde, abdominale de préférence, et la détente musculaire vont nous y aider. Mais, attention, la respiration doit être vraiment lente, très lente, car lorsqu'on est anxieux, elle s'accélère et devient superficielle, ce qui augmente le taux d'oxygène dans le sang et peut occasionner des crampes et des crispations. Symptômes qui, en retour, vont augmenter la sensation de malaise et intensifier l'angoisse.

C'est pourquoi il est nécessaire de prendre le temps de bien se concentrer sur sa respiration, de la faire plus profonde et, surtout, plus lente. En plus des bénéfices physiques que cela apporte, se concentrer sur sa respiration fixe l'esprit et l'aide à se

»

»

Suite...

dégager des pensées anxieuses. Toutefois, ne soyons pas trop impatients, cela peut prendre plusieurs minutes.

› Et si nous avons quelqu'un de confiance, n'hésitons pas à parler avec lui. Les inquiétudes partagées sont moins lourdes à porter.

› Si les crises se répètent, il ne faut pas hésiter à consulter. Il existe aujourd'hui de nombreuses façons d'aller mieux ; alors pourquoi souffrir ?

➤ Mon angoisse, où est mon angoisse ?

Guy a quarante-deux ans ; depuis une bonne douzaine d'années, il souffre d'angoisses diverses, mais surtout d'une pénible oppression dans la poitrine, qui parfois s'installe et dure une semaine. Un anxiolytique, associé à un antidépresseur, prescrit par un médecin qui a pensé à des crises de panique, n'a rien amélioré. Une thérapie brève avec une psychologue, suivie quelque temps plus tard d'une autre avec une autre psychologue, l'ont un peu soulagé.

Guy est biologiste dans un laboratoire privé, mais aurait voulu être pilote de ligne. Il manque de confiance en lui, se sent peu sûr des décisions qu'il prend. « Tout a commencé quand j'ai fini l'université, dit-il, mais déjà, durant mes études, je prenais sur moi la maladie des autres. Si un camarade avait mal à la tête, j'avais mal à la tête. Si j'apprenais qu'un proche souffrait du ventre, j'avais mal au ventre. Depuis que je sais que ma sœur souffre d'hypertension, je me préoccupe de mon cœur. » Il s'est marié dès le début de ses études avec une jeune fille connue à l'adolescence, et ils ont tout de suite eu un enfant. Sa femme est professeur de mathématiques. « C'est un caractère ! dit-il. Moi, je suis plutôt réservé, mais quand j'explose, j'explose. »

Depuis qu'il a commencé un traitement psychocorporel, accompagné de prescriptions homéopathiques et phytothérapiques, il se sent mieux, et par moments ne ressent même plus d'angoisse. Il s'étonne alors, s'inquiète et pense : « Ce n'est pas possible, ça ne va pas durer. » Inconsciemment, il cherche à retrouver un état qu'il connaît bien. Nous lui faisons remarquer qu'il fait la même chose qu'une personne qui, souffrant d'une rage de dents, s'étonne tout à coup de ne plus avoir mal et, agaçant sa molaire du bout de la langue, éprouve une espèce de soulagement en se rendant compte que celle-ci est bien encore sensible.

Guy serait-il en déficit de sérotonine ou ferait-il partie du « club des accros à l'adrénaline » qui semble gagner chaque jour plus d'adeptes ? La suite le dira peut-être. Pour le moment, nous l'invitons à « laisser sa dent en paix », à ne pas réveiller le loup qui dort et à pratiquer la technique que nous venons de voir. Technique dont il dit tirer profit.

➤ Il n'y a pas d'âge pour être anxieux

Les enfants, les bébés, et sans doute les fœtus aussi, dont on peut aujourd'hui mieux observer certaines réactions grâce aux techniques d'échographie en trois dimensions, connaissent ces états pénibles. Les enfants sont spécialement sensibles à la peur et à l'anxiété et, plus que les adultes, les éprouvent sous forme de malaises physiques. C'est que, moins un enfant a accès au langage, plus il utilise des mécanismes psychosomatiques. Les expériences émotionnelles ont des effets plus profonds sur son cerveau qui est encore en développement et, si elles ne trouvent pas de résolution, elles tendent à s'encapsuler dans son corps jusqu'à former une espèce de cuirasse, dont nous parlerons au chapitre suivant. Si ces émotions ressenties comme inquiétantes durent ou se répètent avec une certaine fréquence, le corps se dit : « Je suis dans un monde hostile, il faut que je me protège plus efficacement. » Il développe alors des mécanismes de blindage plus puissants. La disposition génétique qui conditionne notre tempérament fait cependant que certains enfants sont moins vulnérables que d'autres.

Sensibilité ou vulnérabilité ?

Dans un service qui reçoit des malades graves, un patient décède. Une jeune soignante, qui s'est beaucoup occupée de lui, ne peut retenir ses larmes. Si elle ne se « reprend » pas rapidement, elle risque de s'entendre dire : « Ma petite, si vous êtes si sensible, vous ne pouvez pas faire ce métier ! »

Combien de fois chacun d'entre nous n'a-t-il pas dû ainsi ravaler ses larmes, faire bonne figure, se contenir, masquer son chagrin, la gorge serrée au point de ne plus pouvoir dire un mot (serrée pour ne pas risquer de laisser passer un sanglot) ? Le message de la société semble être : « Surtout ne pas craquer ! » Mais qu'est-ce que cela veut dire au juste ? Qu'est-ce qui risque de craquer ? Ma raideur apprise ? Mes digues de contention ? Ma façade qui veut se faire neutre ? Or, si je ne me laisse jamais craquer, je garde tout ce bouillonnement émotionnel à l'intérieur de moi. Pour le contenir je me raidis, et par la suite ce sont mes articulations qui craqueront.

Quels fantasmes habitent donc ceux qui me refusent cette liberté de craquer ? Craignent-ils que je pleure sans pouvoir m'arrêter, que j'explose de rage, que mon émotion soit contagieuse ? Pourquoi et de quoi avoir peur ? En fait, il s'agirait tout simplement de me permettre d'extérioriser une partie de mon émotion, de pleurer un moment, de dire ma peur, ma colère ou mon chagrin. Après, cela irait mieux, et l'autre pourrait me donner du soutien au lieu de me laisser seul avec ma souffrance.

Dans notre société civilisée, de gens bien éduqués (ou bien réprimés), la seule alternative serait-elle se blinder ou craquer ? Certes, le **blindage** représente une forme de protection, mais s'il est trop fort ou trop systématique, il n'est pas sans conséquences. Quand je ne me laisse pas émouvoir, je me protège d'un ressenti qui pourrait être douloureux ; quand je réprime le surgissement de l'émotion, je m'épargne la confrontation avec mes couches profondes chargées d'anciennes blessures affectives, mais ne s'agit-il pas d'une fausse protection ? En tout cas, d'une protection mal adaptée si elle se manifeste dans trop de circonstances, car cette attitude blindée m'amène à durcir mon caractère, à développer des raideurs musculaires, à « cuirasser » mon organisme. Ainsi isolé, je ne suis plus à l'écoute de l'autre ni de moi-même, je me coupe d'une partie de moi, vulnérable certes, mais sans doute riche de sensibilité. Et puis une cuirasse, une carapace, c'est lourd à porter, pas vraiment confortable et pas vraiment bon pour la santé, non ? Être sensible nous amène sans doute souvent à souffrir plus, mais aussi à jouir plus et plus pleinement de la vie.

Quant à la **vulnérabilité** qui est parfois la nôtre, elle est due aux points sensibles que sont les cicatrices plus ou moins bien refermées d'anciennes blessures. Quand une situation fait écho à une souffrance ancienne mal cicatrisée, elle réveille quelque chose de difficilement contrôlable. Le risque alors est de se sentir débordé, d'avoir des réactions émotionnelles disproportionnées, sans commune mesure avec la situation actuelle. Une telle réaction est une invitation à revisiter notre passé, à reconnaître nos points sensibles et à les traiter. Connaître nos cicatrices nous permet de les utiliser comme guides dans notre cartographie affective.

➤ Au-delà de la peur et de la colère, la vie

Peurs, incertitudes, angoisse, anxiété, nombreuses sont les causes de nos blocages et de nos inhibitions dans la vie de chaque jour. Mieux les connaître pour mieux les dépasser, est-ce possible ?

La plénitude de la vie demande de traverser le flux de nos émotions, les moments de peur, comme le temps des pleurs et les mouvements de la colère. Notre spontanéité dépend de notre capacité à nous laisser habiter par ce ressenti sans le bloquer, ce qui ne veut pas dire l'exprimer n'importe quand et n'importe comment, bien entendu.

Reconnaître la validité de nos mouvements d'émotion est le premier pas vers une plus grande liberté d'être nous-mêmes. Le premier pas pour récupérer les énergies bloquées et rentrer de plain-pied dans la vie. Si ces affects anciens ou nouveaux sont bloqués, ils resserrent le maillage de notre tissu émotionnel et font obstacle au libre flux de la vitalité en nous. Notre santé physique et psychique s'en trouve affectée. Reconnaître les émotions qui nous parasitent et apprendre à les libérer est une démarche indispensable sur le chemin de la pleine santé.

➤ Les émotions, « ça creuse »...

On dit familièrement que les émotions, « ça creuse », et peut-être qu'en arrivant à la fin de ce chapitre vous sentez un petit creux dans l'estomac. Avant de faire un tour à la cuisine, lisez quand même ce qui suit.

Il ressort d'une étude menée par des chercheurs américains et canadiens que les hommes et les femmes ne seraient pas égaux devant la nourriture. Les hommes paraîtraient plus aptes que les femmes à se distancer par rapport à leurs sentiments négatifs (colère, tristesse, etc.) et à se concentrer sur leurs émotions positives. C'est pourquoi ils rechercheraient des aliments qui viennent renforcer ces dernières : soupe, pâtes ou viande. Quant aux femmes, lorsqu'elles se sentent déprimées ou stressées, elles consomment des aliments qui leur « remontent le moral » : glaces, chocolat, gâteaux, quitte à se sentir coupables ensuite (tour de taille oblige !). Il ressort aussi de cette recherche que si nos choix alimentaires sont influencés par nos émotions, ils le sont aussi par d'autres facteurs tels que le sexe, l'âge, la culture et l'éducation.

Reconnaître l'impact de nos émotions sur nos habitudes alimentaires peut nous aider à manger plus sainement et, en évitant de « boucher des petits creux » ou d'ensevelir nos émotions en remplissant notre estomac, de prendre des kilos superflus. Ici encore, avant de se précipiter sur le réfrigérateur, pourquoi ne pas respirer un moment, nous demander quelle émotion nous trouble et boire un verre d'eau. Si pour obtenir une sensation de détente nous avons vraiment besoin de nous remplir l'estomac, autant éviter les calories superflues.

Exercice

Et vous, que pensez-vous des résultats de cette étude ?

› Quelle est votre expérience personnelle de l'impact des émotions sur votre manière de vous alimenter ?

› Pensez un moment à des situations vécues.

› Pensez aux cinq émotions de base que nous avons décrites : colère, peur, tristesse, joie et amour. Lorsque vous éprouvez l'une ou l'autre de ces émotions, est-ce que cela vous donne envie de faire quelque chose de spécial : manger, fumer, boire, bouger, respirer un bon coup ?

› Est-ce que toutes ou certaines émotions en particulier ont un retentissement sur votre appétit ? Certaines augmentent-elles ou diminuent-elles votre sensation de faim ? Vous poussent-elles à rechercher certains aliments en particulier ? Lesquels ? Dans ce cas-là, que faites-vous ?

➤ Paix aux chocolatomanes !

Peut-être êtes-vous de ceux (et celles) qui cherchent (et trouvent) un réconfort dans le chocolat. Sachez que vous n'êtes pas seuls et que vous avez raison. En effet, le chocolat a des vertus toniques et antistress, ce qui s'explique par les nombreuses substances qu'il contient, dont certaines ont des effets antidépresseurs ou psychostimulants. En outre, sa consommation stimule la libération de dopamine dans le cerveau, un neuromédiateur fortement impliqué dans le plaisir. C'est pourquoi il est si difficile de s'en tenir à une consommation « raisonnable ». Pourtant, n'est pas chocolatomane qui veut ! Selon les critères définis par les docteurs Favre-Bismuth et Grouzmann, à la suite d'une étude s'étendant sur vingt-deux ans et intéressant des patients des deux sexes, un vrai chocolatomane ne consomme que du chocolat noir (à plus de 50 % de cacao) ; sa prise est égale ou supérieure à 100 grammes par jour, et il est attaché à une marque de chocolat particulière. Ne souffrant pas particulièrement de sa « dépendance » et n'éprouvant pas de sentiments de honte ou de culpabilité, il n'est, en général, pas obsédé par la hantise de grossir et n'adopte pas des stratégies de contrôle du poids comme les boulimiques : vomissements, emploi de diurétiques ou laxatifs... Voilà qui est rassurant, non ? Et si maintenant vous voulez vous donner encore de bonnes raisons de consommer du chocolat (noir bien sûr, et à 75 % ou plus de cacao) ou mieux encore du cacao pur, lisez donc l'encadré suivant.

La boisson des dieux...

Lorsque Hernán Cortès et ses troupes découvrirent le Mexique, bien des choses les surprirent. Parmi elles, une boisson rougeâtre, obscure et piquante que les Aztèques nommaient *xocolatl* (eau amère), boisson faite de cacao et de piment mêlés, qu'ils considéraient digne des dieux.

Isolant le premier principe actif du cacao, les chimistes nommèrent celui-ci théobromine (en grec, boisson des dieux). La théobromine stimule les muscles lisses, la fonction respiratoire et améliore les performances musculaires. Elle accélère la transmission de l'influx nerveux et diminue les effets du stress (contrairement à la caféine qui, elle, les augmente) en bloquant les récepteurs de l'adrénaline, ce qui explique que le cacao peut réduire la pression artérielle chez les hypertendus. Outre la théobromine, le cacao contient plus de quatre cents composés chimiques actifs, parmi lesquels un voisin de l'aspirine, des acides gras bénéfiques et des antioxydants que l'on trouve communément dans les fruits, les légumes, le thé vert et le vin. Ces derniers ont la réputation de ralentir le vieillissement cellulaire et de protéger contre les maladies cardio-vasculaires et certaines formes de cancer en luttant contre les radicaux libres et en agissant contre l'artériosclérose et la formation du « mauvais » cholestérol. C'est pourquoi les nutritionnistes recommandent actuellement de consommer deux cuillerées à café de cacao pur en

»

»

Suite...

poudre par jour et, mieux encore, deux cuillerées à soupe, car celui-ci en contient dix fois plus que les autres aliments.

Alors, si vous voulez profiter au mieux des vertus de la « boisson des dieux » sans craindre de prendre du poids, buvez donc du cacao préparé avec de l'eau ou du lait écrémé. Sa saveur un peu amère calme la sensation de faim.

Les amateurs de café peuvent aussi se faire un *moka azteca* comme on en boit au Mexique ; il suffit de diluer une ou deux cuillerées à café de cacao dans une tasse de café.

> 4 <
chapitre

Quand l'émotion « prend corps »

Mens sana in corpore sano, « Un esprit sain dans un corps sain », disaient les Romains. Nous savons aujourd'hui que l'inverse aussi est vrai, mais on n'a pu entreprendre de vérifier scientifiquement cette notion que dans la deuxième moitié du XXe siècle, grâce au développement des neurosciences et de l'imagerie cérébrale. C'est alors qu'on s'est mis à étudier de façon approfondie l'influence que pouvaient avoir les émotions, les pensées, les croyances et les sentiments sur la mobilisation des défenses de l'organisme et sur l'état de santé ou de maladie.

Émotions, affects et sentiments sont des mouvements qui modifient notre humeur, nourrissent notre vie affective et retentissent sur le fonctionnement de nos organes. Nous avons vu dans le chapitre précédent comment l'émotion nous « prend au corps », voyons maintenant comment elle « prend corps ».

➤ Corps et émotion

Les effets des émotions sur le corps ont été bien étudiés dès le début du XXe siècle par le physiologiste américain Cannon et par le russe Pavlov qui, mettant en évidence la relation existant entre le cerveau et les organes, a ouvert la voie à Bykov qui, lui, s'est attaché à décrire une pathologie cortico-viscérale. Et, plus récemment, par des chercheurs comme H. Laborit, J.-P. Vincent ou A. Damasio, entre autres, des neurophysiologistes et de nombreux psychosomaticiens.

Les troubles de la sécrétion gastrique d'origine psychique, mis en évidence par l'École russe sur le chien, ont été retrouvés presque expérimentalement chez un malade, nommé Tom, par S. Wolff en 1943 ; de par son caractère exceptionnel, cette observation est restée historique. Voici de quoi il s'agit : sur un malade qui ne pouvait avaler d'aliments, on avait pratiqué une ouverture dans l'estomac, dans laquelle il crachait par un tuyau la nourriture qu'il avait au préalable longuement mâchée. Par cette large ouverture qui constituait une forme de bouche artificielle, les chercheurs purent observer les variations de la motilité et de la sécrétion gastrique. Celles-ci étaient considérablement augmentées par l'anxiété ou la colère, à tel point qu'elles s'accompagnaient parfois d'hémorragies et d'érosions de la muqueuse, évoluant jusqu'à de véritables ulcères qui guérissaient rapidement lorsque le patient se tranquillisait.

Cette observation en direct, tout comme celles faites sur les animaux par l'École de Pavlov, montre qu'un trouble fonctionnel répété peut amener une altération cellulaire organique ; processus qui peut être schématisé de la façon suivante :

émotion réprimée → conflit psychique
→ désordres énergétiques → perturbations végétatives
→ troubles fonctionnels → maladie cellulaire
→ altération structurale organique

Par ailleurs, de nombreuses études statistiques montrent des corrélations significatives en cas de survenue d'une maladie grave dans les deux ans qui suivent le décès d'un proche. C'est pourquoi il est toujours intéressant de rechercher les agents stressants, en particulier la ou les pertes subies un ou deux ans avant l'apparition d'une maladie. On se rend compte alors que même si plusieurs facteurs pathogènes étaient déjà présents, l'agent stressant supplémentaire représenté par la perte a vraisemblablement favorisé ce déclenchement. On sait d'ailleurs que certaines maladies restent longtemps insoupçonnées, notre organisme gérant au mieux leur présence et leur développement, et qu'il faudra l'irruption d'un facteur émotionnel puissant pour les faire « flamber ».

Quand l'angoisse « prend corps »

Lorsque l'anxiété, qui altère notre humeur, nous rend irritables, inquiets et nous fait craindre le pire, atteint un certain seuil, elle devient angoisse. Elle s'accompagne alors de diverses manifestations physiques. Celles-ci peuvent être si intenses et si gênantes qu'elles augmentent notre inquiétude, ce qui en retour augmente leur intensité.

Ces troubles, qui sont littéralement une « mise en corps » (somatisation) de l'angoisse, sont nombreux, variés, et concernent toutes les grandes fonctions. Les plus habituels sont :

- des modifications du **rythme respiratoire**. La respiration se bloque, on sent qu'on étouffe, il est difficile de reprendre son souffle. Parfois elle s'accélère et devient superficielle, entraînant une hyperventilation qui, du fait de l'augmentation en apport d'oxygène, modifie l'acidité du sang et peut provoquer des crampes (tétanisation). À un degré de plus, la difficulté respiratoire peut être telle qu'elle prend l'aspect d'un accès d'asthme aigu ;
- des troubles **végétatifs et sensoriels** tels que picotements ou fourmillements dans les doigts, les joues, autour de la bouche ou sur la poitrine ; sensation brusque de froid ou de chaud, notamment au visage et dans les mains ; bourdonnements d'oreilles ; sueurs profuses ;

■ des troubles **cardiaques** : palpitations, tachycardie et surtout douleurs dans la région du cœur (douleurs précordiales) avec une sensation pénible de constriction. Sensation qui souvent fait craindre un infarctus, alors que le cœur muscle est en parfait état de marche, et conduit le sujet aux urgences de l'hôpital ou chez le cardiologue. Parfois aussi sensation qu'on va s'évanouir ;

■ une modification du **tonus musculaire** : crispations, tremblements, sensation de boule dans la gorge avec difficulté à parler ou à avaler sa salive ;

■ des troubles **visuels** : vue qui se brouille, « mouches volantes » ;

■ des malaises **digestifs** : spasmes, constrictions, sensations de tension et de durcissement du ventre avec une douleur qui parfois se localise au côté droit de l'abdomen et peut être si aiguë qu'elle fait penser à une crise d'appendicite. Parfois aussi nausées, vomissements ou diarrhée due au parasympathique. Si la charge nerveuse se déverse plutôt sur l'orthosympathique, celui-ci ralentit les mouvements de l'intestin, il y a alors constipation ;

■ des troubles **urinaires** : besoins fréquents et urgents d'uriner, sensation de goutte qui mouille le slip. Parfois difficulté ou impossibilité à se soulager ;

■ des troubles de la **sphère génitale** : impuissance, éjaculation précoce, frigidité. Parfois suspension des règles (aménorrhée) ;

■ enfin, on observe souvent des troubles du **sommeil** : insomnie d'endormissement ou réveil entre une heure et trois heures du matin, cauchemars, fatigue au réveil.

Fort heureusement, il est rare qu'une même personne présente l'ensemble de ces troubles en même temps. Il y a généralement un symptôme physique dominant et deux ou trois symptômes mineurs qui se répètent à chaque crise. Le tableau clinique le plus fréquemment rencontré associe une sensation de tension nerveuse extrême, accompagnée de tension musculaire, de gêne respiratoire, de tachycardie, d'une hausse de la pression artérielle, et de troubles gastro-intestinaux plus ou moins marqués. La première crise donne souvent sa « coloration » aux crises suivantes ; elle semble frayer un chemin préférentiel vers un appareil ou certains organes cibles.

Exercice

Et vous, avez-vous déjà éprouvé de telles sensations ?

› Avez-vous déjà éprouvé l'une ou l'autre (ou plusieurs) des sensations décrites dans le paragraphe précédent ?

› Dans quelles circonstances ? Qu'avez-vous fait alors ?

› Cela s'est-il répété ? Quand ? Comment ?

› Avez-vous développé une stratégie personnelle pour les éviter ou les diminuer ?

› Si elles se reproduisaient, que penseriez-vous pouvoir faire ?

« Vous êtes vagotonique ! »

C'est ce qu'un médecin a dit à Rodolphe (voir au chapitre 2, p. 57, ce que nous disons de la surcharge du système nerveux végétatif) et c'est pourquoi il vient nous voir ; nous revoir plutôt. En effet, il y a trois ans, ce jeune homme qui avait alors seize ans était déjà venu consulter pour nervosisme. Très émotif, il présentait des états anxieux, surtout en périodes d'examen, et se plaignait que ses mains étaient toujours froides et humides, ce qui l'amenait à souvent les laver. Intolérant à la frustration, il supportait mal les contraintes scolaires et les reproches familiaux. Malgré certains traits obsessionnels, tout ne semblait pas alors dépasser le cadre d'une anxiété souvent rencontrée chez les adolescents. Nous lui avions enseigné une méthode simple de relaxation et lui avions prescrit des remèdes homéopathiques, puis un anxiolytique qu'il avait rapidement cessé de prendre : « Je ne veux pas me droguer », disait-il. À raison d'une fois par mois, nous le vîmes ainsi pendant six mois, puis il ne revint plus.

Aujourd'hui, c'est un jeune homme maigre et nerveux, aux mains toujours froides et humides. Les traits obsessionnels sont plus marqués et il se lave les mains une vingtaine de fois par jour. Mais surtout, pendant les trois ans où nous ne l'avons pas vu, il a vécu une véritable odyssée gastro-intestinale marquée par des diarrhées profuses et incontrôlables. Le premier gastro-entérologue consulté a pensé à une possible amibiase qu'il aurait contractée lors d'un voyage à l'étranger et lui a prescrit divers traitements anti-amibiens. D'autres lui ont parlé de colite nerveuse et lui ont prescrit des antispasmodiques. De plus, on lui a fait des examens radiologiques et une coloscopie qui n'ont rien montré que de banal. Enfin le dernier gastro-entérologue consulté lui a dit qu'il était vagotonique et, en plus d'un régime très strict, lui a prescrit un anxiolytique, mais en dose trop faible.

Malgré ce traitement, Rodolphe a toujours une diarrhée qui l'épuise, les mains qui suent et une anxiété qui le dévore. Consultant Internet, il connaît tous les effets secondaires des médicaments qu'on lui a prescrits et, naviguant de page médicale en page médicale, il nourrit son anxiété en imaginant qu'il a ou va avoir quelque chose de plus grave. Il a peur du cancer. Rodolphe est vagotonique, soit. Mais pourquoi l'est-il ? C'est la question que les spécialistes consultés ne semblent pas s'être posée. Cela semble clair pourtant : le dérèglement de son système végétatif, qui se traduit par les sueurs profuses de ses mains et par cette diarrhée résistante aux divers traitements, est dû à une tension nerveuse extrême. Tension qui déborde ses possibilités d'autorégulation et est, elle-même, due à l'angoisse qui le ronge et lui « noue » le ventre.

Nous demandons à Rodolphe s'il utilise encore la méthode de relaxation que nous lui avons enseignée. « Oui, dit-il, quand ça va trop mal, mais ça ne marche pas. » Nous lui faisons alors remarquer que tenter de se relaxer seulement dans ces moments-là, c'est à peu près comme vouloir apprendre à nager quand le *Titanic* coule ! Pour porter ses effets, la relaxation nécessite une pratique régulière. Pratique qui chaque jour nous permet de nous maintenir à flot sur l'anxiété sans que celle-ci nous déborde.

Grâce à une reprise douce de notre méthode de respiration consciente, et à quelques ajustements ostéopathiques, nous allons lui permettre une détente rapide dès cette première séance.

De plus, nous lui prescrivons deux remèdes homéopathiques à prendre au cours de la journée et un anxiolytique à prendre le soir conjointement avec celui que le gastro-entérologue lui a donné ; ceci pour ne pas créer d'inutiles conflits chez ce garçon qui est extrêmement susceptible à tout changement.

Les résultats ne se font pas attendre : Rodolphe dort mieux et plus profondément, il se sent moins nerveux, la diarrhée se calme, le cercle psychosomatique qui l'étouffait se desserre. Et les mains ? Celles-ci vont nous demander plus de travail. Seul un ajustement des doses de médicaments, associé à une reprise plus régulière de la relaxation et à un suivi psychothérapique, vont l'aider à se débarrasser de sa compulsion à les laver. Au cours de la thérapie, diverses émotions vont se faire jour : peur, colère, tristesse, toutes liées à l'intense sentiment de frustration que Rodolphe éprouve face à sa vie et à ses relations, dont celle avec ses parents. Au fur et à mesure de leur expression, c'est comme si se « dénouaient » les fils entremêlés de sa « pelote » d'angoisse.

➤ Les émotions peuvent-elles nous rendre malades ?

Sans doute, oui, nous venons d'en voir un exemple, mais pas toutes seules ; il leur faut s'assurer d'autres complicités : facteurs génétiques ou familiaux, terrain biologique, tempérament, caractère, personnalité, hygiène, circonstances de vie…

D'ailleurs, plus que les émotions elles-mêmes, ce sont les conflits de la vie qui sont sources ou facteurs d'aggravation, de maladie. Quand une émotion peut s'exprimer librement, elle trouve sa résolution naturelle et ne surcharge pas le corps. C'est pourquoi les troubles que nous venons de décrire peuvent être d'intensité variable et parfois d'aspect inquiétant, mais sont généralement réversibles. Même si leur évolution est prolongée, elle est habituellement bénigne. Toutefois, à un degré de plus, et si les changements dans l'état fonctionnel des organes cibles se répètent et durent, ceux-ci peuvent finir par « miner le terrain ». Celui-ci, ainsi fragilisé, permet à d'autres facteurs d'agir ; la maladie peut alors éclore.

Un exemple en est l'ulcère de l'estomac, dit « peptique », qui commence par une hypersécrétion acide, suivie d'une érosion de la muqueuse gastrique qui va s'accentuant jusqu'à créer la lésion ulcéreuse, tout comme si l'estomac se digérait lui-même. Des émotions retenues, ou mal « digérées », sont à l'origine de la tension nerveuse qui provoque par voie végétative l'hypersécrétion acide, mais il s'y ajoute d'autres facteurs. Par exemple, la tension anxieuse peut se trouver majorée par des circonstances particulières (familiales, conjugales ou de travail) ; le sujet a de mauvaises habitudes alimentaires ; il use en excès d'irritants comme les condiments, l'alcool et le tabac ; et parfois une bactérie opportuniste, *Helicobacter pylori*, vient couronner le tout.

Ainsi, sans oublier que **toute maladie est toujours multifactorielle** et que **le facteur émotionnel n'est jamais à négliger**, nous pouvons évoquer comme maladies dans lesquelles on retrouve une composante affective souvent importante : l'asthme, la tachycardie paroxystique, l'hypertension artérielle chronique, la rectocolite-ulcéro-hémorragique, certaines hyperthyroïdies et nombre de dermatoses, dont l'eczéma et le psoriasis. Maladies qui ne sont certes pas des maladies psychosomatiques types et certainement pas, non plus, des maladies psychogènes (c'est-à-dire dont l'origine serait à rechercher seulement dans le psychisme), mais dans l'apparition desquelles l'importance des facteurs psychiques est habituellement reconnue.

➤ « Ravaler » sa colère

« Quand on a une grosse colère, on sent des choses très fortes dans son cœur et ça fait très mal. Les grandes personnes disent qu'on fait un caprice, mais une colère c'est dur pour celui qui la fait ! » écrit le docteur Catherine Dolto-Tolitch dans un charmant petit livre illustré pour enfants[1], et elle n'hésite pas à conclure : « Finalement, une bonne colère de temps en temps, ça fait du bien et ça aide à grandir. »

1. *Les Colères*, Paris, Gallimard Jeunesse/Giboulées, 1997.

Tous les parents ne partagent pas cet avis et, de toutes les émotions, la colère est certainement celle qui se voit le plus souvent réprimée. Au Mexique, on répète ainsi aux petits enfants, qui par ailleurs sont traités comme des rois : « Qui se met en colère perd ! » Une telle phrase, tout comme celle que l'on dit pour consoler : « Chut ! Ce n'est rien, ne pleure plus ! » sert de toute évidence plus les intérêts des parents que ceux de l'enfant dont on réprime l'expression émotionnelle.

Quelles peuvent être les répercussions de ces colères réprimées sur notre corps ?

Alice Miller, qui a courageusement dénoncé la « pédagogie noire », cette forme d'éducation basée sur le principe : « Je te fais du mal, mais c'est pour ton bien ! », que beaucoup d'entre nous ont connue, décrit les différentes phases d'un processus qui va de la blessure au symptôme.

Ce processus, qui explique clairement certains effets psychosomatiques qu'on observe chez l'adulte, est le suivant :

1. Blessures, frustrations, injustices, engendrent chez l'enfant qui les subit : rages, peurs, terreurs, souffrances, dégoûts, douleurs physiques et morales...

2. La colère est interdite ou non entendue ; parfois réprimée par des sanctions corporelles : coups, gifles, fessées, tête sous le robinet d'eau froide.

3. Les parents se justifient en disant ou en laissant entendre : « C'est pour ton bien ! », « Qui aime bien châtie bien... ».

4. Les parents imposent le devoir de gratitude : « Un enfant doit aimer ses parents. », « Plus tard tu verras, tu m'en remercieras... ».

5. L'enfant ravale sa colère (parfois sa haine), il « oublie ».

6. L'enfant grandit et reconstruit son histoire en idéalisant ses parents : « Mon père (ma mère) m'a élevé(e) à la dure, mais c'est grâce à ça que j'ai pu devenir ce que je suis aujourd'hui. »

7. Les émotions contenues éclatent en symptômes (physiques, psychiques, relationnels) qui, tout à la fois, cachent et tentent

d'exprimer colères, rages, peurs et désespoirs ravalés. Derrière le symptôme se cache le conflit.

Légitimité de la colère

Toutes nos émotions sont légitimes bien sûr ! Pourtant, dans la pratique, il s'avère que les différentes couleurs de la palette émotionnelle ne sont pas vécues par nous, ni accueillies par les autres, de la même façon. La joie et l'amour sont généralement considérés comme des affects positifs, souhaitables, même activement recherchés. Ils font quasiment l'unanimité, et les personnes gaies, chaleureuses sont appréciées de leur entourage. Alors, cela veut-il dire que lorsque nous sommes habités par la colère ou quand nous traversons des moments de peur ou de tristesse, nous ne sommes pas « aimables » ?

Les messages de notre enfance ont pu nous le faire croire, et spécialement concernant la colère. La plupart des parents et des adultes qui entourent un enfant répriment plus cette émotion qu'ils qualifient volontiers de « méchanceté ». Il est vrai que les manifestations en sont globalement plus dérangeantes, bruyantes, pouvant faire craindre des débordements, en cris ou en gestes, une mise en échec de l'adulte, une perte de contrôle de celui-ci qui doit aussi réprimer ses propres révoltes. Bref, il est difficile à l'adulte de réagir à la rage, aux révoltes de l'enfant, par une attitude tranquille, sans lui-même se crisper et monter le ton. La spirale des réactions négatives est vite enclenchée.

Pourtant, la colère n'est pas seulement une émotion incontournable ; c'est une réaction saine de protestation, de refus des frustrations, des blessures, d'affirmation de soi aussi, de conquête d'autonomie. La confiance en soi ne peut s'obtenir qu'en osant prendre sa place, en s'exprimant. La **colère saine** est justement celle qui traduit un besoin de protéger sa personne, son espace, son territoire intérieur et extérieur ; la **colère inadaptée** est celle qui s'exprime en décalage avec une situation, soit qu'elle traduise un trop-plein, soit qu'elle masque une autre émotion. Chez certains les vieilles colères font le lit d'un ressentiment quasi permanent, prêt à resurgir à chaque instant, et gâchant même leur plaisir de vivre.

Dans notre culture, les éducateurs ont souvent recours à la demande de pardon pour la gestion des échanges agressifs. Attention à ne pas confondre pardon et coup de gomme, voire répression émotionnelle. Rappelons qu'une tension émotionnelle doit impérativement être déchargée pour ne pas laisser de séquelles dans l'organisme (à plus forte raison s'il s'agit d'un traumatisme). Et s'il y a eu injustice, celle-ci doit être reconnue, sinon elle générera du ressentiment. Le pardon est un mouvement d'ouverture à l'autre en vue de la réparation de la relation. Il demande tout un travail intérieur qui ne peut se faire qu'après l'étape de la reconnaissance et de l'expression des émotions.

➤ La répression émotionnelle

Dans la vie de chacun, il y a souvent entrave à l'expression spontanée des émotions. Celles-ci ne sont généralement pas bien accueillies par l'entourage. Plus ou moins tolérées chez le bébé (et encore ! Qui ne donne pas la préférence aux sourires plutôt qu'aux pleurs et aux cris ?), elles sont ensuite de plus en plus domestiquées, policées, réprimées. « N'aie pas peur ; tu es grand », disent les parents, ou bien : « Il n'y a pas de quoi avoir peur, voyons... Ne pleure pas pour si peu ! », « T'es forte, toi ! », « Arrête de pleurer comme ça, tu n'es plus un bébé », ou encore : « Arrête ! Je te dis, arrête ! Ne fais pas de caprice ! Cesse de crier. Tais-toi ! C'est pas beau de te mettre en colère comme ça. » Et, même pour des manifestations positives, il arrive que maman ou papa dise : « Laisse-moi ! Ce n'est pas le moment des bisous. J'ai à faire », ou en cas de joie bruyamment exprimée : « Ne fais donc pas tant de bruit ! »

Cependant, la **répression émotionnelle** ne vient pas seulement de l'obéissance aux messages parentaux ; elle est aussi générée par le développement lui-même. Dès le début de son existence, le petit d'homme est soumis aux contraintes de l'environnement, à des pertes plus ou moins douloureuses et le principe de réalité impose des limitations à l'expression de ses pulsions. Tout n'est pas possible, le plaisir n'est pas permanent, un choix en exclut un autre... Pour devenir un grand, une grande, il est nécessaire de surmonter de multiples frustrations, d'apprendre à retenir ses élans, à ne pas pleurer, à ne pas trépigner, à ne pas taper l'autre, ne serait-ce que pour ne pas subir de représailles. Bref, à tout moment, et dès la petite enfance, le garçon et la fille sont amenés à inhiber leurs manifestations spontanées, à refouler leurs émotions, leurs mouvements d'humeur, et donc à en garder toute la charge à l'intérieur d'eux-mêmes.

Comment l'enfant va-t-il opérer cette répression émotionnelle ressentie comme indispensable pour se faire aimer des parents, se faire accepter par les grands, se socialiser ? D'abord en bloquant sa respiration puisque le mouvement naturel de l'expression passe par le souffle, puis en serrant les dents, les fesses, en contractant le ventre, le dos et les épaules. Plus tard, il gardera le diaphragme bloqué, maintiendra des tensions dans ses muscles, inhibant ainsi plus ou moins sa spontanéité, y compris sa capacité à l'abandon amoureux.

À l'âge adulte, ce n'est pas plus facile. Enfants, nous avons probablement tous eu le fantasme : « Quand je serai grand, je ferai ce que je veux ! » Il a fallu déchanter. Le temps passant n'apporte le plus souvent que des contraintes supplémentaires, des situations conflictuelles plus complexes, des choix plus difficiles, des contradictions internes plus insurmontables. Et puis, ayant appris à les refouler depuis si longtemps, nous ne savons même plus reconnaître nos vraies émotions. Nous ne ressentons que le stress, dont le niveau s'élève chaque fois que nous avons une contrariété, un chagrin, une épreuve.

En fait, à y regarder de plus près, ce qui génère le surcroît de stress, c'est un vécu conflictuel, interne ou externe, que nous ne savons pas toujours identifier comme tel. Et pour cause ! Peu de nos conflits ont une origine consciente ; la plupart naissent dans notre inconscient, dans notre passé, dans notre histoire de vie.

➤ Le conflit, frein ou moteur ?

La dynamique même de l'existence est conflictuelle. La dualité fondamentale de la vie est faite d'antagonismes. Pour n'en citer que quelques-uns, mentionnons les couples d'opposés qui gouvernent constamment notre rapport au monde, et dont certains sont inscrits dans notre fonctionnement corporel lui-même : vie/mort ; repos/activité ; contraction/expansion ; dépendance/indépendance ; sécurité/exploration... Notre croissance comme êtres humains nous fait traverser des conflits existentiels successifs : à chaque étape, l'ambivalence est permanente, les besoins parfois complémentaires et souvent contradictoires. À l'intérieur de lui-même, chaque enfant vit des conflits qui se résoudront plus ou moins douloureusement. Ainsi, il est indispensable de se séparer pour exister alors que la fusion avec l'autre donne la sécurité.

Hugo a quatre ans. Timide et craintif, il vit chaque matin intensément ce conflit. Excédée, sa mère pense qu'il fait des caprices et invente n'importe quel prétexte pour ne pas aller à l'école : sommeil, fatigue, mal à la tête, au ventre, douleurs en urinant, torticolis... Mais ce sont là plus que des prétextes et, au fond de lui, il souffre vraiment ; non de maux physiques au sens habituel du terme (un pédiatre consulté a confirmé qu'il n'y a rien d'organique et a dit à sa mère qu'elle l'écoutait trop, que c'était un enfant gâté, ce qui n'a rien arrangé, bien sûr), mais d'une angoisse qui le dévore. Pourtant, dès qu'il arrive en classe, il s'intéresse à ce qu'on lui propose et, à la sortie, il est tout heureux de raconter ce qu'il a fait.

De quoi souffre donc Hugo ? D'une angoisse aiguë de séparation ; de la peur de perdre sa mère, de ne plus la retrouver, d'être abandonné. Chaque jour, ce petit bonhomme vit un conflit déchirant entre son besoin de sécurité, représenté par l'option rester à la maison, et son besoin de nouveauté : les activités de l'école. Comment l'aider ? Par des médications simples qui, en calmant son angoisse, vont réduire ses malaises, et par de nombreuses réassurances quant à l'amour que lui porte sa mère. On explique à cette dernière qu'ici sévir ne sert à rien, bien au contraire ; qu'il est préférable d'écouter ce que dit son enfant au travers de son corps, de l'encourager et le rassurer pour l'aider à franchir le pas, car lorsque les manifestations que présente Hugo se font plus graves, elles peuvent se cristalliser sous forme de phobie scolaire. On utilisera aussi le jeu, le dessin, les gribouillages, pour permettre à cet enfant d'exprimer, autrement que par ses douleurs, les conflits qui l'agitent. Et on l'invitera à parler, à dire, à se dire, à raconter ses rêves qui sont parfois des cauchemars : monstres, serpents, crocodiles, rivières d'eau sombre, car, à n'importe quel âge, plus on a de mots, moins on a besoin de maux pour dire notre difficulté de vivre. Peut-être quelques séances de psychothérapie structurée seront-elles nécessaires ? Chez les jeunes enfants, il n'est souvent pas besoin de long traitement pour venir à bout de ce type de conflit.

➤ Des conflits structurants

Et le fameux complexe d'Œdipe n'est-il pas le conflit par excellence ? Le garçon éprouve une attirance plus forte pour sa mère, et de ce fait vit son père comme un rival à écarter, mais en même temps il continue à aimer fortement ce père. Même dilemme pour la fille. Il faudra que l'un comme l'autre fassent tout un travail interne pour trouver une issue positive à cette situation conflictuelle. L'enfant en sortira grandi, mais certaines de ses défenses, en particulier le refoulement, s'en trouveront aussi renforcées.

Se positionner, s'individualiser, nécessite l'affrontement à l'autre, défendre son territoire, satisfaire ses besoins. Et dans la vie quotidienne tout choix nous met en face d'un conflit. C'est que, quel que soit notre âge, nous sommes constamment habités par des désirs contradictoires émanant de besoins opposés.

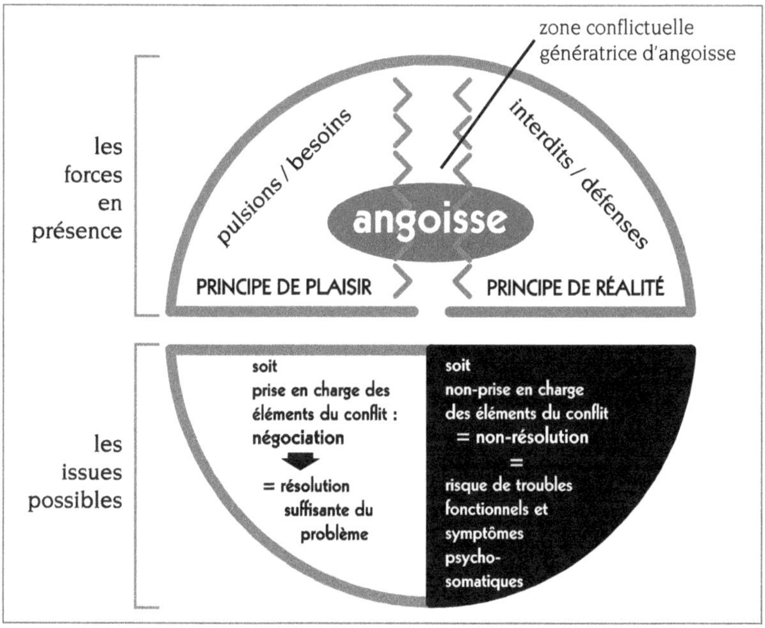

Schéma 11 › La genèse et les issues d'un conflit interne.

Malgré son caractère souvent éprouvant, **le conflit nous est nécessaire, et même bénéfique** ; il est au cœur de la vie. L'absence de conflit, si toutefois elle était possible, nous apporterait l'ennui, la stagnation, une vie végétative. La dynamique du conflit nous demande un engagement ; les affrontements qu'il implique font partie du goût de vivre, même si celui-ci est parfois amer. Dans la traversée des émotions suscitées tout au long du parcours se rencontrent à la fois les écueils et les bénéfices.

➤ Tout changement entraîne un deuil

Ainsi, tout au long de l'existence, nous rencontrons des obstacles, des contraintes, des interdits, et devons faire des choix qui restreignent les possibles. Chacun est confronté à des manques, il lui faut faire le deuil de ce qu'il n'a pas, n'a pas eu, n'aura jamais, et ce dès le début de l'existence.

Déjà le nourrisson doit faire le deuil de la fusion utérine ; le jeune enfant des privilèges du tout-petit ; l'adolescent de ceux de l'enfance... Or, chaque fois qu'il y a perte, les émotions s'enchaînent en cascade : peur du manque, peur de la nouveauté, colère liée à la frustration, tristesse de ce que nous perdons et à quoi nous étions attachés. Arriver à l'acceptation requiert un temps plus ou moins long. Or, accepter est une étape à laquelle il est indispensable de parvenir pour pouvoir réinvestir son énergie dans une nouvelle direction.

La meilleure façon de traverser ce processus de deuil est de pouvoir être entendu dans sa souffrance et autorisé à exprimer ses émotions. Malheureusement, peu de milieux familiaux, éducatifs, sociaux le permettent. Le risque est alors de rester bloqué dans une des étapes de ce processus, douloureux mais nécessaire ; ce qui explique que certaines personnes soient chroniquement déprimées, habitées par une tristesse inconsolable.

Envisager que la vie est un long fleuve en mouvement, un perpétuel recommencement, un mourir et renaître constant (de nombreuses cellules de notre corps : peau, sang, os, meurent ainsi, et sont remplacées chaque jour), que chaque instant avec son lot d'inconnu est un premier moment peut aussi nous aider à ne pas nous « fossiliser » dans une attitude passéiste et nostalgique.

➤ Des voies pour le psychosomatique

Pour que psychosomatique il y ait, il faut de l'émotionnel, mais comment un conflit émotionnel peut-il en arriver à perturber les fonctions de l'organisme ?

Tout commence, dans le cadre d'une personnalité donnée, par les interactions que nous avons déjà signalées entre les différentes formations du cerveau émotionnel et du cortex cérébral. L'hypothalamus sert de relais et, à partir de lui, très schématiquement, trois voies de réalisation s'ouvrent aux effets psychosomatiques :

- la première, et la principale, est celle du **système nerveux végétatif** qui est très sensible aux émotions et dont, rappelons-le, les fibres arrivent à tous les organes du corps ;
- la seconde est celle du **système nerveux central** et des muscles striés (muscles du squelette, soumis à la volonté). L'influx nerveux qui transite par l'hypothalamus passe par un centre activateur (formation réticulaire, voir schéma p. 59), puis emprunte l'autoroute de la moelle épinière et les voies secondaires des nerfs périphériques pour arriver jusqu'à ces muscles. C'est pourquoi les mêmes émotions qui excitent le système végétatif modifient aussi le tonus musculaire ;
- la troisième est celle du **système endocrinien**, qui par le jeu complexe des hormones, auquel s'ajoute celui des neurotransmetteurs qui sont des sortes de neurohormones, entraîne des cascades d'effets.

On peut ainsi dire, avec J.-D. Vincent, qu'« au répertoire musculaire des émotions correspond un clavier de modifications humorales et neurovégétatives ». L'exemple suivant va l'illustrer.

« La moutarde me monte au nez ! »

Marie-Ange est religieuse, sa sœur aussi ; toutes deux appartiennent à la même congrégation, une toute petite congrégation que n'abrite pas un majestueux couvent, mais un modeste appartement à la périphérie d'une grande ville. Pour se recueillir, point de chapelle gothique, juste un petit oratoire, et le parking du HLM fait office de parc pour la méditation. Dans cette petite ruche, les sœurs sont à l'étroit, et la vie communautaire crée des tensions.

Impeccable et souriante dans son habit blanc, Marie-Ange explique qu'elle vient consulter parce qu'elle a mal à l'estomac, des nausées quand elle se lève, et souvent mal à la tête. L'examen clinique ne montre rien d'anormal et les examens complémentaires demandés ne montreront rien non plus. Marie-Ange se raconte : « Je suis bilieuse, dit-elle, je me fais du souci pour un rien, surtout pour les autres. Je voudrais tout le temps que tout aille bien. Mais (ici un sourire anime ses yeux vifs), vous savez, entre femmes ce n'est pas toujours le cas, et puis nous sommes toujours les unes sur les autres. À table, par exemple, je ne supporte pas ma sœur. Elle est toujours en train de plaisanter. Ça m'agace. Au noviciat, on nous a appris à manger en silence, à ne parler que lorsque c'est indispensable. Mais elle, elle bavarde, elle bavarde... Et comme elle s'en rend compte, elle me titille, en rajoute. La moutarde me monte au nez. Je sens une vague de chaleur qui me prend tout à coup la tête. J'ai chaud, mon cœur s'emballe. Alors je serre les dents, je cache mes mains sous la table et croise très fort les doigts, sinon je crois que je la giflerais... » Marie-Ange réprime le mouvement vers l'extérieur que la colère qui monte brusquement en elle la pousserait à faire. Grâce à sa volonté, elle inhibe les manifestations motrices de son émotion et « ravale » sa colère. Elle est si « bien élevée » que la voilà dans une impasse. Elle s'abstient même de reprendre sa sœur ou de manifester son mécontentement de quelque façon que se soit ; seul son estomac en est témoin.

Ce que Marie-Ange vit à l'heure des repas, ce sont des « colères rentrées ». Elle sait comment réprimer l'émotion qui l'envahit et qui stimule les trois voies précitées, mais cette répression qui s'exerce sur les muscles soumis à la volonté ne peut s'exercer sur son système végétatif. La décharge évitée sur le système nerveux de la voie de relation (voie 2) est dérivée en masse vers le végétatif (voie 1). Par lui, elle gagne de nombreux organes et les trouble dans leur fonctionnement. Les jours se suivent, les repas se répètent, les colères aussi ; l'estomac avale tout.

« C'est comme à la maison quand nous étions petites. À table, notre père voulait que les enfants mangent en silence. Quand ma sœur commençait à dire des bêtises, je lui donnais un coup de pied sous la table ou je la pinçais. » Voilà un lien établi ; nous en rechercherons d'autres et, par une méthode de relaxation dynamique, aiderons Marie-Ange à diminuer sa tension interne. En attendant, nous lui indiquons une technique simple de respiration contrôlée qui va l'aider à mieux supporter les tensions de la vie en communauté et lui prescrivons un médicament pour calmer les ardeurs de son estomac hypersécrétant qui « brûle » de colère.

➤ Quand le conflit « prend corps »...

Complétant et dépassant les apports de la psychanalyse classique, Reich formule, dans les années 1930, deux nouveaux concepts qui se révèlent tout à fait opérationnels quand on s'occupe de psychosomatique :

- celui de **cuirasse caractérielle**, qu'il décrit comme l'ensemble des attitudes caractérielles types qu'un individu développe pour limiter ou bloquer ses excitations émotionnelles quand il les ressent comme inacceptables ou indésirables. Dotée d'une certaine mobilité, cette cuirasse, que l'on peut se représenter comme une cotte de mailles tissée de défenses et de refoulements, se relâche face à une situation plaisante, alors qu'elle se resserre si la situation est perçue comme dangereuse ou déplaisante. Plus elle est rigide, plus elle entraîne une distorsion et une limitation dans les possibilités d'échange avec le monde, les autres et soi-même. « Le degré de mobilité du caractère, l'aptitude de la cuirasse à s'ouvrir ou à se refermer en fonction des circonstances, détermine la différence entre la structure caractérielle saine et névrosée », dit Reich ;
- celui de **cuirasse corporelle**, qui englobe l'ensemble des réactions musculaires (excès ou insuffisance de tonus, troubles de la contractilité de la fibre musculaire) développées, consciemment et inconsciemment, en même temps que les formations caractérielles dont elles assurent l'ancrage biologique. Les défenses utilisées à un moment donné dans un effort de protection et d'adaptation au milieu interne et externe sont incorporées (mises en corps) par le sujet ; la cuirasse caractérielle devient ainsi à la fois psychique et corporelle. Ces défenses fonctionnent dès lors comme des mécanismes automatiques d'action et de réaction et le sujet y perd en liberté. Ce cuirassement de l'organisme, qui représente l'ancrage corporel du refoulement et de la répression psychique, inhibe nombre de réflexes naturels et altère l'équilibre nerveux

végétatif. Bien visible au niveau des muscles de l'expression, il s'étend aussi à des couches plus profondes et peut bloquer les parties centrales de l'organisme : tube digestif, plexus solaire, cœur, système digestif. Visant à contenir l'angoisse, il inhibe la libre expression des émotions, diminue la capacité de jouissance sexuelle et réduit la sensibilité émotionnelle en général. Ce faisant, il délimite les formes particulières du caractère de chacun mais, de plus, par les altérations de la balance végétative (sympathique et parasympathique) qu'il entraîne, il fait le lit des troubles fonctionnels et psychosomatiques.

Murs

Sans égards, sans pitié, sans respect
On m'a cerné d'épaisses et hautes murailles.

Et maintenant je reste ici désespéré
Ne pensant plus qu'au destin qui m'accable,

Car j'avais tant de choses à faire là dehors !
Quand on dressait ces murs comment n'ai-je pris garde ?

Je n'ai pas entendu les maçons ni leurs voix.
C'est à mon insu qu'ils m'ont muré hors du monde.

Constantin Cavafis

➤ Deux cuirasses, une même fonction

Ces deux formes de cuirassement sont deux ensembles complémentaires et étroitement unis. Ils servent une même fonction : protéger le Moi contre les dangers externes et internes, tant pulsionnels qu'émotionnels, qui peuvent le menacer. Il y a un risque pourtant : **à trop se cuirasser contre le déplaisir, l'être humain se cuirasse aussi contre le plaisir** ; ses capacités d'adaptation et ses régulations internes s'en ressentent.

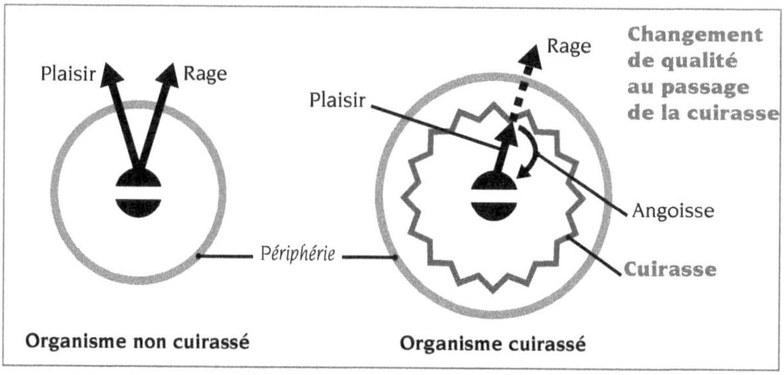

Schéma 12 › *Différence entre organisme cuirassé et non cuirassé.*

La **structure caractérielle** d'un être humain est ainsi liée, inscrite, maintenue dans et par sa **structure corporelle**, l'une et l'autre étant les deux faces, fonctionnellement identiques, d'une même réalité.

Comme on le voit, la théorie de Reich est une **théorie fonctionnelle de la structure psychique, fondée sur des faits biologiques**, et sa conception de l'unité psychosomatique est beaucoup plus radicalement affirmée que celle d'autres écoles qui suggèrent, de façon assez vague, l'existence de correspondances, de passerelles ou de ponts, jetés on ne sait trop comment entre le mental et le corporel.

À l'amour comme à la guerre ?

Imaginez un moment un preux chevalier guerroyant au milieu des oriflammes...

Il est bien content, même si cela lui pèse un peu, de son heaume au beau cimier et de son élégante armure au décor ciselé qui le protègent des coups de taille et d'estoc.

Mais si, voulant se délasser après la bataille, il omet de les enlever, pourra-t-il profiter des bienfaits de l'étuve ou de la fraîcheur du bain ?

»

Suite...

Et si, au soir tombé, il lui prend de rejoindre une gente damoiselle, pourra-t-il se hisser jusqu'à son balcon, l'étreindre dans ses bras et lui communiquer l'ardeur de son corps embrasé ? Que nenni !

Alors, que faut-il en conclure ? Que les armures c'est bon pour la guerre, mais mauvais pour le plaisir et pour l'amour ! Ou, en d'autres termes, que les armures caractérielles et corporelles c'est bien pour se protéger et se défendre, mais que, pour jouir de la vie et de l'amour, il vaut mieux les dégrafer, comme on enlève sa ceinture ou son soutien-gorge.

D'étage en étage

C'est bien là la conviction de Reich ; aussi décide-t-il d'étudier de plus près comment s'organise ce blindage que beaucoup d'entre nous ont inconsciemment mis en place en guise de protection.

L'observation attentive du corps dans la thérapie l'amène à reconnaître que les blocages, qui entravent le libre flux de l'énergie et la libre expression des émotions se manifestent de façon particulière à sept niveaux. Sept niveaux qu'il décrit comme des anneaux de retenue, disposés perpendiculairement à l'axe longitudinal du corps et reliés fonctionnellement entre eux. Sept niveaux où l'on peut observer des modifications du tonus musculaire qui se révèle en excès ou en défaut. Parfois aussi de la coloration et de la température de la peau. Mais surtout, et plus généralement, une attitude particulière (fixité ou flou du regard, tension des mâchoires, crispation des lèvres, rigidité ou hypotonie du cou, épaules déjetées, effondrées ou exagérément relevées, thorax bloqué en inspiration, lordose lombaire qui bloque le pelvis) ; attitude qui semble « vouloir dire quelque chose ».

Reich décrit ces sept niveaux de façon détaillée dans son ouvrage L'*Analyse caractérielle*[1], au chapitre intitulé « Le langage expressif de la vie ». En voici une description sommaire :

- le premier, ou **segment oculaire**, inclut les yeux avec les glandes lacrymales, le nez et les oreilles ;
- le deuxième, ou **segment oral**, comprend la bouche, les lèvres, la langue, les mâchoires, les muscles de la mastication, le menton, la gorge et les muscles de l'occiput ;
- le troisième, ou **segment cervical**, intéresse les muscles profonds et superficiels du cou, le plancher de la langue, les organes de la phonation, la partie haute du thorax, les épaules et, par extension, les bras et les mains ;
- le quatrième, ou **segment thoracique**, inclut la partie basse du thorax avec les muscles pectoraux et intercostaux. Il intéresse surtout la fonction respiratoire et s'articule sur le segment suivant ;
- le cinquième, ou **segment diaphragmatique**, est un anneau de constriction comprenant le creux de l'estomac, la partie inférieure du sternum, la ligne des côtes jusqu'à l'insertion postérieure du diaphragme et surtout le diaphragme lui-même, muscle qui à lui seul assure 75 % de la fonction respiratoire ;
- le sixième, ou **segment abdominal**, comprend la majeure partie des muscles abdominaux, du bord inférieur des côtes jusqu'au bord supérieur du bassin, leurs attaches vertébrales postérieures et les organes internes. Il s'articule sur le précédent et sur le suivant ;
- le septième, ou **segment pelvien**, comprend pratiquement tous les muscles du bassin, les organes génitaux et urinaires, le rectum et l'anus et, par extension, les jambes et les pieds.

1. W. Reich, L'*Analyse caractérielle*, Paris, Payot, 1973.

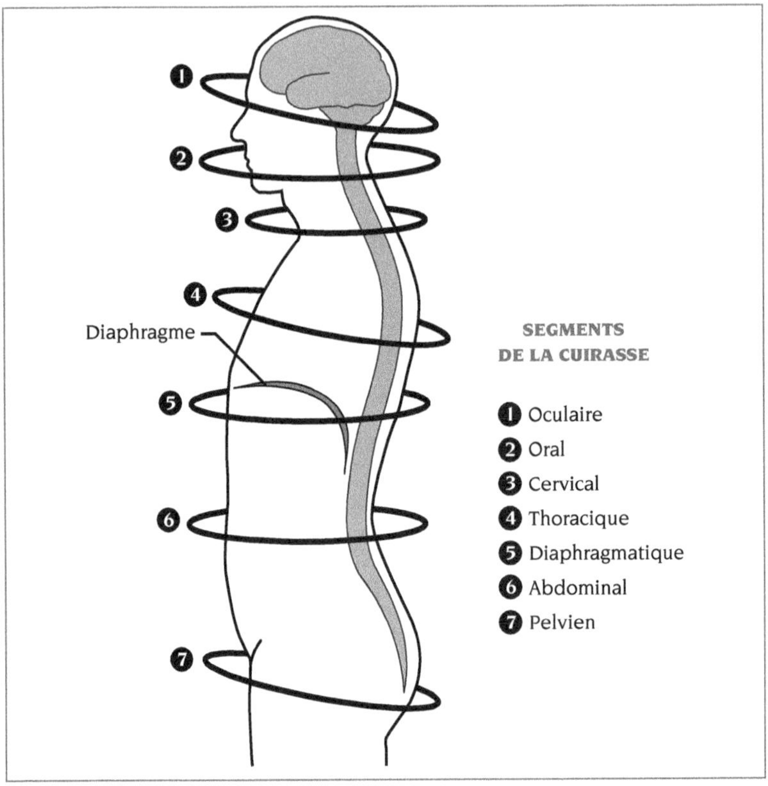

Schéma 13 › *Les sept niveaux de la cuirasse corporelle.*

Ces anneaux segmentaires de la cuirasse, décrits par Reich, comprennent les muscles et les organes entretenant entre eux un rapport fonctionnel capable de les faire participer au mouvement expressif d'émotions ou d'attitudes particuliers. Fonctionnellement reliés les uns aux autres, leur interaction produit des configurations singulières, propres à l'organisation psycho-somato-dynamique d'un sujet donné. C'est pourquoi notre approche visant à détendre ces zones libère non seulement les tensions musculaires, mais souvent aussi des émotions bloquées éveillant des souvenirs anciens.

Exercice

Et ma cuirasse à moi ?

Pour les raisons que nous venons de voir, nous avons tous développé une forme ou une autre de cuirassement.

Ai-je conscience de la mienne ?

En relisant le paragraphe précédent, ou en regardant le schéma, je peux m'interroger sur les tensions qui sont les miennes. Les mâchoires peut-être, ou alors le cou ? Ou bien serait-ce mon thorax qui limite ma respiration ?

Je jette un coup d'œil, niveau par niveau, et je m'interroge sur le pourquoi de ce que je rencontre.

Je peux aussi le faire sous forme de relaxation-visualisation.

J'appuie confortablement mon dos sur le dossier de mon siège. Je me détends et je souffle... je souffle. Je gonfle et creuse le ventre lentement, doucement, profondément... Je laisse le calme se faire en moi.

Et puis, niveau par niveau, je passe en revue mon corps.

› Les yeux, d'abord, et la fonction visuelle. Des choses que j'ai vues et que je n'aurais pas voulu voir ? Des choses qu'on m'a interdit de regarder ?

› La bouche ensuite. Des choses qu'on m'a forcé à avaler ? De la nourriture, des médicaments ? D'autres choses ? Des choses qu'on m'a forcé à dire, ou d'autres à taire ? Des plaisirs, des dégoûts ? La bouche est un orifice si souvent sollicité...

› Et ainsi de suite, niveau par niveau. J'explore, je découvre, je me souviens. Et je détends ou stimule chaque niveau en imaginant que j'amène ma respiration juste là ; que je respire juste au niveau de mon corps que je suis en train d'explorer.

Avant de terminer, je reprends conscience de mon environnement, bâille si j'en ai envie, m'étire. Et prends des notes sur ce que j'ai rencontré, afin d'y réfléchir plus posément et voir ce que je peux en faire.

➤ Une dame qui ne pouvait pas pleurer

Héloïse a soixante-cinq ans. Elle vient consulter parce que, depuis plusieurs mois, elle présente des troubles divers : maux de tête, palpitations, diarrhée, qui évoquent un désordre végétatif, mais n'ont pas été rapportés à une cause commune. Le nombre de spécialistes consultés est impressionnant, au premier rang desquels viennent les gastro-entérologues qui ont fait faire et refaire des batteries d'examens, tous négatifs. Les derniers consultés en demandent encore plus, mais personne ne l'a écoutée au-delà de son intestin ; écoutons-la donc. Il y a vingt-cinq ans qu'Héloïse a perdu son mari. Elle s'est alors retrouvée seule avec huit enfants, sept garçons et une fille. « Je n'ai pas pleuré, dit-elle, je ne peux pas pleurer. »

Pendant qu'Héloïse parle, nous prêtons attention à ses mots bien sûr mais aussi à sa manière de s'exprimer et à l'expression de son corps. Il apparaît qu'elle est très fâchée par le comportement de sa fille. Il y a en elle beaucoup de colère et d'indignation mélangées à une grande tristesse, un profond chagrin. Un remède homéopathique spécifique semble ici tout indiqué ; nous le lui donnons en haute dilution. Elle appelle quelques jours plus tard, visiblement très angoissée. Impossible de la recevoir avant plusieurs jours, le carnet de rendez-vous est surchargé. Va-t-elle pouvoir tenir ? Non, elle ne pourra pas, son angoisse est trop forte et nous apprendrons ensuite que, pendant ce temps, elle est allée voir deux autres médecins.

À la seconde consultation, nous l'invitons d'emblée à s'allonger sur le divan et à respirer en gonflant et dégonflant très lentement le ventre. Les yeux d'Héloïse ne tardent pas à se remplir de larmes. Elle commence à pleurer silencieusement, tout en s'excusant. Nous lui expliquons qu'elle n'a ni à avoir honte ni à s'excuser, que notre divan est habitué aux cris, aux pleurs, aux gémissements. Et que pleurer en silence, c'est rester isolée. Nous l'invitons donc à laisser s'exprimer le plus librement possible les grands sanglots qui lui nouent le ventre ; elle se laisse aller un peu plus. Nous lui massons alors doucement le creux de l'estomac en lui parlant du nœud d'émotions qu'elle retient dans son plexus, de la surcharge de son système végétatif, et du soulagement qu'une expression plus libre de ses émotions pourrait lui apporter. Les pleurs s'intensifient, accompagnés de gémissements. En fin de séance, Héloïse paraît et se dit soulagée. Nous lui prescrivons une préparation de remèdes floraux du docteur Bach et un nouveau remède homéopathique. Quelques jours plus tard, elle rappelle comme nous en étions convenus. Elle s'est sentie mieux, plus tranquille, sans douleurs, dit-elle. Impressionnée par ce changement, elle se dit prête à continuer le traitement. Nous la verrons donc pendant quelque temps avec une certaine régularité, jusqu'à ce qu'elle estime son amélioration suffisante.

➤ Dans le mouvement de l'émotion

Nous avons tous l'expérience qu'il y a des émotions qui nous font du bien et d'autres du mal. Nous sommes tous, plus ou moins ouvertement, des émotionnels.

Si l'on veut vraiment restaurer le flux énergétique dans l'organisme, les ressources que nous allons choisir doivent s'articuler les unes aux autres en un ensemble cohérent. La psychosomatique est un entrelacs perpétuel de causes et d'effets. Aussi, même si cela est difficile, nous devons sans cesse penser en termes de totalité et d'interrelations. Si nous n'établissons pas d'illusoires frontières entre notre corps et notre esprit, si nous ne cloisonnons pas et si nous nous permettons de ressentir les résonances qui existent entre eux, nous pouvons faire du bien à notre mental par notre corps, à notre corps par notre mental. En un mot, **pour atteindre au mieux-être, n'oublions pas qu'il convient toujours d'associer corps, tête et cœur**.

➤ Une stratégie émotionnelle efficace

Alors, quelle pourrait être la bonne stratégie émotionnelle, celle qui m'amènerait à un certain contrôle mais non à une répression de mes émotions, ce qui me permettrait de les exprimer avec une certaine liberté, une certaine fluidité, tout en tenant compte de moi, de l'autre et des circonstances ?

Il ne s'agit pas, bien sûr, de ne plus rien contrôler, de tout laisser filer, mais, quand les circonstances le permettent, d'accepter la réalité de mon vécu émotionnel, de laisser voir à l'autre ce que je ressens, de lui faire part de mes sentiments. La vraie force n'est pas de retenir ses émotions, mais de savoir les partager avec autrui. Ce partage apporte un sentiment réconfortant de compréhension et de soutien qui nous rend plus vibrants, plus ouverts, plus réceptifs, en un mot pleinement vivants ; c'est un ressourcement affectif.

Ce bon dosage, qui représente une étape de maturité affective, s'obtient difficilement sans un certain « travail sur soi ». Différentes démarches s'offrent aujourd'hui à qui veut l'entreprendre. Beaucoup font partie de la grande famille des psychothérapies, dont certaines s'intéressent à la personne dans son unité corps-esprit. C'est à cette forme de travail intégral, holistique, qui a depuis longtemps fait preuve de son efficacité, que va notre préférence.

5
chapitre

Lorsque mon corps se plaint

Nous avons vu dans les chapitres précédents comment notre corps réagit aux effets du stress et des émotions, et comment la réaction d'alarme peut produire des symptômes divers : tensions musculaires, blocage de la respiration, augmentation de la tension artérielle... Nous avons vu aussi que, pour tenir le coup, chacun de nous résiste et se blinde, se construit une cuirasse. Dans la phase d'épuisement, il y a un risque de manifestations psychosomatiques et si, par ailleurs, il existe une prédisposition génétique ou familiale (terrain), une déficience organique (point de moindre résistance) et qu'il s'y associe d'autres facteurs, ce risque s'en trouve accru. Alors le corps se plaint.

Quand il se produit un raté dans les multiples interactions qui s'effectuent dans notre organisme, immédiatement tout le monde est au courant, et de proche en proche chaque ensemble de cellules, système, organe, cherche la parade. En tentant de réparer le dommage, ils fonctionnent différemment, créant de ce fait un nouveau déséquilibre qui va se répercuter ailleurs ; la maladie survient ainsi à la suite d'une myriade de tentatives d'ajustement, de réparation. Et ce n'est parfois que tardivement qu'apparaissent des signes cliniques ou biologiques objectivables.

Un tout petit rien

Quand tout va bien, on ne pense ni à sa tête ni à son dos, et moins encore à son cœur ou à son foie. Mais, lorsque quelque chose ne va pas, le corps se plaint. Cette plainte peut prendre des formes diverses : douleur aiguë ou lancinante, mal de tête, mal de dos, raideur de la nuque, coliques, palpitations, asthénie, fatigue... La gamme d'expression est vaste mais, attention, il y a des maladies silencieuses. Pas de douleur, pas de gêne, rien qui nous inquiète, et pourtant la maladie est là : diabète, hypertension artérielle, cancer, par exemple. Parfois ça commence par un tout petit rien : un court vertige, un léger spasme, des sueurs, un petit coup de fatigue, une petite fièvre. L'organisme tire la sonnette d'alarme ; à nous de l'écouter, car si on ne l'écoute pas, le risque c'est qu'il se mette à crier.

Exercice

J'écoute mon corps

J'écoute avec respect et attention ce que me dit mon corps. Ce que je ressens est un message.

Et, pour m'écouter mieux, je fais silence. Je m'installe confortablement, me détends, me relaxe et le laisse parler.

Qu'est-ce qui se passe au juste ?

Je me sens fatigué, vidé. Attention, c'est peut-être plus que de la fatigue, déjà de l'épuisement. À quoi cela peut-il être dû ? Trop de soucis, trop de travail, trop d'activité, pas assez de repos ? Mon corps me demande grâce.

Pourquoi ne pas souffler un peu ? Pourquoi ne pas hiérarchiser mes tâches, sélectionner, déléguer ? Serais-je le géant Atlas et devrais-je porter à moi seul le monde sur mon dos ? Croirais-je que si je ne le pousse pas, le monde va s'arrêter de tourner ?

Je dors mal. Je me réveille mal reposé ou pas reposé du tout. Qu'est-ce qui se passe ?

Mon estomac, mon intestin me taquinent. Qu'est-ce qui m'irrite ?

»

»

Suite...

Et si mon cœur bat la chamade ?

Arrêtons là ! Tout le monde a compris.

Quand quelque chose ne va pas, ou va moins bien, s'arrêter un moment, souffler un peu, écouter son corps et se demander ce qu'il cherche à dire.

Est-ce seulement physique ? Y a-t-il en ce moment dans ma vie quelque chose qui ne va pas, ou pas aussi bien que je le voudrais ? Quelque chose qui me stresse, qui me sur-stresse ? Dois-je ne penser qu'à l'organique ? L'organique, c'est important, bien sûr, mais n'oublions pas que dans notre psychosoma il est étroitement lié à l'affectif, au social et au spirituel aussi.

Alors, ça se passe où ?

Écouter mon corps et m'interroger sur ce qu'il me dit peut m'aider à faire des liens, à élargir ma compréhension. Cela n'empêche pas, bien sûr, que si j'en ressens le besoin, et ne serait-ce que pour tirer les choses au clair, j'aille consulter mon médecin. S'il me dit qu'organiquement tout va bien, je pourrais alors centrer mieux ma recherche sur d'autres plans. Et s'il confirme que c'est organique, cela ne m'empêche pas de donner un sens à ce qui m'arrive en le resituant dans le contexte qui est actuellement le mien et dans mon histoire de vie.

➤ Des germes et un terrain

Nous savons tous que le rhume (du grec *reuma*, fluxion, écoulement) est dû à un virus (en fait, à plusieurs souches différentes) et qu'on peut l'« attraper ». Nous avons aussi la conviction qu'attraper froid peut nous enrhumer. Questionnant nos croyances à ce propos, des chercheurs ont eu l'idée de pulvériser dans les narines de quelques volontaires des suspensions de virus connus pour avoir provoqué un rhume chez d'autres personnes. Or, il se trouve que beaucoup de ces volontaires n'ont pas développé de symptômes. D'autres expériences ont aussi montré que le risque de s'enrhumer ne s'accroît pas de façon appréciable si les sujets, après avoir été contaminés par des souches de virus connues, portent des chaussettes mouillées et sont placés en plein courant d'air, dans une pièce froide. On peut en conclure que l'exposition à un ou plusieurs virus est une condition nécessaire, mais non suffisante, pour contracter un rhume. Cette exposition n'aboutit à la maladie que si la personne exposée se trouve dans un état de réceptivité. Et c'est cette réceptivité qui, à son tour, se voit affectée par la saison, le climat et une foule d'autres facteurs tels que le stress et la fatigue qui diminuent la résistance générale à l'infection.

Tout cela montre, une fois encore, que toute maladie suppose une certaine complicité de l'organisme. Pasteur lui-même, qui, en développant la théorie microbienne a tant fait en faveur de la prise en compte de facteurs pathogènes extérieurs, reconnaissait à la fin de sa vie : « Le germe n'est rien, le terrain est tout ! » Et le professeur Dubos de souligner : « L'énigme du rhume et de ses multiples déterminants a son équivalent dans la plupart des maladies importantes. » Retenons bien cela : **toute maladie a des causes intriquées, des déterminants multiples**.

➤ Le rôle de la maladie

La maladie peut revêtir un sens précis dans la trajectoire de vie d'un individu, et ce sens est à décrypter. Une fois là, elle désorganise, mais peut aussi aider à se réorganiser. Elle est toujours l'offre d'une réflexion et peut même être un facteur de croissance personnelle et spirituelle. C'est pourquoi il est toujours utile de chercher où et comment s'est produit le premier raté qui a ensuite entraîné des réactions en chaîne, et de **soigner non seulement les symptômes en bout de chaîne, mais aussi et surtout de porter remède au niveau du maillon originel**. Sans oublier de soigner le terrain pour éviter que de nouveaux dysfonctionnements se produisent. D'où l'intérêt pour une personne malade de chercher à remonter aux sources, en intégrant dans sa réflexion les éléments somatiques, mentaux, émotionnels, pouvant avoir contribué à ce raté initial et, ensuite, d'apporter les remèdes nécessaires qui, bien sûr, dans cette optique globale, ne sauraient être exclusivement médicamenteux. Sachant que ce mécanisme fondamental de réparation, qui est en quelque sorte notre médecin intérieur, est sans cesse à l'œuvre, nous pouvons entretenir en nous la conviction que tout ce que nous faisons de bon pour notre organisme contribue à rétablir un meilleur équilibre.

➤ Le symptôme a-t-il vraiment un sens ?

La question du sens symbolique du symptôme est un sujet très controversé. Certains auteurs disent que le symptôme psychosomatique est « bête », d'autres qu'il est éminemment « intelligent », synthétisant la problématique inconsciente du patient, donnant à voir dans et par son corps ce qu'il se refuse à voir avec les yeux de la conscience.

En ce qui nous concerne, nous estimons que cette question et sa réponse appartiennent à la personne elle-même. Il est toujours important de s'interroger quand un événement survient dans sa vie, d'en chercher le pourquoi et le comment, mais les réponses sont strictement individuelles. Chez certains, elles demandent du temps pour émerger, chez d'autres elles peuvent évoluer, s'enrichir.

D'ailleurs nous n'avons pas besoin d'avoir de réponse à la question du sens d'un symptôme ou d'une maladie pour inviter la personne malade à développer ses recours internes. Et, de toute façon, si symbolisme il y a, il est partout et, si signifiant il y a, il passe aussi par le système nerveux ; c'est de l'information, au même titre que notre état d'humeur. Alors soyons simplement à l'écoute : écoute des mots, des comportements, du ressenti corporel.

➤ Chacun voit midi à sa porte

Parmi ses nombreux et subtils mécanismes de contrôle, notre organisme possède une **horloge interne** qui régule nos activités quotidiennes. Une petite glande située au centre du cerveau, l'**épiphyse**, encore appelée glande pinéale, contrôle cette horloge ; Descartes en faisait le siège de l'âme. Les recherches modernes n'ont pas confirmé ce rôle prestigieux, mais elles ont démontré que, pendant la nuit, cette glande sécrète une substance nommée mélatonine. Le sommeil, l'envie de manger, la croissance cellulaire et la sécrétion de nombreuses substances sont contrôlés en permanence par notre horloge interne, mais celle-ci peut se trouver momentanément déréglée, à la suite d'un long voyage, en avion par exemple, ou d'un changement brusque d'horaires de travail. Chez les personnes qui travaillent la nuit, il est fréquent que la qualité du sommeil se détériore, il devient plus léger, entrecoupé de nombreuses phases de réveil et l'on constate souvent, chez les hommes comme chez les femmes, l'apparition de troubles digestifs et cardio-vasculaires. De plus, chez certaines femmes, le cycle menstruel se dérègle. C'est le manque de lumière qui est responsable du dérèglement de leur horloge biologique ; en effet, la lumière, en régulant la sécrétion de mélatonine, a la capacité de remettre à l'heure cette horloge interne. Heureusement, quand le corps se synchronise sur de nouveaux horaires de vie plus en accord avec le rythme naturel jour/nuit, les troubles tendent à disparaître.

➤ Je suis fatigué

Il y a des gens qui se disent toujours en forme, certains qui vont toujours mal, et d'autres qui vont tantôt bien, tantôt mal. Certains jours, ceux-ci sont en pleine forme alors que d'autres se sentent « au ras des pâquerettes », avec ou sans raison identifiée. Cette variabilité est signe de bonne santé énergétique : elle signifie que nous sommes bien en prise avec la vie, que notre flux énergétique et émotionnel bouge en résonance avec les changements internes et externes qui nous affectent. Se sentir et se proclamer toujours en forme est tout aussi dangereux pour la santé que de se sentir et se dire quotidiennement fatigué, car dans un cas comme dans l'autre cela veut dire que l'énergie ne fluctue pas au rythme de nos mouvements internes de vie.

Cependant, il est vrai que travailler en excès, sans plages de repos suffisantes, compromet l'efficacité ; la vigilance est diminuée, le temps de réaction augmenté, ce qui au volant ou sur des machines accroît le risque de commettre des erreurs, parfois fatales. La fatigue est la cause de nombreux accidents, tant au travail que dans la conduite automobile. Elle semble avoir été à l'origine de désastres comme l'explosion de la centrale nucléaire de Tchernobyl, celle de la navette spatiale *Challenger* et du naufrage du pétrolier *Exxon Valdez* qui, avec ses plus de 40 millions de litres de pétrole déversés en pleine mer, causa la plus terrible marée noire du siècle dernier.

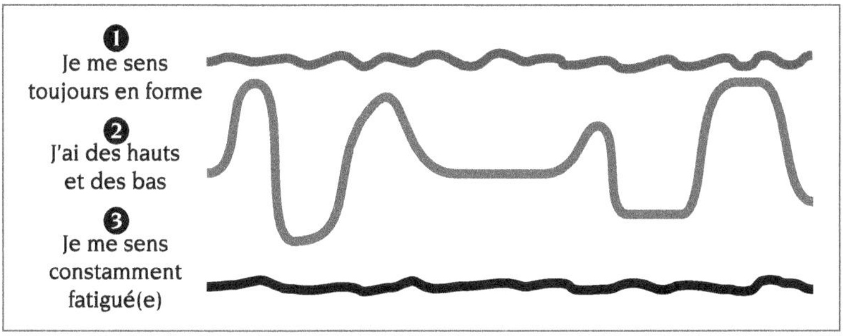

Schéma 14 › Trois exemples de ressenti de la fatigue.

Alors la fatigue, qu'est-ce au juste ? Dans une première approche, disons que c'est un état de lassitude associé à une sensation particulière, un ressenti, qui nous fait dire quand nous acceptons de le prendre en compte : « Je suis fatigué. » Mais, avant d'aller plus avant, redonnons à la fatigue son rôle positif. C'est un état qui nous renseigne sur notre situation énergétique du moment et remplit une **fonction de protection**. Si nous ne ressentions jamais cet état, nous ne mettrions aucune limite à notre activité, et notre organisme n'entendant pas d'invitation au repos irait jusqu'à l'épuisement. Il y a certains états de fatigue qui jouent bien ce rôle de frein, d'invitation au repos. Par contre, il en est d'autres où la fatigue correspond à bien autre chose.

➤ La fatigue aux mille visages

■ **Fatigue physique** : c'est l'état résultant de l'activité prolongée d'un organe, d'un appareil, ou du corps tout entier. Cette fatigue impose un arrêt ; après un temps de mise au repos, la personne récupère et se sent à nouveau apte à continuer ses tâches. Il s'agit là d'une **fatigue simple**, qui généralement ne pose pas de gros problèmes. Parfois même cet état de fatigue nous fait du bien ; il nous donne un sentiment de contentement parce que nous avons su « dépasser » notre seuil habituel. L'effort physique, en nous permettant de décharger des tensions accumulées, nous aide à nous détendre et la fatigue qui suit nous aide à nous reprendre. C'est là un cycle biologique naturel, mais, attention, certains états de fatigue physique sont liés à une maladie qui entame les forces de l'organisme. Dans ce cas, c'est en traitant le problème somatique que la fatigue disparaît. Si une fatigue s'installe d'une façon insidieuse, traînante, soyons vigilants, cela peut être dû à des facteurs biologiques qu'il est alors utile de rechercher.

■ **Fatigue liée au stress** : l'évolution de nos réactions aux agents stressants passe par trois phases. La troisième, celle de l'épuisement, survient lorsque nous avons été au-delà de notre capacité de résistance. C'est un état global qui concerne à la fois le corps et le mental ; un état qui s'accompagne d'émotions, parfois de nervosité et souvent de mal-être. Dans ce cas, il s'agit d'une **fatigue complexe** et il ne suffit pas de simplement se reposer ; il est nécessaire de détendre consciemment les muscles, de calmer le mental, d'apaiser le trouble émotionnel.

■ **Fatigue chronique liée à une déprime sous-jacente** : lorsque l'élan vital n'est pas stimulé ou que l'ennui s'installe malgré des choses intéressantes à faire, un sentiment de lassitude empêche la personne d'entreprendre, d'aller de l'avant, et le manque de ressort, l'apathie plus ou moins importante qui s'ensuit deviennent déprimants. Le cercle psychosomatique tourne alors dans le sens d'une augmentation croissante du mal-être. Dans cette situation, l'attention doit être portée sur les émotions. Un **réveil émotionnel** redonne de la vigueur à l'organisme ; l'énergie peut circuler à nouveau. Rappelons ici le jeu de bascule qui s'établit fréquemment entre deux émotions, par exemple le retournement de la colère en tristesse. Dans ce cas, la charge émotionnelle ne peut pas s'évacuer puisque le réservoir du ressentiment reste plein. La personne court alors le risque que des larmes intarissables la vident de son énergie.

- **Fatigue par vide et par trop-plein** : quelles qu'en soient les causes, d'un point de vue énergétique on peut distinguer deux grands types de fatigue : l'une par **vide** (manque d'élan vital, manque de stimulation, perte de motivation, sentiment de vide existentiel peut-être) et l'autre par **trop-plein** (excès de dépenses musculaires, d'activités, d'émotions réprimées, d'exigences faites à soi-même). Certains états dépressifs ou de douleur, souvent étiquetés d'« hypocondriaques », sont à envisager comme une difficile confrontation avec l'idée de la mort, d'autant plus source d'angoisse qu'il est quasi impossible d'en parler ouvertement avec les personnes de son entourage.

De la fatigue de vivre au plaisir d'exister

Lorsque nous « subissons » notre vie, lorsque nous n'avons que peu de pouvoir décisionnel, il s'ensuit une perte de vitalité, et le risque est grand de prendre pour de la fatigue ce qui est en fait de l'ennui, un manque de motivation, un fond de tristesse. C'est pourquoi il est parfois plus opportun de se demander « Comment je me fatigue ? » plutôt que « Qu'est-ce qui me fatigue? ». Et il est important de chercher à identifier de quoi j'aurais besoin pour augmenter mon goût de la vie, pour avoir plus de plaisir au quotidien, une meilleure adéquation entre mes aspirations et ma réalité.

Exercice

Et ma fatigue à moi ?

Pour mieux la connaître, je me pose quelques questions :

› Quelle sorte de fatigue est celle que j'éprouve le plus souvent ?

› Dans ma vie quotidienne, qu'est-ce qui me fatigue ? Qu'est-ce qui me donne de l'énergie ?

› Quelles causes j'attribue à mes fatigues habituelles ? S'agit-il plutôt de fatigue par trop-plein ou par vide ?

› Qu'est-ce que je fais quand je suis fatigué ?

› Que serait-il bon alors que je fasse ?

› Et, éventuellement, qu'est-ce qui fait que je n'arrive pas à le faire ?

› À l'avenir, que puis-je envisager pour mieux accompagner les moments de fatigue ?

➤ Et la dépression ?

Ne confondons pas déprime et dépression comme nous avons trop tendance à le faire. La **déprime** est une baisse de tonus légère et passagère, un manque d'entrain, alors que la **dépression** se traduit par une perte, plus ou moins profonde, de l'élan vital. Cette perte entraîne un ralentissement général : ralentissement de la pensée, des activités, humeur triste, envie fréquente de pleurer, perte de la joie de vivre, pessimisme vis-à-vis de l'avenir avec incapacité à se projeter dans le futur, ce qui parfois suscite des idées suicidaires. En outre, la dépression s'accompagne généralement d'une perte de l'appétit, de troubles du sommeil (en manque ou en excès) et d'une baisse du désir sexuel.

Une dépression peut aussi prendre le masque d'une alcoolisation épisodique (pour chasser le cafard et les idées noires) ou de conduites à risque qui mettent la vie en danger (situation fréquente chez les adolescents, qui souvent luttent contre leur dépression par une hyperactivité) ou bien se cacher derrière un trouble somatique dominant qui affecte la sphère sexuelle, l'appareil digestif ou d'autres fonctions. Trouble qui, en retenant toute l'attention du sujet et de son médecin, leur fait oublier de s'intéresser aux éléments affectifs qui l'accompagnent, ce qui peut amener à négliger des troubles de l'humeur pourtant présents.

Certains états dépressifs se manifestent plus volontiers à certaines saisons, automne ou hiver par exemple. La dépression saisonnière toucherait ainsi environ de 4 % à 6 % de la population et les femmes y seraient plus sensibles que les hommes. Les symptômes de dépression saisonnière font généralement leur apparition en septembre ou octobre et disparaissent en avril ou mai. Pour porter le diagnostic, ces symptômes doivent avoir été présents au moins deux hivers consécutifs et avoir été suivis d'une rémission (guérison) complète à l'été. Le manque de lumière, qui entraîne une variation de la production de la mélatonine et de l'activité reliée à la sérotonine, est considéré comme la cause de cette forme de dépression. Les traitements actuels sont les antidépresseurs et la luminothérapie (aussi appelée photothérapie). Celle-ci consiste à s'exposer chaque jour, pour une durée variable, à une lumière intense (au moins 5 000 lux), qui contient tout le spectre de la lumière solaire, sauf les ultraviolets, fournie par une lampe spécialement conçue à cet effet.

Comme on le voit, il n'y a pas une mais des dépressions, ou plus exactement des personnes déprimées qui, vivant des situations existentielles différentes, utilisent le langage de la dépression pour lancer un message.

Exercice

Et moi, et moi, et moi...

› D'abord, je fais le point pour bien préciser ce qui m'arrive. Grosse fatigue, légère déprime ou déjà dépression plus sérieuse ? Les informations données aux paragraphes précédents m'aident à clarifier ce qui se passe.

› Maintenant j'identifie le(s) facteur(s) déclenchant(s) le(s) plus fréquent(s).

»

Suite...

› Et pour cela je me demande d'abord quelles sont les émotions qui m'habitent. Est-ce que je sais reconnaître la colère derrière la tristesse ? Si oui, est-ce que je l'exprime ?

› Ai-je la possibilité de parler à quelqu'un de ce que je ressens ?

› Devrais-je penser à consulter quelqu'un ?

› À l'avenir, que puis-je envisager pour mieux accompagner les moments où je sens que je me déprime ?

Les troubles du sommeil

Nous passons environ un tiers de notre vie à dormir et ce n'est pas superflu, car le sommeil est un temps de récupération et de régulation indispensable pour l'organisme. Lorsque nous dormons notre corps se repose, nos muscles se détendent et notre système nerveux se recharge. Il existe durant le sommeil des phases d'activité électrique cérébrale rapide accompagnées de rêves qui nous permettent de récupérer de la fatigue nerveuse et mentale.

La qualité du sommeil est importante. Ses altérations modifient notre humeur, nous rendent plus susceptibles, plus irritables, moins à même de contrôler nos émotions et, si elles durent, peuvent altérer notre équilibre biologique aussi bien que psychique. Les troubles du sommeil prennent des formes diverses, allant d'un sommeil agité et non réparateur à la grande insomnie où l'on ne ferme pas l'œil de la nuit, en passant par des difficultés à s'endormir et des réveils fréquents, souvent accompagnés d'envie d'aller uriner. Quelle qu'en soit la forme, il y a toujours derrière ces troubles une nervosité, une inquiétude, une anxiété ou une émotion non exprimée. Nervosité parfois due à un excès d'excitants (café, tabac en particulier), inquiétude provoquée par des pensées préoccupantes ou des problèmes non résolus, anxiété liée à des conflits affectifs souvent inconscients. Parfois c'est une peur qui nous empêche de dormir : peur de perdre connaissance et de ne pas se réveiller, peur de la mort, peur de faire des rêves au contenu inquiétant, cauchemars ou rêves érotiques, par exemple, qui nous mettraient trop en contact avec des émotions ou des pulsions refoulées durant la veille. Plus rarement, le trouble prend la forme d'une hypersomnie : besoin de dormir, dormir, dormir... qui, hors d'autres causes de fatigue et de baisse de l'énergie (maladie aiguë, asthénie, par exemple), peut être dû à un état dépressif ou à tout autre manque d'envie d'affronter le jour et la vie.

Des personnes âgées n'ayant jamais vécu de dépression mais souffrant d'insomnie ont six fois plus de risques de connaître un premier épisode dépressif que celles qui n'en souffrent pas. Par ailleurs, chez des personnes déprimées, l'insomnie prolonge les accès de tristesse, la détresse, la perte d'intérêt dans les activités normales et rend le rétablissement plus difficile. Prêtons-y donc attention : en cas de déprime ou de dépression, prendre soin de son sommeil et traiter l'insomnie augmente la probabilité et la rapidité de rétablissement.

➤ La douleur, signe d'alarme

Cri du corps, appel de l'être, qu'elle soit à dominante plutôt physique ou plutôt psychique, la douleur attire notre attention. À la fois émotion et sensation, elle est un avertissement, un signe d'alarme. L'expérience douloureuse est un vécu personnel intime qui « imprègne » le corps. Quand une douleur s'installe, quand elle est rebelle et persistante, elle devient alors une maladie à part entière. Une douleur qui dure produit un sur-stress, elle nous ramasse sur nous-même et durcit notre noyau central.

Qui n'a, un jour, éprouvé épuisement et découragement devant une douleur qui ne veut pas s'effacer. C'est que la douleur n'est pas une sensation comme les autres ; la douleur, ça fait mal et ça fait peur, surtout si elle dure ou qu'on ne peut l'expliquer. D'autant qu'elle peut se voir chargée de diverses significations :

- peur que ce soit grave,
- peur de ne pas pouvoir supporter la souffrance physique,
- peur d'être handicapé, de perdre son autonomie, le contrôle de soi, sa dignité,
- peur que la mort se rapproche.

Pour circonscrire la douleur et nous en faire une représentation mentale sur laquelle pouvoir agir, nous avons besoin d'informations afin de nous en donner des raisons.

➤ Et la tête, et la tête…

Comme toute autre douleur, le mal de tête peut avoir des origines diverses. Il peut indiquer un trouble bénin ou une maladie plus sérieuse, mais, même si le médecin le juge banal, il ne l'est que pour lui, car celui qui en souffre souffre bel et bien. Parmi les maux de tête, la **migraine** qui pose sa couronne de fer sur nombre de nos semblables est une reine maudite, habile à la torture. Qui l'a éprouvée sait que la tourmente est rude. La douleur, qui s'installe dans la moitié du crâne (d'où son nom : du grec *hêmi*, à demi, et *kranion*, crâne), éclate en crises violentes et brusques. Elle envahit le champ de conscience, empêche de penser. Souvent elle s'accompagne de nausées et de troubles visuels, d'une intolérance à la lumière, parfois de maux de ventre et de vomissements. Parmi ses causes, on invoque une prédisposition familiale, des intolérances alimentaires, la fatigue, le stress, un trouble circulatoire, de possibles facteurs allergiques, mais il ne faut pas oublier les facteurs psychiques, certains événements répétitifs et chargés d'émotion de la vie quotidienne.

À côté des médicaments, souvent fort utiles, une approche combinant relaxation, respiration profonde et biofeedback s'est avérée aussi efficace qu'eux pour réduire la fréquence, la durée et l'intensité des crises migraineuses. Les effets de cette thérapie psychosomatique paraissent même plus durables à long terme.

➤ Et le cou, et le cou…

« Faire front », « faire face », « tenir tête », « tenir le coup », autant d'expressions familières qui évoquent une obligation, une nécessité : celle de ne pas se laisser aller, de garder la « tête froide », de ne pas « baisser le nez » et, pour ce faire, de tenir la **nuque raide**. Tel le géant Atlas portant le monde, la première de nos vertèbres cervicales, justement appelée atlas, porte elle aussi le monde qu'il y a dans notre tête. Tête souvent lourde des tâches que l'on s'impose ou qu'on nous a imposées : « Sois fort ! », « Ne faiblis pas ! », « Ne baisse pas la tête face à l'adversité »…

Sous le titre « Un cou raide et un coup rude », l'un de nous a rapporté par ailleurs[1] l'observation détaillée d'un jeune homme venu consulter pour de violentes douleurs dans la nuque et l'occiput. Jeune homme chez qui la tension des muscles du cou, qui évoquait une attitude de virilité tendue, se révéla être en rapport avec un conflit existentiel et des difficultés dans les rapports avec sa mère remontant à la plus tendre enfance. Mais gardons-nous de généraliser, chaque personne a son histoire propre et c'est à l'intérieur de cette histoire qu'il nous faut chercher à comprendre le sens d'une douleur, d'une souffrance. Chez d'autres, par exemple, la raideur de la nuque peut être en relation avec la peur de prendre un coup par derrière, la crainte d'un « mauvais coup » ou une relation conflictuelle avec le père.

➤ Et le dos, et le dos…

Nombre de personnes vont voir leur médecin ou cherchent une thérapeutique alternative parce qu'elles souffrent du dos. Le plus souvent, l'examen clinique et radiologique ne révèle rien ou à peu

1. Voir, de Gérard Guasch, le chapitre 9 : « Analyse reichienne et psychosomatique », dans le livre de S. Idelman, *Psychosomatique et guérison*, Saint-Jean-de-Braye, Dangles, 2004.

près : quelque anomalie de la colonne vertébrale sans grande importance, qui peut expliquer tout de même en partie les **tensions musculaires** que le sujet ressent. Mais, plus souvent, il nous faut penser à un trouble psychofonctionnel et chercher du côté des tensions émotionnelles, ce qui n'empêche pas, bien sûr, de donner, le cas échéant, un traitement antalgique et relaxant ; antidépresseur parfois. Gardons-nous d'oublier que dans psychosomatique il y a somatique aussi et que, quelle qu'en soit son origine, une douleur mérite toujours d'être soulagée. Et sur le versant psychique soyons prudents aussi.

Nous disons souvent « J'en ai plein le dos » en parlant d'une chose qui nous ennuie, qui devient lourde, pesante, mais cette expression, pour aussi parlante qu'elle puisse paraître, est loin de nous livrer tout le message qu'un dos peut essayer de transmettre. Il nous faut écouter mieux et souvent chercher plus loin : regarder la posture, la position du cou, du thorax, du bassin. C'est seulement en faisant une lecture de tous ces détails et en ayant une écoute attentive des circonstances actuelles et passées que nous avons une chance de trouver la vraie piste. Alors, c'est une palette d'émotions, de ressentis, d'imaginations, de fantasmes qui s'offrent à nous. Certaines personnes tendent le dos par peur d'être faibles ou de manquer d'appui dans la vie. D'autres par culpabilité, sexuelle parfois, surtout s'il s'agit de douleurs lombaires, ou par peur d'être attaquées par derrière (peur de l'inconnu ou d'une figure d'autorité menaçante). D'autres encore par besoin d'affirmation de soi. Certains ont peur d'être coincés ou qu'on leur « brise les reins ». Le dos exprime volontiers des conflits centrés sur la lutte, avec peur de la défaite, de la dépression, de l'effondrement, ou sur le refus, la révolte, la revendication. Enfin, n'oublions pas que certaines douleurs ressenties dans le dos, la région lombaire surtout, mais parfois aussi plus haut, viennent du ventre.

Exercice

Sur une bobine à fil...

Voici un exercice simple et utile pour détendre le dos. Mais attention, tout comme ceux qui suivent, il est à faire très doucement, très lentement, sans rien forcer, avec une respiration libre, sans bloquer le souffle.

Toute douleur est un signal d'arrêt. Si vous avez mal, ne forcez rien, reprenez doucement, patiemment, ou laissez cela pour plus tard. Après un temps de repos, ça ira sans doute mieux.

Mettez-vous debout, les pieds séparés de la largeur des hanches, bien ancrés dans le sol.

Imaginez maintenant que vous allez enrouler votre colonne vertébrale, vertèbre par vertèbre, sur une bobine à fil ou sur un grand rouleau, comme ceux qu'on utilise pour les câbles électriques.

Le fil, le câble, c'est votre colonne.

Vous commencez par les vertèbres de votre cou, les cervicales.

Doucement, très doucement, vous baissez la tête vers l'avant en rentrant le menton. Vous commencez à enrouler le fil. Lorsque vous sentez que vous avez atteint le niveau des épaules, commencez à enrouler le dos, les dorsales. Toujours lentement et sans forcer. Continuez, continuez...

Maintenant c'est au tour des lombaires. Vos jambes bien plantées dans le sol soutiennent votre bassin ; vos bras sont libres. Vous pouvez si vous le désirez toucher le sol avec les mains, mais surtout ne forcez pas.

Voilà, le fil est enroulé. Restez un moment ainsi, en respirant toujours très librement.

Maintenant, vous allez dérouler le fil, strictement en sens inverse.

D'abord les lombaires... Puis les dorsales...

Enfin, mais seulement enfin, les cervicales, en commençant par la base du cou. Ne relevez pas brusquement la tête.

Doucement, c'est cela, très doucement. Bien, très bien. Et maintenant, comment vous sentez-vous ?

Vous pouvez le refaire une fois encore et même une autre. Trois fois c'est bien.

»

Suite…

Reprenez votre souffle. Étirez–vous.

Alors, comment ça va ?

■ Un coup en arrière, un coup en avant…

Cet exercice peut compléter le précédent, mais il n'est pas recommandé aux femmes enceintes, à moins de le faire très doucement. De toutes façons, comme tous les autres, c'est un exercice à faire doucement, très doucement, plus comme un jeu que comme une gymnastique. Cet exercice qui aide à débloquer le bassin a, de plus, un effet favorable sur la sensibilité sexuelle et sur la capacité à s'abandonner librement à l'orgasme aussi bien chez l'homme que chez la femme.

Allongé au sol ou sur votre lit, pliez les jambes et posez bien les pieds sur le matelas. Les genoux ici sont séparés de la largeur des hanches.

Maintenant, dans l'inspiration, vous basculez le bassin vers l'arrière en imaginant qu'il se meut librement sur un axe bien huilé qui passe par vos hanches.

Et, dans l'expiration, vous le ramenez en avant tout en creusant le ventre, comme si vous vouliez l'enrouler sur une bobine.

Puis, en inspirant, vous le basculez à nouveau vers l'arrière.

Un coup en avant… Un coup en arrière… Et tout ça en respirant bien.

Votre bassin se positionne, vos hanches se détendent, vos lombaires aussi.

Et maintenant, comment vous sentez-vous ?

■ Un coup à gauche, un coup à droite…

Voici un exercice facile à faire au lit. Il soulage les tensions de la région lombaire, donc tout indiqué quand on a mal aux reins ou un début de lumbago, ou pour se « dérouiller » le matin au réveil. Il est très utile aussi pour les femmes enceintes qui ont souvent mal dans cette région.

C'est un exercice doux, à pratiquer lui aussi en douceur et avec une respiration libre.

Suite...

Allongé au sol ou sur votre lit, pliez les jambes et posez bien les pieds sur le matelas. Les genoux sont joints, sans être serrés.

Maintenant vous expirez en laissant vos genoux basculer du côté gauche, puis vous inspirez en les ramenant au centre.

Vous respirez tranquillement une ou deux fois, puis vous laissez basculer vos genoux du côté droit en expirant.

Vous inspirez en les ramenant au centre.

Vous faites une petite pause en respirant doucement, puis vous recommencez.

À gauche... À droite... À gauche... À droite...

C'est bien, continuez sans décoller le bassin. Faites-le tout le temps que vous voulez.

Vos muscles se détendent. Votre région lombaire se relâche. Vous n'allez pas tarder à ressentir une douce chaleur dans vos hanches, votre sacrum.

Voilà, ça va mieux...

Et le ventre, et le ventre...

« Maman, j'ai mal au ventre. Mamaan !... » Qui n'a jamais entendu ce cri de détresse venu du plus profond de notre organisme, senti cette douleur foudroyante comme l'éclair ou insidieuse comme le serpent qui, tout à coup, vous « prend aux tripes » et ne vous lâche plus ?

Fréquentes au tout début de la vie, sous la forme de « coliques des trois premiers mois », les **douleurs abdominales** reparaissent vers la troisième année et sont le lot de nombreux enfants d'âge scolaire et d'adolescents. Parfois discrète, mais tenace, parfois intense au point d'en pâlir, la douleur se présente avec un horaire et une périodicité variables. Parfois elle est là tous les matins, sauf les jours sans école, disant la difficulté et la souffrance que tel enfant éprouve quand il lui faut quitter maman. Chez d'autres, elle n'apparaît qu'avant certaines heures de cours, généralement les mêmes, et peut faire penser à une difficulté particulière dans une matière donnée ou dans la relation avec le professeur. Chez d'autres encore, c'est avant les repas, signifiant qu'il y a un conflit lié à la prise de nourriture ou à l'ambiance qui règne à table.

Ainsi, sous un même masque parfois plus physique (telles la constipation ou la migraine abdominale sans maux de tête) ou plus psychologique (tels les équivalents dépressifs, chez l'adulte et l'adolescent), des émotions diverses peuvent s'exprimer : la colère parfois, mais surtout la peur, l'angoisse, l'anxiété. « Je répétais : "J'ai mal au ventre" à tout propos, en toutes circonstances. J'avais froid, j'étais triste, je me sentais seul, abandonné. Mais, avant tout, j'avais "mal au ventre" », écrit Pierre Pallardy, évoquant les années sombres de son enfance ballottée de placements en orphelinats. Aujourd'hui diététicien et docteur en ostéopathie, il a élaboré une méthode pour retrouver un ventre en bonne santé. Méthode dans laquelle il propose une pratique régulière de la respiration abdominale, des automassages et une forme originale de méditation centrée sur les sensations du ventre.

C'est qu'il a fort à faire, notre ventre qui, au long d'une vie, reçoit environ 30 tonnes d'aliments solides et quelque 50 000 litres de liquide dont il lui faut extraire et trier les éléments indispensables à la vie (nutriments) en même temps qu'il identifie et neutralise toxines, bactéries, virus et élimine les déchets. Siège de l'âme pour les Anciens, le ventre reste pour nombre de médecines traditionnelles (dont la médecine traditionnelle chinoise) la zone privilégiée du corps que l'on doit interroger quand quelque chose va mal. Pendant longtemps, les anatomistes ont considéré que le **plexus solaire**, ce grand carrefour nerveux qui se loge entre l'estomac et la colonne vertébrale, était un **véritable cerveau abdominal**. Des recherches récentes ont remis cette expression à la mode, mais en l'appliquant cette fois à l'intestin, dans lequel on a identifié des groupes de neurones fabriquant des neurotransmetteurs semblables à ceux produits par le cerveau. Et tout récemment une équipe médicale canadienne a démontré l'effet bénéfique de médicaments antidépresseurs recapturant la sérotonine dans la prévention du cancer colique et rectal.

Une approche, très utile pour soulager des douleurs récidivantes, est la pratique de la relaxation accompagnée d'images choisies en rapport avec ce dont on souffre, comme nous le verrons au chapitre 7. Mais, attention, assurez-vous bien, auparavant, que la douleur est fonctionnelle ; une crise d'appendicite donne aussi mal au ventre !

➤ Un propre à rien ?

Quentin est un jeune homme de vingt-deux ans, pâle, blond, les yeux clairs, les poignets fins. D'aspect plutôt timide, il se plaint d'avoir les mains qui transpirent et surtout mal au ventre, horriblement mal au ventre. Il a mal au ventre depuis qu'il est petit. Sa grand-mère, incriminant alors un « embarras gastrique » ou une constipation, lui administrait des lavements. Lavements qu'il recevait avec un mélange de peur et de délices dont, aujourd'hui encore, il ose à peine parler. Quand on le mettait sur le pot, il aurait bien voulu faire plaisir à maman ou à mamie, mais il avait peur d'avoir mal, alors il se retenait et sa constipation empirait. Peu à peu s'est ainsi insinuée en lui la conviction qu'il ne pouvait rien « faire » de bien. Conviction entretenue par les dires de son père qui, à tout bout de champ, le traitait de « propre à rien ». C'est avec beaucoup de gêne que Quentin évoque les fessées déculottées que ce père lui administrait avec une froideur calculée quand il ramenait un mauvais carnet de notes. Lui, qui aurait tant voulu être le fils chéri, se sentait, en toutes circonstances, le mal-aimé de la famille. Timide et peu sûr de lui, il bafouillait devant son père, baissait les yeux quand on lui parlait, tremblait devant ses professeurs. Il lui arrivait parfois, à l'école, de faire dans sa culotte. Aujourd'hui encore il baisse souvent les yeux, rougit facilement, se trouve gauche et ridicule et rapporte un symptôme assez curieux : lorsqu'il va aux toilettes, il regarde derrière lui, comme si quelqu'un était en train de l'observer.

On voit bien comment ici, et c'est le cas dans toute forme de maladie, l'histoire de vie, le tempérament, le caractère, le terrain, les émotions, les conflits intériorisés et les expériences vécues dans l'environnement précoce se donnent la main pour permettre l'éclosion d'un trouble. Quentin a été dévalorisé et a subi ce que l'on pourrait appeler un « conditionnement par la peur » ; maintenant il se dévalorise lui-même et garde la « peur au ventre ». Aussi la thérapie va-t-elle s'orienter rapidement vers une restauration de l'estime de soi fortement endommagée. Nous allons lui proposer de parler, parler, parler encore, afin de soulager la souffrance qu'il a emmagasinée depuis qu'il est enfant. Les temps de parole alterneront avec des temps de respiration, de massage doux du ventre et de l'estomac, de relaxation et d'expression des émotions ; tout cela subtilement entrelacé afin de ne rien forcer et de ne pas le confronter comme lorsqu'il était petit au désir d'un adulte (aujourd'hui incarné par le thérapeute) d'avoir à « se vider ». Et c'est ainsi que nous verrons le chagrin lié à la frustration de ses désirs d'enfant faire place à la rancœur devant les mauvais traitements subis et celle-ci déboucher sur de la peur, comme s'il était dangereux, aujourd'hui encore, d'exprimer ses désaccords et ses refus. La respiration va s'amplifier, le ventre se dénouer, l'équilibre végétatif s'améliorer, mais Quentin restera sujet aux rougissements et à la transpiration des mains qui font partie de sa constitution végétative.

➤ Faim de loup ou appétit d'oiseau ?

Manger répond à des fonctions biologiques, psychologiques et sociales. Le rapport entre états émotionnels et nourriture s'établit très tôt chez l'humain et nombre de conduites vont rester marquées du sceau de l'oralité. Ainsi l'**obésité** est-elle souvent induite par des mécanismes affectifs inconscients qui poussent le sujet à se suralimenter ou à rechercher dans la prise de nourriture une compensation à l'angoisse et au stress.

Très tôt aussi, par l'horaire des tétées qu'elle lui impose, la mère incorpore des rythmes sociaux aux rythmes biologiques du nourrisson. Devenu plus grand, l'enfant découvre qu'il n'y a pas seulement une valeur affective attachée au fait de se nourrir, mais aussi une valeur sociale, conviviale. À l'adolescence, où les modèles de l'enfance et l'attachement aux parents sont remis en cause, et où les préoccupations liées à l'image corporelle et l'acceptation par les pairs dominent le devant de la scène, il n'est pas rare de voir apparaître des troubles de l'alimentation. Certains prennent l'allure de dégoûts, de choix nouveaux ou de bizarreries. Parmi ceux-ci, certains sont transitoires et bénins. D'autres revêtent une forme plus grave et peuvent prêter à préoccupation. Il en est ainsi de la boulimie et de l'anorexie derrière lesquelles on retrouve toujours une forte charge d'angoisse et des distorsions souvent sérieuses de l'image corporelle.

La **boulimie** (du grec *boulimos*, faim excessive) est une perturbation de l'appétit et du comportement qui évolue par crises. Une crise de boulimie se caractérise par l'absorption, en une période de temps limitée, d'une quantité de nourriture largement supérieure à ce que la plupart des gens absorberaient en une période de temps similaire et dans les mêmes circonstances. Et par le sentiment d'une perte de contrôle sur le comportement alimentaire pendant la crise : ne pas pouvoir s'arrêter de manger, ne pas pouvoir contrôler ce que l'on mange ou la quantité de ce que l'on mange. Elle est suivie par des comportements compensatoires inappropriés et récurrents visant à prévenir la prise de poids, tels que vomissements provoqués, emploi abusif de laxatifs, diurétiques, lavements ou autres remèdes, jeûne, exercice physique excessif. Les boulimiques se préoccupent d'une manière excessive de leur poids et de leurs formes corporelles. C'est ainsi qu'une de nos patientes, jolie jeune femme, secrétaire de son état, petit-déjeunait d'une tasse de thé sans sucre, déjeunait d'un yaourt écrémé et, morte de faim à la sortie du bureau, se précipitait chez le charcutier du coin. Là, elle achetait en vrac pâté, saucisses, rillettes, puis passait chez le boulanger. Arrivée chez elle, elle avalait tout à grandes bouchées. Lorsque, enfin repue, elle se sentait « pleine », elle avalait un grand verre d'eau mélangée de vinaigre, et courait aux toilettes se faire vomir. Alors épuisée, elle se jetait sur son lit et sombrait dans un sommeil semi-comateux, non sans avoir avalé au préalable quatre ou cinq comprimés de laxatifs. Si l'inquiétude de ne pas se « vider » la prenait tout à coup vers 23 heures et qu'elle avait épuisé son stock, elle dépêchait alors son petit ami à la pharmacie de garde avec pour mission de lui en rapporter une ou deux boîtes. Une autre patiente ne sortait que rarement de chez elle, et c'était alors, à part de menues courses, pour s'acheter une grande boîte de confiture pour collectivités (5 kilos !), qu'elle mangeait méthodiquement à la cuillère jusqu'à sentir, disait-elle, que « les yeux lui piquent ». Alors, le cérémonial était le même : vinaigre, toilettes, vomissements suivis d'un effondrement dans le lit avec un sentiment écrasant de culpabilité. Quelle angoisse et quel désespoir chez ces deux jeunes femmes, torturées par des poussées compulsives et anéanties par la culpabilité qui s'ensuit !

L'**anorexie** (du grec *an*, privatif, et *orexis*, appétit), dite « mentale », pour la différencier des manques d'appétit liés à des maladies organiques ou à un état dépressif, se caractérise par un refus de s'alimenter et par un refus de maintenir le poids minimum normal, une peur intense de prendre du poids et une altération plus ou moins grave de la perception de la forme et de la taille du corps. Elle débute souvent entre quatorze et dix-sept ans et touche plus les filles que les garçons.

Certains sujets commencent par exclure de leur alimentation ce qu'ils pensent riche en calories, et la plupart finissent par adopter un régime extrêmement restrictif, qui se limite parfois à quelques becquées d'oiseau. La peur intense de grossir n'est généralement pas soulagée par leur amaigrissement. En fait, les préoccupations autour de la prise de poids augmentent souvent, alors même que le poids réel continue à décroître. Certains se sentent globalement trop gros. D'autres ont conscience d'être minces, mais continuent de se préoccuper de certaines parties de leur corps, particulièrement le ventre, les fesses et les cuisses. L'anorexie mentale est une maladie grave qui peut mettre en jeu la vie de qui en souffre.

Beaucoup de sujets atteints d'anorexie présentent des symptômes de dépression et des traits obsessionnels-compulsifs. Il est rare qu'ils consultent d'eux-mêmes pour ce trouble, car ils méconnaissent ou dénient le problème ; c'est généralement leur entourage qui s'inquiète.

Notre ami, le professeur H.P. Klotz, de regrettée mémoire, dirigeait un service d'endocrinologie à l'hôpital Beaujon où il avait l'occasion de recevoir de nombreux malades présentant des problèmes de poids. Il a ainsi pu suivre des jumelles vraies (univitellines) présentant toutes deux une maigreur constitutionnelle, et voir l'une d'elles virer à l'anorexie mentale complète avec disparition des règles (aménorrhée) et chute de poids de 46 à 28 kilos, à l'occasion des fiançailles de sa sœur. Sur un fond unissant une prédisposition biologique et un manque habituel d'appétit vint se greffer brusquement un facteur psychologique d'importance. Amputée d'une partie d'elle-même, cette jeune fille ne se sentait plus la possibilité d'exister ; elle se « gommait » en quelque sorte du paysage.

Les facteurs affectifs de l'anorexie sont multiples, et loin d'être toujours aussi évidents ; en grande partie inconscients, ils sont difficiles à dégager. Il s'y ajoute aussi, habituellement, des conflits, ouverts ou larvés, avec la figure maternelle et le groupe familial. Malheureusement, les mettre en évidence ne signifie pas toujours pouvoir les résoudre, et les psychothérapies, qui associent le plus souvent thérapie familiale et individuelle, sont habituellement longues et difficiles.

➤ Et la peau, et la peau...

« Ce qu'il y a de plus profond dans l'homme, c'est la peau », disait Paul Valéry. Une fois encore, le poète avait raison ! La peau a la même origine embryonnaire que le système nerveux (cerveau, nerfs, moelle) ; avec ses 18 000 centimètres carrés de surface chez un adulte, c'est notre organe sensoriel le plus étendu. Enveloppe, elle est frontière et miroir aussi. Frontière entre notre sensibilité intérieure et notre ouverture au monde et miroir qui, par ses changements (couleur, température, sudation), reflète nos états émotionnels et nous révèle au regard des autres.

Organe des plus complexes, marqué par les combats de la vie, elle révèle ce qu'il y a de plus secret, de plus archaïque chez l'homme. Les maladies de la peau sont une illustration tangible du rôle de l'inconscient et de ses conflits dynamiques dans notre équilibre psychosomatique. Elles peuvent prendre des formes variées : **démangeaisons, urticaire, psoriasis, eczéma**.

Une de nos amies présente une petite plaque d'eczéma sur un doigt de la main. Dermatologue, elle l'attribue au lavage fréquent des mains qui accompagne son exercice professionnel et la soigne par des pommades. Mais elle a beau utiliser des savons plus que neutres ou des solutions sans savon, épisodiquement la petite plaque reparaît, et c'est habituellement à l'occasion d'une surcharge de travail ou d'un des nombreux conflits dont sa vie amoureuse est émaillée.

➤ Et le cœur, et le cœur...

Le cœur assure la circulation du sang dans tout l'organisme, permettant aux cellules de recevoir oxygène et nutriments. Son fonctionnement, réglé par le système nerveux végétatif et des centres autonomes logés dans le cœur lui-même, peut se voir affecter par des **surcharges émotionnelles**. La tension mentale au travail constitue le second facteur de risque cardiovasculaire, juste après le tabagisme. Les plus menacés sont les employés subalternes dont la liberté de prendre des décisions est des plus limitée, et dont le travail routinier offre peu de variété. Si, en outre, dans leur vie personnelle, ceux-ci vivent sous tension et ne disposent que de peu ou pas de temps pour eux-mêmes, le risque d'**infarctus** s'en voit augmenté d'environ neuf fois.

Franz Alexander, qui fut l'un des fondateurs de la médecine psychosomatique, insistait avec justesse sur le fait que « la description, même détaillée, de l'activité cardiaque d'un malade, sans que l'on tienne compte de ses états émotionnels et de ses pensées est sans valeur ». Il avait raison, puisque le cœur et, avec lui, tout le système vasculaire sont particulièrement sensibles aux émotions. C'est pourquoi on retrouve dans beaucoup de troubles fonctionnels : palpitations, tachycardies, douleurs précordiales, hypertension artérielle, de fortes charges de colère, de peur et d'angoisse, intriquées en des nœuds parfois bien serrés.

Un cœur et des vaisseaux en bonne santé, c'est important ; aussi en cas de doute mieux vaut consulter « pour rien » que trop attendre.

➤ Et le souffle, et le souffle...

Rhinites saisonnières, laryngites et **bronchites à répétition** semblent souvent n'être dues qu'aux conditions climatiques dont profiteraient virus et bactéries. Mais nous ne pouvons négliger les facteurs personnels qui entraînent une baisse des défenses immunitaires. C'est ainsi qu'une étude américaine a montré que des adolescents incapables d'exprimer leur colère avaient plus fréquemment que d'autres des infections des voies respiratoires supérieures, et l'on rencontre avec fréquence des infections de la gorge chez des patients qui n'arrivent pas à satisfaire leurs besoins essentiels (frustration) ou ont vécu une humiliation et n'arrivent pas à dire leur colère et leur ressentiment.

L'**asthme**, qui se caractérise par une difficulté respiratoire et des crises d'étouffement très angoissantes (d'où son nom qui vient du grec : être étouffé), est une maladie invalidante ayant de profondes répercussions sur la vie affective et sociale. Il a longtemps été considéré comme une maladie psychosomatique type. Affection relativement fréquente – 1 à 2 %, d'enfants en souffrent – l'asthme a un aspect évolutif particulier. En effet, il disparaît chez plus d'un tiers de ces enfants vers l'âge de quinze ans, sans qu'on puisse expliquer pourquoi. Parmi ses causes, le rôle d'une allergie respiratoire est solidement établi : l'union de l'antigène (poussière, pollen, moisissures...) avec un anticorps appelé immunoglobuline E produit une libération d'histamine ou d'amines toxiques dans le corps, ce qui entraîne des phénomènes allergiques. Cela ne doit pas, toutefois, nous faire perdre de vue que, comme pour toute autre maladie, l'apparition d'un asthme dépend de multiples facteurs, parmi lesquels l'élément psychologique est quasi omniprésent.

Le grand clinicien que fut Armand Trousseau présenta en 1882, dans ses *Cliniques médicales de l'*Hôtel-Dieu, la belle auto-observation suivante : « L'attaque d'asthme la plus sévère que j'aie jamais éprouvée s'est produite dans la circonstance suivante. Je soupçonnais mon cocher de quelques infidélités ; pour m'assurer du fait, je montai un jour dans le grenier, où je fis mesurer devant moi la provision d'avoine. En me livrant à cette opération, je fus pris, tout à coup, d'un accès de dyspnée [gêne respiratoire] et d'oppression tel que j'eus à peine la force de regagner mon appartement ; mes yeux hors de leurs orbites, mon visage pâle et tuméfié, exprimaient l'anxiété la plus profonde. Je n'eus que le temps de me débarrasser de ma cravate, de me précipiter vers la fenêtre et de l'ouvrir pour chercher un peu d'air frais. Habituellement je ne fais pas usage du tabac, je demandai un cigare [à l'époque, le tabac était utilisé pour traiter les crises d'asthme] dont j'aspirai quelques bouffées ; huit ou dix minutes après, cet accès était calmé.

Qu'est-ce qui l'avait occasionné ? C'est assurément la poussière de l'avoine qu'on avait remuée et qui avait pénétré jusque dans mes bronches. Mais assurément aussi, cette poussière n'avait pas suffi à elle seule pour déterminer un si extraordinaire accident, ou du moins la cause était complètement hors de proportion avec l'effet produit. [...] Il avait donc fallu que cette cause eût quelque chose de spécial ; elle m'avait en outre surpris dans des conditions particulières. Sous l'influence de l'émotion morale que déterminait chez moi l'idée d'un vol domestique, quelque peu important que fût ce vol, mon système nerveux était ébranlé et une cause très petite en elle-même avait agi sur lui avec une excessive intensité. »

L'année même de la publication de Trousseau, Bernheim, qui exerçait l'hypnose à Nancy et chez qui Freud au début de sa carrière passa quelques semaines, écrivait : « Est-il besoin d'insister sur le rôle prépondérant que joue l'organe psychique sur la circulation et la respiration. C'en est assez pour rappeler l'action considérable du moral sur le physique, de l'esprit sur le corps, de la fonction psychique du cerveau sur toutes les fonctions organiques. »

Était-ce vraiment assez, comme l'affirmait Bernheim ? Il ne semble pas, car, au tournant du siècle, les effets de l'hypnose et de la suggestion allaient tomber en désuétude et ces observations être en grande partie oubliées. L'action considérable de l'esprit sur le corps allait être pour longtemps occultée par la rigueur de la démonstration expérimentale et les recherches en laboratoire. Les crises d'asthme provoquées par la vue de roses artificielles (ce qui arriva à Marcel Proust, grand asthmatique s'il en fut, lors d'une représentation de l'opéra *Pelléas et Mélisande*) ne furent plus alors jugées qu'anecdotiques.

Et pourtant, les faits sont là, et beaucoup d'asthmatiques peuvent en témoigner : il n'est pas rare qu'un sujet allergique (qui, jusque-là, peut d'ailleurs l'ignorer) fasse une crise d'asthme ou une poussée d'eczéma le jour d'un examen, à l'occasion d'une émotion intense, ou à l'évocation de certains souvenirs intolérables. Alors, peut-on vraiment sous-estimer ce qu'un grand allergologue, le professeur R. Kourilsky, appelait, voici bien des années déjà, les « modulations psychologiques des manifestations allergiques » ? Et négliger d'offrir à l'asthmatique un espace pour être écouté et dire, d'une autre façon, les angoisses ou les peurs qui l'habitent ? Un espace pour analyser ses relations avec ses parents (la relation avec la mère est ici toujours à interroger), sa famille, les autres et la vie en général.

Dans le traitement de l'asthme, les **éléments émotionnels conscients et inconscients** sont toujours à prendre en considération. Notre expérience le prouve. Dans les maisons médicales pour jeunes asthmatiques (enfants et adolescents), outre la sensibilisation du personnel d'encadrement aux dimensions affectives de l'asthme, la création d'ateliers d'expression (dessin, peinture, modelage, marionnettes) permet aux jeunes pensionnaires de mettre en images, ou en scène, leurs vécus personnels, et les ateliers de relaxation les aident à mieux contrôler leurs angoisses et à vivre en meilleurs termes avec leur respiration.

Et les glandes, et les glandes...

Du fait des nombreuses interrelations entre le cerveau et le système endocrinien, on ne doit pas s'étonner que le fonctionnement des glandes endocrines puisse aussi être perturbé par certaines circonstances affectives. Nous ne parlerons ici que de la **thyroïde**, mais le fait est clairement établi pour d'autres glandes, le **pancréas** en particulier, qui peut être source de diabète.

La glande thyroïde joue un rôle très important dans notre équilibre intérieur. Si elle sécrète ses hormones en excès, il y a hyperthyroïdie. Cette maladie se caractérise par un amaigrissement important avec nervosité, tachycardie, tremblement des extrémités et une sensation de chaleur permanente. Il est des familles où l'on se transmet un trouble génétique qui affecte la thyroïde, mais la maladie peut ne se démasquer que tardivement, à l'occasion d'une variation dans l'environnement aussi bien interne qu'externe. H.P. Klotz rapporte dans son livre *Du bon usage de la médecine*[1] un cas particulièrement illustratif. Il s'agit d'une dame de trente-cinq ans environ qui avait une sœur jumelle (jumelle vraie, ou monozygote). Cette jeune femme, de milieu bourgeois, avait été rejetée totalement par sa famille parce qu'elle avait épousé un ouvrier dont la situation financière n'était pas fort brillante. Tiraillée entre son amour et la douleur d'être rejetée par sa famille, elle se trouva dans une impasse, et exprima alors sa maladie thyroïdienne dont la programmation était génétique. Sa jumelle, porteuse exactement des mêmes gènes qu'elle, ne souffrait de rien ; sa thyroïde fonctionnait encore normalement. Quinze ans plus tard, au moment de la ménopause, elle présenta la même hyperthyroïdie.

---

1. H.P. Klotz, *Du bon usage de la médecine*, Paris, Presses de la Renaissance, 1983.

Cette manifestation différée d'une prédisposition héréditaire est particulièrement frappante en matière de diabète. Alors qu'une obésité va le démasquer assez tôt, le contrôle du poids peut en retarder considérablement l'apparition, voire l'empêcher de se révéler cliniquement.

Et la queue, et la queue...

Oui, l'alouette de la chanson, dont on aura reconnu ici la ritournelle, se fait aussi plumer la queue. Chez l'être humain, la queue évoque l'extrémité inférieure du corps, pile et face. Pile, c'est le coccyx et son voisin l'anus, face, les organes génitaux. Et se faire « plumer » (comme un oison, comme un pigeon), c'est se faire dépouiller, voler, déposséder. Voyons donc comment les troubles psychosomatiques peuvent aussi nous plumer en ces lieux et fonctions.

Côté pile, ce peuvent être des douleurs psychofonctionnelles qui intéressent le **coccyx**, le **rectum** ou l'**anus** et parfois s'étendent à tout le **petit bassin**. La rectocolite ulcéro-hémorragique, qui est une maladie due à un dérèglement du système immunitaire (maladie auto-immune), représente un cas très particulier. Côté face, ce peut être chez l'homme une **dysfonction érectile**, une éjaculation précoce ; une dysfonction érectile, de légère à modérée, toucherait actuellement environ un homme sur trois de plus de quarante ans. Chez la femme ce sera un **vaginisme**, et, dans les deux sexes, des troubles de la sensibilité et de l'orgasme ou des infections récidivantes.

L'**appareil génital**, surtout chez la femme, est exposé à de **nombreux troubles psychofonctionnels** ; il est particulièrement sensible aux agressions nerveuses, psychiques et affectives. Sous l'effet d'une émotion, d'une contrariété, de conflits répétés, l'ovulation peut manquer ou varier dans son moment. Il en va de même pour les règles et dans une certaine mesure pour le désir sexuel (libido). Cela s'explique par le fait que la fonction génitale est déterminée, aussi bien chez la femme que chez l'homme, par une cascade de stimuli descendant de l'hypothalamus à l'hypophyse puis aux glandes sexuelles (ovaires ou testicules), à l'utérus et au vagin, à la prostate et au pénis. De plus, les organes sexuels et reproducteurs ont une signification hautement symbolique tant pour l'individu que pour la société, et sont l'objet d'un investissement psychologique considérable. Comment s'étonner alors qu'un message psychologique puisse emprunter le langage physiologique et s'exprimer en ces lieux et places par des douleurs, des dysfonctions, des troubles divers ?

➤ Exercer les muscles pelviens

Dans un hôpital anglais, des hommes présentant des troubles de l'érection ont reçu des conseils de vie quotidienne (arrêt du tabac, par exemple) et certains ont bénéficié en plus d'un entraînement des muscles pelviens. Un physiothérapeute a appris à ces hommes à contracter leurs muscles pelviens en contractant l'anus comme s'ils essayaient de retenir un gaz. De plus, on leur a enseigné comment rétracter leur pénis et faire remonter leur scrotum en contractant ces mêmes muscles. Après trois mois d'entraînement, on les a encouragés à continuer ces exercices chez eux pendant encore trois mois. Au terme de l'étude, 40 % des hommes ayant pratiqué ces exercices avaient retrouvé une fonction érectile normale, 35,5 % l'avaient améliorée, 24,5 % n'avaient constaté aucune modification.

Il est intéressant de remarquer que ces exercices, proposés dès 1948 par le docteur Arnold Kegel pour contrôler les pertes involontaires d'urine chez la femme (si vous tapez Kegel sur le moteur de recherche de votre ordinateur, vous trouverez de nombreuses pages qui les décrivent en détail, schémas anatomiques à l'appui), font partie de ceux préconisés par les taoïstes depuis des siècles pour améliorer la fonction sexuelle chez les deux sexes.

Exercice

Je tonifie les organes de mon petit bassin

Cette pratique de santé chinoise est utile aussi bien pour les hommes que pour les femmes. Pour la réaliser, placez-vous debout, les jambes séparées de la largeur des hanches, la pointe des pieds tournée légèrement en dedans. Par la pensée, enracinez-vous bien dans le sol.

Faites maintenant descendre tout votre poids dans la partie basse du corps. Cela augmente votre assise.

Gardez le dos droit. Les bras le long du corps pliez légèrement les avant-bras, paumes tournées vers le ciel comme pour recevoir de l'énergie.

Fermez les yeux et tournez votre regard vers un point situé au centre de votre crâne.

Videz l'air de vos poumons, puis, en inspirant, imaginez que l'énergie de la terre monte dans vos jambes et vient remplir le bas de votre ventre.

Maintenant, en inspirant, vous contractez l'anus ; en expirant, vous le relâchez. Faites cela plusieurs fois, puis, en même temps, imaginez que vous tirez vos organes génitaux vers le haut. En expirant, ils reviennent à leur place. Faites cela plusieurs fois.

Cette contraction-relaxation de l'anus entraîne une contraction-relaxation des muscles du périnée et vous pouvez sentir une douce chaleur vous envahir, peut-être aussi une certaine stimulation de votre pénis ou de votre clitoris. Avec de la pratique, vous pourrez même différencier les muscles qui agissent sur l'anus et ceux qui agissent spécifiquement sur le pénis ou le vagin.

Continuez tout le temps que vous le voulez, puis imaginez que vous gardez précieusement l'énergie que vous venez de stimuler dans un point à la racine de votre pénis ou de votre clitoris. Cette pratique a aussi un effet bénéfique sur la prostate et l'utérus, et peut aider à décongestionner les organes du petit bassin.

Pratiquez autant de fois que vous le voulez et aussi longtemps que vous le pouvez ; le succès dépend de votre assiduité. En deux mois de pratique régulière, vous pourrez noter des résultats probants. Vous pouvez aussi prendre l'habitude de contracter périodiquement les muscles de l'anus et du périnée ; cela peut même se faire en voiture ou dans le métro.

➤ Et les maladies graves ?

Bien qu'il soit de mode, ces dernières années, de « psychologiser » le cancer, restons prudents et méfions-nous d'affirmations à l'emporte-pièce, car nous n'avons encore que des hypothèses. Hypothèses qui peuvent nous permettre de mieux comprendre une situation, peut-être, mais ne doivent jamais nous faire perdre de vue l'**importance de facteurs multiples dans la détermination d'une maladie** ni que celle-ci s'inscrit toujours dans une histoire de vie.

Bien qu'ayant accompagné beaucoup de malades, enfants et adultes, atteints de cancer ou d'autres maladies graves, nous n'avons pas de réponse à la grande question du « Pourquoi moi ? ». Cependant, dans le cheminement effectué ensemble, il s'est avéré que beaucoup étaient, avant la survenue des premiers symptômes, dans une situation affective problématique, voire conflictuelle, sur un fond de dépression plus ou moins conscientisée. Connaissant l'influence de la dépression sur le système immunitaire, cette corrélation n'a rien d'étonnant. Par ailleurs, nous avons pu observer que dans l'évolution de la maladie elle-même, les moments de survenue des crises, rechutes, récidives, correspondaient souvent à un surcroît de stress ou à des événements de vie perturbant l'équilibre affectif et, de ce fait, fragilisant tout l'organisme.

Dans les **maladies auto-immunes** (rectocolite ulcéro-hémorragique, polyarthrite chronique évolutive, sclérose en plaques, lupus, par exemple), les facteurs émotionnels sont particulièrement évidents, les crises survenant plus volontiers à la faveur d'émotions fortes. Le mécanisme de ces maladies est bien surprenant : **le corps se fait du mal à lui-même**. Les cellules qui sont censées défendre l'organisme contre les éléments étrangers s'attaquent aux cellules qui le constituent. Elles détruisent ainsi peu à peu des tissus, abîment des organes. Un tel phénomène n'est pas facile à expliquer, mais on peut au moins dire que c'est essentiellement une question d'information : la transmission d'un message erroné.

Le recours aux différentes approches proposées dans ce livre a permis à ces malades de traverser l'épreuve avec une qualité de vie notablement enrichie et, pour quelques-uns, d'obtenir une guérison ou des rémissions, parfois longues, inespérées et médicalement inexpliquées. On peut penser que par la synergie des moyens mis en œuvre, y compris les traitements médicaux, le corps arrive à se « réorganiser » en fonction des informations convergentes qu'il reçoit ; cellules, organes, fonctions, tendent alors à participer à nouveau à l'harmonie de l'ensemble.

Différences individuelles des réponses aux événements de la vie

Nous l'avons vu à propos du rhume banal, mais ceci est vrai aussi dans toute autre maladie : la spécificité de la réponse n'est pas dans la particularité de l'agression subie, elle est dans les propriétés réactionnelles du malade. « La maladie est la rencontre d'une prédisposition et d'une circonstance, et cette circonstance est inhérente aux conditions de vie », écrit H.P. Klotz. Et Michel Foucault de souligner : « Le malade, c'est la maladie ayant acquis des traits singuliers. » C'est pourquoi le symptôme ou la maladie sont toujours à resituer dans l'histoire de la personne prise dans sa totalité et sa singularité, c'est-à-dire en tenant compte aussi de son caractère et de sa personnalité.

Si nous voulons bien comprendre comment un malade « fait » ainsi une maladie, outre les facteurs déjà mentionnés : histoire de vie, tempérament, caractère, terrain, prédisposition, émotions, conflits intériorisés, expériences vécues dans l'environnement précoce, facteurs sociaux, il nous faut aussi prendre en compte le profil personnel de la courbe de stress dont nous avons parlé au chapitre 1.

Lorsque le niveau de stress augmente, nous entrons dans une zone sensible, une zone de vulnérabilité. Combien de fois avons-nous entendu dire : « Je me suis surmené et mon truc a repris » ? Cela s'explique par le fait que cet excès de stress, ce sur-stress, met à mal nos systèmes d'adaptation et de défense, tant sur le plan psychique que somatique. Le cercle psychosomatique entraîné par cette surcharge devient alors vicieux. Pourrait-il aussi être vertueux, de nocif devenir bénéfique ? À cette question, répondons oui tout de suite, nous expliquerons comment au chapitre 7 et dans les chapitres suivants.

› 6 ‹
chapitre

Corps&énergie

Bien loin de nous paraissent être la sagesse du vieux médecin de famille qui connaissait tout son monde et, plus encore, la patience souriante des maîtres taoïstes qui ont établi les bases de la médecine traditionnelle chinoise. Et pourtant !

Pourtant, il y a dans cette sagesse ancienne qui tient compte des rythmes, des fluctuations, des changements saisonniers, et qui prône une recherche constante de l'équilibre et de l'harmonie, encore bien des choses applicables à notre santé aujourd'hui.

➤ Un si jeune vieux maître

Nous sommes dix, dix professionnels de santé serrés au fond de ce petit bureau d'hôpital aux murs délavés. En ce début de printemps 1981, nous sommes venus ici, en Chine, enrichir notre connaissance des arts de santé et, chaque matin, nous pratiquons le tai-chi-chuan, cette lente gymnastique de santé, véritable méditation en action, sous la conduite d'un étonnant jeune homme de quarante-cinq ans et de sa femme qui, tout comme lui, en paraît beaucoup moins.

Nous venons d'assister à une présentation de cas, à des démonstrations pratiques d'acupuncture et c'est avec un certain mystère qu'on nous a conduits là, au bout d'un couloir. La porte s'ouvre et un vieux monsieur, crâne rasé, longue blouse lui battant les talons, entre en souriant. Il s'incline pour nous saluer. C'est le maître de qi-gong. Son visage jovial et rebondi a la peau fine, peu de rides. Quel âge a-t-il ? Moins de soixante-dix ans ? Plus de quatre-vingts ? Il a quatre-vingt-trois ans et la jeunesse heureuse d'un vieux maître taoïste. Sans mot dire, il s'assoit sur une chaise. À environ deux mètres de lui il y a un tabouret où vient se placer avec difficulté une dame, soutenue par une infirmière. Elle souffre d'arthrite rhumatoïde et ses articulations ankylosées ne lui permettent de se mouvoir qu'avec gêne. Quand l'infirmière la lâche, elle se tasse sur elle-même comme une poupée désarticulée.

Le maître, au visage maintenant plus grave, dirige ses mains vers elle. Il les bouge lentement et les articulations de la patiente se mettent à remuer, ses jambes s'étendent, ses bras se soulèvent. La séance dure quelques minutes ; la patiente reviendra demain. Pressé de questions, notre interprète nous explique que nous venons d'assister à une séance de qi-gong thérapeutique ; que le qi-gong est la maîtrise du Qi (prononcer tchi).

➤ Qu'est-ce que le Qi ?

Un vieux lettré calligraphie-t-il avec art ? Il a du Qi. Un peintre rend-il mieux qu'un autre l'impression de clair-obscur entre les feuilles de bambou ? Il a aussi du Qi. Une statue antique nous émeut-elle ? Elle a encore du Qi. Partout, toujours, durant notre séjour en Chine nous nous entendrons ainsi répondre : « C'est le Qi. » Les Chinois semblent être des poissons nageant dans une mer de Qi. Mais qu'est-ce donc que le Qi ? Les textes anciens disent qu'il est la « racine de l'homme ». L'idéogramme qui le représente figure une marmite de riz posée sur le feu dont le couvercle est soulevé par la vapeur, évoquant ainsi une force dynamique. Les sinologues proposent de le traduire par « souffle », au sens classique de force qui anime, cependant, l'usage a prévalu de le rendre par « énergie ».

Selon la tradition médicale chinoise, qui, avec ses cinq mille ans de continuité, est l'une des plus anciennes au monde, l'homme est ainsi animé par une énergie cosmique qui s'exprime sous la forme de deux forces : le yin et le yang. S'il veut conserver la santé, il doit maintenir l'équilibre entre ces forces. Pour l'y aider la médecine traditionnelle chinoise lui offre une vaste gamme de recours, tous fondés sur ce même concept de circulation et d'équilibre énergétique. **Tout dans l'univers se correspond et communique ; il en est de même dans notre corps**.

Disons donc que le Qi est une énergie de vie qui circule partout dans l'univers et, en particulier, dans le corps humain, où l'on peut en distinguer diverses manifestations. Une telle énergie a été reconnue sous des noms divers au travers des siècles et des civilisations. Le Qi est l'équivalent du Prana de la tradition indienne, mot qui signifie littéralement « souffle de vie », du Ki des Japonais et de l'orgone de Reich.

Cette force vitale alimente chaque cellule, chaque tissu, et parcourt l'organisme de la périphérie aux organes profonds. C'est une force interne qui nous permet d'agir, et nous pousse à agir ; plus nous avons de Qi, plus nous pouvons être actifs et créatifs. De plus, cette énergie est gage de bonne santé ; c'est pourquoi les anciens Chinois ont développé de nombreuses techniques pour la stimuler et l'entretenir. Ces approches traditionnelles nous proposent toutes de faire quelque chose avec le corps, la respiration et le mental. Agissant sur le Qi, elles agissent aussi bien sur notre corps physique que sur notre psychisme ; elles sont les alliées de notre unité corps-esprit.

Lorsque le Qi circule, les muscles
et la peau rayonnent,

Et le corps de l'homme est comme
un arbre qui élève ses branches.

Invisible
pour presque tous,
on l'ignore ;

Pourtant la haute vertu et le Qi valent de l'or.

Poème taoïste

Des fleuves et des ruisseaux d'énergie

Tout comme les fleuves qui se ramifient en rivières et ruisseaux, il existe dans le corps des canaux d'énergie d'importance variable qui distribuent le Qi du sommet de la tête jusqu'à la plante des pieds. Parcourant la totalité du corps, ces canaux en relient toutes les parties ; les acupuncteurs occidentaux les nomment méridiens. Des points particuliers, situés sur la peau, permettent d'agir sur l'écoulement de l'énergie dans ces canaux : ce sont les points d'acupuncture. Points qui ne sont pas seulement sensibles à l'insertion de très fines aiguilles, mais aussi à la chaleur, à la lumière, à la pression, et même, comme nous l'avons vu, à des courants d'énergie projetés à distance.

Pour le moment, retenons une idée : celle d'une **énergie de vie qui circule dans l'univers et dans notre corps**. Idée présente dans les traditions orientales comme dans d'autres civilisations, et que l'on retrouve chez certains auteurs modernes, comme nous le verrons plus avant. Retenons aussi le fait qu'**il est possible de diriger cette énergie grâce à la respiration et à la concentration mentale** comme le font les maîtres de qi-gong, et comme chacun, s'il le désire, peut apprendre à le faire.

Énergie, vous avez dit énergie ?

Pour faire tourner le moteur d'une voiture ou celui de la vie, il faut de l'énergie ! Pour les Grecs, l'*energeia* est une « force en action » ; pour la physique classique, c'est la faculté que possède un système de fournir du travail. L'énergie, force mystérieuse partout présente, ne se laisse pas saisir directement ; ce que nos sens ou nos appareils nous permettent d'en percevoir n'en sont que les sources : électrique, nucléaire, hydraulique, éolienne, chimique, ou les effets : lumineux, mécaniques, thermiques.

L'énergie circulante, l'électricité par exemple, forme autour d'un conducteur des champs, souvent de faible intensité, qu'il est possible de mettre en évidence, voire de mesurer. Toutes les créatures vivantes émettent ainsi un rayonnement électromagnétique. Dans le corps, les principales sources de ce rayonnement sont le cœur, le cerveau et les muscles en mouvement.

Classiquement, on reconnaît six formes principales d'énergie : mécanique, thermique, chimique, électrique, nucléaire, radiante, mais connaît-on vraiment toutes les formes que prend l'énergie ? Nos instruments scientifiques actuels permettent-ils de tout détecter ?

➤ Une énergie de vie ?

Du feu divin des anciens Grecs au bioplasma des chercheurs russes, en passant par le Qi des acupuncteurs, le Prana des yogis, la force vitale des homéopathes et l'orgone de Reich, le concept d'énergie vitale s'étend au travers des siècles et des cultures. Les milliers de personnes rassemblées, il y a quelques années à Paris, devant des spécialistes du monde entier pour un congrès sur le « corps énergétique » témoignent d'un intérêt toujours actuel pour cette question.

L'énergie est à l'origine de tout, elle préexiste à la matière et l'oriente vers le phénomène vital ; la matière est une forme d'énergie structurée. Est-ce à dire, pour autant, qu'il existe une énergie spécifique, que l'on pourrait appeler énergie de vie ? Cette question est fort débattue. Les sociétés antiques ne dissociaient pas corps et cosmos ; pour elles, le corps, la cité, le champ, le ciel étaient confrontés à une seule et même vitalité, et l'on ne peut s'étonner qu'Hippocrate ait admis l'existence d'un fluide vital qu'il nommait *Enormon*. Cette idée perdurera au travers des siècles mais, aujourd'hui, la médecine a éliminé de sa trousse à concepts celui d'une énergie créatrice, organisatrice. Elle se méfie même des relents métaphysiques de l'« élan vital », postulé par un philosophe comme Bergson (1859-1941). Et, lorsqu'on lit sous la plume d'un médecin du XIXe siècle que « la force vitale est l'agent le plus subtil, le plus pénétrant et le plus invisible que nous ayons trouvé », on tend à en sourire aujourd'hui. C'est que pour la science officielle, si énergie il y a dans le corps (et il y en a !), celle-ci ne peut être que le résultat de dégradations chimiques, l'effet du métabolisme des aliments. On a ainsi calculé qu'un cycliste pourrait parcourir 2 400 kilomètres en utilisant comme seul combustible l'énergie fournie par son alimentation, ce qui équivaudrait à 3,5 litres d'essence et ne polluerait pas le milieu ambiant !...

Lorsque, en plein milieu du XXe siècle, un chercheur comme Wilhelm Reich (1897-1957), médecin, psychiatre et psychanalyste, s'adonne à des recherches en biologie et en biophysique et postule l'existence d'une « énergie cosmique universelle agissant comme énergie biologique spécifique chez les êtres vivants » – ce qui, après tout, serait une parfaite définition du Prana et du Qi –, il suscite la moquerie. Pourtant, nous avons tous, intuitivement, la certitude qu'une telle énergie existe, et que ni la physique ni la chimie ne peuvent, à elles seules, rendre pleinement compte du phénomène Vie. Comme le disent de nombreux scientifiques : « L'absence de preuve (mesures, dosages, mise en évidence au laboratoire...) n'est pas la preuve d'une absence . » Alors, le plus sage est peut-être d'inclure sous le terme « énergie » toutes les formes connues et celles encore non reconnues.

➤ L'énergie « satanisée »

Si déjà, hormis les acupuncteurs et les homéopathes, peu de médecins (et moins encore de psychologues !) s'intéressent à la dimension énergétique de l'être humain, voici que, depuis quelques années, en France surtout, la question se complique. C'est qu'en effet, par crainte de dérives sectaires, toute référence à l'énergie, surtout si celle-ci n'entre pas dans le cadre strict de la physique classique, risque de se voir « satanisée ». Cet état de fait est regrettable, tout comme est hautement regrettable l'emprise manipulatrice de certains groupes humains. Regrettable, disons-nous, car demain, peut-être, par crainte d'être assimilé à ces organisations sectaires, plus personne n'osera publiquement reconnaître qu'il prie, qu'il médite, qu'il pratique le contrôle mental ou la respiration consciente, alors que ces pratiques ont depuis des millénaires aidé l'homme à mieux se comprendre, à comprendre l'univers et à vivre plus sereinement.

Précisons donc, si besoin est, que nous ne demandons à personne de « croire » quoi que ce soit ; ce qui suit n'est pas affaire de croyance, mais d'expérience. Les références philosophiques que nous donnons le sont, non à titre de doctrine, mais d'illustration. Chacun peut, s'il en a le désir, expérimenter par lui-même les effets des techniques psychophysiologiques que nous présentons et que nous avons nous-mêmes expérimentées depuis de longues années, et se faire sa propre idée sur la question.

➤ Un commun dénominateur, l'énergie

Dans notre organisme, les fonctions physiques et psychiques sont alimentées par un même apport d'énergie. Psychique et physiologique répondent aux mêmes lois, et se répondent l'un l'autre au sein du psychosoma. Sans énergie, il n'y a ni vie ni pensée possible. Pour les Chinois, les symptômes physiques et mentaux sont le reflet d'un déséquilibre dans la circulation du Qi. Wilhelm Reich, qui nomme l'énergie vitale « orgone», soutient la même proposition.

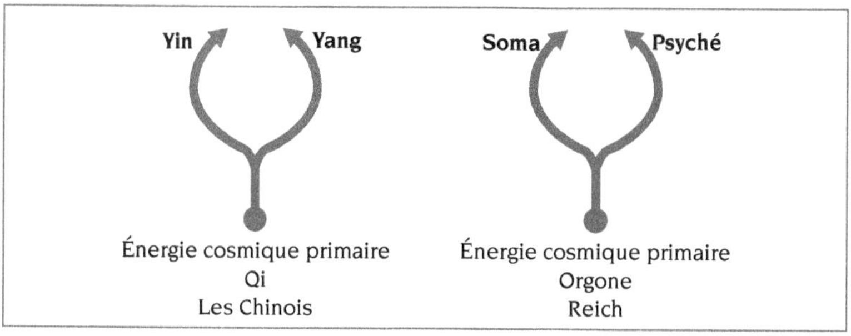

Schéma 15 › L'énergie cosmique primaire selon les Chinois et selon Reich.

Une fois yin, une fois yang...

L'acupuncture et le qi-gong ne représentent qu'une partie des recours de la médecine traditionnelle chinoise qui, elle-même, fait partie d'un tout : la philosophie taoïste. Pour mieux comprendre la pensée qui sous-tend ces pratiques et en tirer un plus grand profit, empruntons un instant les chemins de la philosophie.

L'homme vit entre terre et ciel. Fils de la terre et du ciel, il est à l'image du ciel-yang et de la terre-yin et représente à lui seul un petit univers (microcosme) en interdépendance étroite avec le grand univers (macrocosme). Vieux couple, yin et yang sont inséparables : *Yinyang*, dit-on en Chine. L'un ne va pas sans l'autre, aucun n'existe isolément, on va de yin à yang, et on y revient pour en repartir, dans un mouvement d'évolution constant. Tout n'est qu'oscillation, vibration, alternance, relativité ; la nuit succède au jour et précède le jour suivant. Lorsque le yin décroît, le yang croît et réciproquement ; leur représentation symbolique traditionnelle exprime cela de façon condensée, tel l'instantané d'un mouvement.

Schéma 16 › Le tai-chi (figure de la grande énergie) représente l'union dynamique des énergies yin (noir) et yang (blanc).

Dans le corps, les effets du yin et du yang sont opposés et complémentaires comme ceux du système nerveux végétatif qui assure la régulation des fonctions de base de notre corps avec le parasympathique qui freine et l'orthosympathique qui accélère.

Dur comme le bois mort,
si le vent souffle, tu rompras.

Souple comme l'herbe,
si le vent souffle, tu plieras.

Tel le bambou,
tu te courberas et reprendras
ta place.

Telle est la voie du yin et du yang.

Poème taoïste

➤ Et le Tao ?

Clef de voûte de la philosophie qui sous-tend les conceptions de santé en Chine, le Tao ne se laisse pas facilement définir. L'idéogramme chinois *tao* indique un chemin, une voie, un mouvement vers. Invisible, impalpable, le Tao est le principe impersonnel et incréé qui régit l'univers, ce sans quoi les choses ne pourraient être ; de par lui tout dérive, dont le Qi, en un flux continu où les opposés s'harmonisent et se transforment. Pour vivre en équilibre, l'homme doit se libérer des entraves intellectuelles, des vérités établies, faire le vide intérieur et maintenir en lui l'harmonie des forces cosmiques. Planté entre le monde d'en haut et le monde d'en bas, tel l'arbre, il puise ses énergies dans l'un comme dans l'autre, mais, plus que chêne, il est roseau et n'offre pas de résistance inutile aux forces qui le ploient. Il peut ainsi mieux se relever.

➤ Orgasme et énergie

Pour les adeptes du Tao, qui recherchent en toutes choses la parfaite harmonie par l'équilibre des contraires, la femme et l'homme sont les représentants emblématiques du yin et du yang, de la terre et du ciel. Leur union leur permet de s'élever jusqu'à l'harmonie du cosmos.

Parmi les penseurs modernes, un homme a centré sa recherche sur la fonction de l'orgasme : Wilhelm Reich. Démontrant que la libre circulation de l'énergie au travers de l'organisme est un facteur crucial de santé physique et mentale, il montre aussi comment celle-ci se voit facilitée par une décharge adéquate des tensions physiques et psychiques grâce à l'orgasme. En cela il rejoint les enseignements du Tao. Mais Reich veut aller plus loin. Préoccupé par la « misère sexuelle », c'est-à-dire par la pauvreté des échanges affectifs et amoureux dans la société, il souligne le clivage culturel qui existe entre sexe et amour et propose des moyens thérapeutiques, éducatifs et sociaux pour réduire ce dernier, afin d'aider chacun à retrouver une unité interne où tête, corps et cœur parleraient le même langage.

C'est que, comme nous l'avons vu au chapitre précédent, lorsque notre psychosoma est cuirassé de peurs et d'interdits, il ne peut s'abandonner librement à la puissance des émotions. La retenue de l'onde orgastique par les blocages qui entravent le corps est la source de nombreux troubles. En effet, le manque de liberté orgastique, la pauvreté des échanges amoureux tendent à accroître les rigidités caractérielles ; le contact avec la vie s'appauvrit, la joie de vivre aussi.

➤ Nourrir le principe vital

Nourrir le principe vital, c'est renforcer en soi-même le Qi ou énergie de vie, ce qui pour les taoïstes veut dire vivre dans l'unité corps-esprit en conformité avec les lois du cosmos. C'est aussi pratiquer respiration, méditation, concentration, exercices physiques traditionnels, avoir une alimentation équilibrée, parfois recours aux massages ou à l'acupuncture et, quand besoin est, prendre des remèdes.

Tout comme l'Inde, la Chine antique a, depuis la plus haute Antiquité, élaboré des techniques du corps, de nombreux textes anciens en attestent, mais en Occident on connaît mieux le yoga que ces pratiques chères aux vieux moines taoïstes. Pourtant, leurs effets touchent aussi bien l'esprit que le corps, et leur intérêt est toujours actuel. Si l'on n'espère plus, grâce à elles, atteindre à l'immortalité, on en espère encore une jeunesse prolongée. En Chine, on les appelle toujours « techniques de longue vie ».

Leur intérêt pratique est de maintenir la souplesse du corps et des articulations, d'activer le souffle, la circulation du sang et de l'énergie. Techniques douces, lentes, progressives, ces pratiques détendent et tranquillisent l'esprit, équilibrent le yin et le yang, invitent à une meilleure connaissance de soi, et aident à renforcer l'unité corps-esprit. Toutes accordent une importance particulière à la respiration, car comme le dit un proverbe chinois : « Si tu changes ta respiration, tu changes tes sentiments. »

Exercice

« Cracher le vieux, faire entrer le neuf… »

C'est là une expression chinoise ancienne qui se réfère à une technique de respiration consciente : cracher le souffle vieux et faire entrer le neuf.

Pour en faire l'expérience, asseyez-vous confortablement sur un siège, chaise, fauteuil ou tabouret, qui vous permette de bien poser les pieds au sol et de maintenir votre dos droit.

Tout d'abord, relâchez vos muscles comme vous avez déjà appris à le faire dans les chapitres précédents. Relâchez bien l'espace entre vos sourcils, vos mâchoires, vos épaules. Assurez-vous que votre respiration est libre, non entravée par une ceinture, ou des vêtements trop serrés.

Posez vos mains l'une sur l'autre à la hauteur de votre nombril.

»

»

Suite...

Fermez doucement les yeux et prenez conscience de la présence de vos mains : poids, contact, chaleur sur votre nombril. Là est l'« Océan du Souffle », la « Mer des Énergies » : *Hara* pour les Japonais ; *Tan-tien* pour les Chinois ; le centre vital de l'homme.

Maintenez bien votre conscience dans ce contact.

Et maintenant expirez profondément par la bouche. Crachez l'air comme si vous crachiez une boisson amère.

Vos poumons se vident et se préparent à recevoir de l'air neuf. Ne vous hâtez pas. Il y a dans vos poumons encore assez d'air (air résiduel) pour vous permettre de faire une petite pause.

Et maintenant, inspirez par le nez en imaginant que vous conduisez l'air jusqu'à votre nombril.

Inspirez doucement en gonflant bien le ventre comme vous gonfleriez un ballon. Prenez votre temps, puis à nouveau crachez l'air.

Continuez, continuez... Prenez le temps de vous familiariser avec cette façon de respirer.

Maintenant que vous avez « pris le coup », vous pouvez imaginer qu'en « crachant le vieux » vous vous débarrassez de choses qui vous encombrent, de choses qui vous oppressent, que vous « faites le ménage » non seulement dans vos poumons, mais dans tout votre corps et aussi dans votre esprit.

Savourez l'air neuf et frais que vous inspirez. Imaginez que vous vous remplissez de choses bonnes, d'énergies nouvelles, réconfortantes.

Prolongez cette expérience tout le temps que vous le désirez, puis ouvrez les yeux, étirez-vous doucement. Bâillez si vous en avez envie.

Comment vous sentez-vous à présent ?

Ces jeux avec notre respiration sont un premier entraînement, une introduction à des pratiques plus avancées. Ils constituent aussi une pratique en soi ; ne les négligez donc pas. Si vous en faites vos alliés, vous découvrirez rapidement tout le parti que vous pouvez en tirer et comment, en bien des circonstances, ils vont vous aider.

➤ Unifiez votre corps et votre esprit...

« Unifiez votre corps et votre esprit, et quand ils ne feront plus qu'un, tirez ! » répétaient les anciens maîtres de tir à l'arc japonais à leurs disciples. Durant de longs mois, ils leur enseignaient à bien tenir l'arc, le bander, viser la cible, mais ne les laissaient pas se servir d'une flèche ; la consigne était de tirer mentalement sur la cible. Le maître était si intransigeant sur la perfection de la posture, sur la profondeur de la concentration, qu'il arrivait que, de guerre lasse, tous abandonnent à l'exception d'un seul. Le maître ne s'occupait plus alors que de cet unique disciple. Il l'entraînait à ne faire qu'un entre corps et arc, flèche et esprit, puis à fondre le tout, unifier le tout dans un seul jet d'énergie. Au bout de trois ans, il lui permettait enfin de décocher des flèches. Alors, chaque fois qu'il tirait, le disciple touchait le cœur de la cible.

Un tel entraînement, une telle discipline peuvent faire rêver, mais ne semblent guère à notre portée aujourd'hui. Cela veut-il dire que nous ne puissions pas avoir accès aux bénéfices de cette unification de l'esprit et du corps qu'enseignaient les vieux maîtres ? Point du tout, nous allons voir quelques principes fondamentaux pour renforcer cette union.

Exercice

Les quatre principes pour unifier corps et esprit

Ces quatre principes, que chacun peut expérimenter par soi-même, et même enseigner aux enfants sous forme de jeu, sont :

› 1. Concentrer sa pensée sur un seul point.

› 2. Se détendre complètement.

› 3. Maintenir le poids dans le bas du corps.

› 4. Diffuser la force vitale jusqu'aux extrémités.

»

Suite…

■ **Préalable**

Avant tout, il convient de s'asseoir confortablement sur une chaise ou dans un fauteuil. À moins que vous n'en ayez déjà une grande expérience, évitez les postures au sol, trop difficiles à tenir, vous risqueriez d'attraper mal au dos.

Bien assis donc, étirez doucement votre colonne vertébrale en venant coller votre menton sur votre cou. Vous sentez que vos vertèbres s'alignent comme des cubes bien empilés les uns sur les autres. Ne forcez pas trop. Vous pouvez vous appuyer contre le dossier de votre siège pour aider votre dos à garder cette position.

Posez votre main droite sur vos cuisses paume vers le ciel, la gauche par-dessus, paume vers le ciel aussi, l'extrémité de vos pouces se rejoint ; ou croisez les mains : droite en dessous, gauche par-dessus.

Abaissez doucement les paupières, sans fermer complètement les yeux. Ainsi vous ne risquerez pas de vous endormir.

Relâchez les muscles de votre visage et tout particulièrement les mâchoires. Déjà vous sentez un plus grand calme en vous.

Assurez-vous que vos pieds sont bien en contact avec le sol et, pour renforcer votre enracinement, imaginez qu'à partir de la plante de vos pieds vous poussez de longues racines vers le centre de la terre. Vous voilà énergétiquement ancré.

Imaginez maintenant que vous êtes une plante, un arbre, une fleur… Imaginez, sentez même, comment vous puisez l'énergie du sol par vos racines (vos pieds), et celle du soleil par le sommet de votre tête. Tout votre être s'en trouve invigoré.

Si vous souhaitez que l'énergie circule plus complètement dans votre corps, vous pouvez maintenant coller la pointe de votre langue sur votre palais. Mais, si cela vous semble difficile ou incommode, ne le faites pas. Il est important que tout ce qui va suivre soit agréable pour vous. Prenez-le comme un jeu ; c'est un jeu entre votre corps et votre esprit.

Et maintenant :

■ **1. Concentrez-vous sur un point**

Ce point, utilisé dans de nombreuses formes de méditation orientales et dans la pratique des arts martiaux, est situé à deux

»

Suite…

travers de doigts au-dessous du nombril. Situons-le pour simplifier dans le nombril et appelons-le : point du nombril.

Imaginez d'abord que ce point a la taille d'une petite pièce de monnaie (si cela vous aide, donnez-lui une couleur), puis jouez à le réduire de moitié, et encore de moitié. Encore de moitié…

Petit à petit le point diminue. Bientôt il est gros comme un confetti, comme une mine de crayon, comme une pointe d'épingle, plus petit encore. Ce qu'il perd en surface, il le gagne en densité. En vous concentrant sur ce point, vous concentrez l'énergie (la force vitale) dans votre bas-ventre et tout votre corps en tire bénéfice.

Si votre esprit s'échappe vers d'autres pensées, ramenez-le sur le point. Pour le moment, il n'y a que ce point qui vous intéresse ; ce seul point dans tout l'univers. L'univers est en vous.

■ 2. Détendez-vous complètement

Imaginez maintenant que vous respirez dans ce point. À chaque inspiration, vous amenez mentalement l'air jusqu'à lui ; à chaque expiration, vous faites sortir l'air de lui.

C'est un jeu ; votre imagination (votre esprit) joue avec votre corps. Corps et esprit s'enlacent comme deux dragons joueurs.

Votre corps se détend. Plus, encore plus… La tête, le tronc, les membres. Plus, encore plus…

Chaque respiration vous détend plus encore. Chaque expiration libère votre corps, dégage votre esprit.

Détendez bien vos tempes, dénouez vos sourcils, relâchez plus encore votre mâchoire. Votre pensée flotte librement.

Savourez ce bien-être. Et laissez fondre encore, et encore, les tensions inutiles, connues et méconnues, de votre corps et de votre esprit. Déverrouillez votre front, vos tempes, la zone de votre mâchoire et de vos yeux. Ne crispez pas votre pensée, laissez-la aller et venir, flotter.

Vous êtes maintenant comme le roseau de la fable qui plie mais ne rompt point ; votre force est plus grande que celle du chêne.

»

Suite...

■ **3. Concentrez votre poids dans le bas de votre corps**

À chaque expiration, sentez maintenant comment le bas de votre corps se fait plus lourd, plus dense. Plus lourd, plus dense...

Vos hanches, vos jambes, vos pieds s'alourdissent agréablement. Vous gagnez en assise, en ancrage, en solidité. Par contraste, sentez comme le haut de votre corps devient plus léger. Votre tête aussi... Vos épaules... Votre buste... Savourez la force que vous donne ce socle d'énergie dans le bas de votre corps. Maintenant vous êtes encore mieux enraciné ; rien ni personne ne peut vous bousculer.

■ **4. Faites que la force vitale s'étende dans tout votre corps, et même au-delà**

Pour développer la force vitale en vous, imaginez qu'à partir du point du nombril, elle s'étend à toutes les parties de votre corps comme un soleil qui rayonne.

Vous êtes comme un ballon qu'on gonfle, comme une boule d'énergie, une galaxie en expansion...

S'il vous vient des images personnelles qui renforcent cette sensation, utilisez-les. Vos images intimes, vos symboles personnels sont les plus efficaces parce qu'ils sont à vous, nés de votre propre imagination. Et ici l'imagination vous sert à guider la pensée et l'énergie qui lui est liée.

Même si vous ne le croyez pas, faites donc l'expérience. Après tout, ce n'est qu'un jeu. Une fois encore votre esprit et votre corps jouent ensemble.

Comme la pensée guide le mouvement, elle guide ici l'énergie. Menez-la aussi dans vos mains, dans vos pieds, là où vous voulez.

Et maintenant, imaginez, pensez, dites-vous que cette énergie jaillit par vos doigts, par vos pieds, par votre peau, par tous vos pores. Vous êtes entouré d'énergie, irradiant comme un soleil. Laissez votre esprit jouer avec cette représentation.

»

Suite...

■ Et pour finir

Avant de terminer, dites-vous que la prochaine fois il vous sera plus facile, plus aisé, de réaliser ce genre d'exercices. C'est vrai. Corps et esprit apprennent ensemble à renforcer leur cohésion.

Maintenant, expirez doucement. Plusieurs fois.

Vous allez reprendre mentalement contact avec ce qui vous entoure : formes, couleurs, personnes, objets... Puis vous ouvrez doucement les yeux, vous vous étirez, vous bâillez si vous en avez envie...

Prenez le temps de savourer le calme intérieur qui vous habite, le bien-être de votre corps.

Peut-être n'êtes-vous pas complètement satisfait ? Peut-être avez-vous l'impression de ne pas y être complètement arrivé ? Ne vous inquiétez pas. Quoi que vous ayez obtenu, félicitez-vous de ce que vous venez de faire. C'est un grand pas dans l'harmonisation de votre psychosoma. Votre organisme vous en sera reconnaissant.

Chaque pratique facilite la suivante. Chaque pas trace le chemin. Votre corps et votre esprit s'habituent à jouer plus librement ensemble.

Et si vous pratiquez avec quelqu'un d'autre, racontez-vous vos expériences (sensations, images, pensées...). On s'enrichit toujours mutuellement.

➤ C'est la pratique qui fait le maître

Et maintenant, il ne reste plus qu'à pratiquer régulièrement. Pratiquez encore, encore, et encore !... N'oubliez pas qu'en ce domaine comme en n'importe quel autre, c'est en pratiquant qu'on devient expert. Chaque expérience est un pas en avant. Un peu de détente, c'est un peu moins de stress. Un peu de calme, moins de nervosité. Notre corps en bénéficie dans son ensemble, notre esprit aussi, et l'harmonie entre les deux s'en trouve renforcée.

Vous pouvez expérimenter les quatre principes à la suite l'un de l'autre, ou seulement l'un, seulement l'autre ; ils sont équivalents ; chacun vous mène à plus de cohésion, plus d'harmonie entre esprit et corps, corps et esprit. Les dragons s'enlacent et jouent à l'infini. N'oublions pas que l'esprit et le corps sont fondamentalement un, que toute séparation entre eux n'est qu'artificielle, théorique. Dans la vie concrète, il existe une unité fonctionnelle entre le corps et l'esprit, une organisation unitaire dynamique ; ce ne sont pas des pièces rapportées, mais un entrelacs qui forme ce que nous appelons le psychosoma.

Pendant des siècles, les médecins se sont préoccupés de guérir corps et âmes, et il en est encore ainsi de nos jours dans la médecine orientale, dans de nombreuses médecines traditionnelles et dans des médecines alternatives ou complémentaires comme l'homéopathie ou l'ostéopathie. Quant à la médecine occidentale « officielle », plus celle-ci est devenue matérialiste et plus cette vision s'est estompée. On tient généralement Descartes, qui dans ses spéculations philosophiques divisa l'être humain en deux entités différentes : corps et esprit, pour responsable de ce clivage. L'approche psychosomatique, elle, s'efforce de combler ce fossé.

➤ Énergie et information

D'un point de vue biophysique, l'être humain, comme tous les êtres vivants, est un système ouvert. Il échange de l'information-matière et de l'information-énergie avec son environnement. Informer, au sens étymologique, c'est donner forme, mettre en forme. Liée aux échanges énergétiques, véhiculée par eux, en tous moments, en tous lieux, de l'information circule entre l'organisme et son milieu de vie, mais aussi à l'intérieur de l'organisme entre l'esprit et le corps, le corps et l'esprit ; leurs liaisons sont permanentes.

Ce que nous nommons « intelligence du corps » repose sur ces échanges constants d'information à tous les niveaux, à tous les étages. L'ADN contenu dans les chromosomes, chaque cellule et le corps tout entier sont des réservoirs de mémoire et d'information. Ainsi pouvons-nous dire que nous sommes des émetteurs-récepteurs d'information, à l'intérieur de nous-mêmes et avec notre environnement. Le risque, car risque il y a, est de ne prêter attention qu'aux informations externes, de nous perdre dans l'environnement et de ne pas faire assez cas de ce que notre corps nous dit. Parfois ses signaux sont ténus, légers et nous avons du mal à les saisir à cause du bruit extérieur. Alors pourquoi, de temps en temps, ne pas éteindre la radio, débrancher la télévision, faire taire le walkman, et nous connecter sur nos sources intérieures ? Et pourquoi ne pas le faire tout de suite ?

Exercice

À l'écoute de moi-même...

Comme vous savez bien le faire maintenant, commencez par vous installer confortablement sur une chaise, dans un fauteuil ou allongé sur un lit. Fermez doucement les yeux : laissez votre corps se détendre.

Je respire doucement, profondément, et je prends conscience de ma respiration. Je savoure l'air frais qui entre par mon nez, l'air plus tiède et plus humide qui en sort.

Je respire doucement, tranquillement, sans forcer ma respiration, et laisse mon corps se détendre de plus en plus ; mon ventre se gonfler et se dégonfler rythmiquement.

L'agitation, les bruits extérieurs ne me dérangent pas ; simplement ils s'éloignent, je ne fais plus attention à eux.

Mon corps se fait lourd, plus lourd. Ma respiration est calme et régulière. Mon cœur tranquille et régulier.

Je dirige ma pensée vers l'endroit où bat mon cœur. J'imagine que je respire à cet endroit.

Et je laisse s'ouvrir mon esprit comme s'ouvre une fleur. J'écoute mon cœur, j'écoute mon corps. Que me disent-ils ? J'écoute mon cœur, j'écoute mon corps, et mon esprit aussi. Je m'écoute. Y a-t-il des pensées qui s'imposent à moi ? Des préoccupations ? Que veulent-elles me dire ?

Maintenant que je les ai écoutées, je les laisse se dissiper comme une fumée légère qui s'échappe avec mon expiration.

Avant de terminer et d'ouvrir à nouveau les yeux, je pense au lieu où je suis, aux couleurs, à la lumière. Les paupières encore fermées, je reprends contact avec l'environnement et, lorsque je le souhaite, j'ouvre doucement les yeux.

Comment vous sentez-vous maintenant ?

➤ L'énergie signal

Malgré ses nombreux systèmes d'autorégulation, le complexe système énergétique qu'est notre organisme a parfois des difficultés à maintenir son précieux équilibre interne ; il a besoin d'une intervention correctrice. Il convient alors, comme en cybernétique, de faire entrer une information nouvelle dans le système. Celle-ci peut prendre la forme d'un médicament, d'une dose homéopathique, d'un massage, d'une manipulation vertébrale, d'une aiguille d'acupuncture ou de tout autre remède.

Sur le plan mental aussi nous avons besoin d'informations nouvelles ; sans elles, nous tournons en rond dans les mêmes circuits de connaissance et de signification, parfois jusqu'à l'épuisement. C'est alors qu'une conférence, une lecture, une réflexion, une pensée, une image, qui vont agir comme un signal nouveau, peuvent relancer le système.

Les pensées, les informations, les schémas, les illustrations, nous permettent de créer les nouvelles images mentales, les nouvelles représentations dont nous avons besoin. Elles nous aident à mieux comprendre la merveilleuse organisation interne de notre corps, à regarder les choses d'un œil neuf. Cela élargit notre capacité à nous mettre en relation avec notre monde intérieur, à donner un sens nouveau à nos vécus, et donc à modifier nos attitudes vis-à-vis des événements de notre vie. Et si nous associons une représentation mentale au traitement que nous avons choisi, comme il est habituel de le faire en visualisation positive, les effets s'en trouveront potentialisés d'autant.

« Il est très possible que nous contemplions le monde à l'envers et que nous puissions trouver la réponse juste en modifiant notre point de vue, et en le considérant sous l'autre face, c'est-à-dire non du dehors, mais du dedans », pensait Jung.

➤ Quand la physique a un grain...

Lorsque, le 14 décembre 1900, Max Planck lit, devant la société de physique de Berlin, son mémoire sur le problème du rayonnement du corps noir, sait-il qu'avec un tout petit grain d'énergie il va bouleverser toute la science ? C'est pourtant bien ce qui va se passer, et, plus d'un siècle plus tard, la physique quantique, aujourd'hui présente dans tous les laboratoires où l'on étudie atomes, noyaux et particules, n'a pas fini de faire des siennes. Posant des problèmes théoriques ardus dont certains sont loin d'être résolus, cette nouvelle vision de la physique a déjà à son actif de belles réalisations pratiques dont nous tirons parti dans notre vie quotidienne : transistors, lasers, supraconducteurs, etc. Et voilà qu'elle se lance à l'assaut de la médecine !...

Mais, d'abord, qu'est-ce qu'un *quantum* (au pluriel : des *quanta*) ? C'est une quantité, une très petite quantité d'énergie, un grain d'énergie émis par l'atome. De la boule de billard au grain d'énergie en passant par la molécule, l'atome et la particule subatomique, il existe dans l'univers plusieurs niveaux de réalité plus ou moins faciles à observer. Le niveau quantique, lui, n'est observable et représentable que par des formules mathématiques. Pour Descartes, Newton, et pour toute la physique classique, les objets étaient indépendants les uns des autres ; ils étaient donc séparables. Après l'intrusion de la physique quantique, il n'en va plus de même. Celle-ci nous oblige à remettre en question nos conceptions les plus familières ; elle nous apporte une perception inédite de l'espace et du temps.

À très petite échelle, en deçà de l'atome, les choses ne se comportent pas comme ce que nous permettent de saisir nos sens. « Elles ne se comportent pas comme des ondes, elles ne se comportent pas comme des particules, elles ne se comportent pas comme des nuages, ni comme des boules de billard, ni comme des poids sur une corde, ni comme rien de ce que vous ayez jamais vu », disait le grand théoricien Richard Feynman. Alors, que font-elles,

les « choses » ? À ce niveau de réalité, elles n'obéissent plus à une règle de causalité stricte ; elles ne relèvent que de lois probabilistes. Il nous faut donc penser onde et particule à la fois. Cela a été démontré par le physicien français Louis de Broglie en 1923. Ainsi, la lumière tout à la fois s'étend dans l'espace comme une onde et est constituée par d'infimes particules : les photons.

Si nous appliquons les concepts de la physique quantique à la compréhension de ce qui caractérise notre unité corps-esprit, nous pouvons dire que celle-ci est sous-tendue par une énergie qui fait que le corps et l'esprit pourraient n'être pas plus séparables que l'onde et la particule. En effet, si onde et particule ne sont pas séparables, pourquoi corps et esprit le seraient-ils ? Grâce à la physique quantique et à son principe de non-séparabilité, le saut du psychique au somatique devient moins incompréhensible, même s'il reste encore bien mystérieux. De plus, la physique physique quantique nous apprend qu'au niveau des particules élémentaires il y a présence d'information, et même d'intelligence, voire d'intention ! Par exemple, les photons portent en eux des informations sur le milieu qui les a émis et celui qu'ils ont traversé.

La médecine conventionnelle intègre-t-elle ces nouvelles données à la compréhension de la maladie ? Non, mais une nouvelle approche se fait jour : la médecine quantique, qui semble représenter un axe possible pour les thérapeutiques à venir.

➤ Vers une médecine quantique ?...

Cette médecine, qui depuis une bonne vingtaine d'années fait l'objet de recherches de pointe en Russie, se fonde sur les développements les plus récents de la physique du même nom. Chemin faisant, elle retrouve les connaissances millénaires des médecines orientales. Pour le docteur Youri Kheffeits, chercheur à l'Institut d'énergétique de Moscou, la santé « consiste dans l'harmonie des relations énergétiques d'information entre l'individu (le sujet) et la nature (l'objet) ; cette harmonie s'exprime par l'homéostasie [l'équilibre] de l'organisme sur le plan physique, mental et spirituel ».

Dans ses applications, la médecine quantique ne fait pas appel à l'action de substances chimiques sur le corps, mais à des réactions d'ondes ou de champs électromagnétiques. Réactions qui visent à ramener l'organisme à son point d'équilibre. Pour ce faire, elle ne nécessite pas l'application de grandes quantités d'énergie, mais seulement l'émission (totalement inoffensive) de très faibles rayonnements que le patient ne perçoit même pas. Ceux-ci agissent comme des signaux porteurs d'un certain type d'information qui met en œuvre les capacités d'adaptation cachées dans l'organisme.

... Et une psychosomatique ?

Dans l'approche spécifique que nous avons développée, approche nourrie de nombreuses expériences tant cliniques que personnelles, il nous semble primordial de resituer chaque problème dans sa globalité. C'est-à-dire, concrètement, de considérer la personne comme un sujet qui « habite » son corps d'une façon originale et, quelle que soit la grille de lecture du symptôme que l'on utilise, de resituer celui-ci dans son histoire de vie, sa personnalité, son environnement, ses circonstances actuelles. C'est pourquoi nous sommes spécialement attentifs à la manière dont s'exprime l'énergie de la personne, comment elle circule dans son organisme, quel est son niveau, quels blocages elle rencontre. Attentifs aussi à associer à tout traitement un travail psychocorporel destiné à envoyer au corps souffrant l'information susceptible de l'aider à se réorganiser.

Une telle approche peut intégrer les données de n'importe quelle forme de médecine, pour autant que le système de pensée qui sous-tend celle-ci considère la personne dans son indivisible unité corps-esprit. Aussi trouve-t-elle naturellement à s'associer aux conceptions énergétiques que proposent la médecine traditionnelle chinoise, l'ayurveda indien, l'ostéopathie ou la médecine quantique, mais n'exclut, en fait, aucune autre forme de médecine ou de thérapeutique. D'ailleurs, quel que soit le cadre de référence du soignant, quelle que soit son approche, quelle que soit sa technique, le malade est et reste un être psychosomatique unitaire, qui réagit à la rencontre avec tout son corps et son esprit. C'est-à-dire avec ses modifications biologiques et physiologiques, bien sûr, mais aussi avec ses sensations, ses idées, ses émotions, ses souvenirs, ses interprétations. **Ces divers aspects de la réalité du malade font de lui bien plus qu'un être moléculaire**. À ne pas être pris en compte, ils peuvent jouer un rôle négatif à l'insu de tous, alors qu'ils pourraient être utilisés comme facteurs de guérison à part entière.

7 chapitre

Mon médecin intérieur

« Ce n'est pas le médecin qui vient à bout de la maladie, mais le malade », affirmait, au début du siècle dernier, Georg Groddeck, médecin et ami de Freud. Et le professeur Zarifian souligne : « En accaparant le pouvoir de guérir, le soignant pénalise le soigné : il ne lui laisse pas inventer ses propres solutions. »

Aujourd'hui, le nombre de thérapies qui nous proposent d'aller mieux physiquement ou psychiquement est impressionnant. Toutefois, à bien y réfléchir, quel que soit le mécanisme de guérison qu'elles mettent (ou prétendent mettre) en jeu, que celui-ci soit physique, biochimique, énergétique, psychique, ou spirituel, pour que la guérison advienne, ce sont les mécanismes d'autoguérison de l'organisme qu'il leur faut stimuler ou, à tout le moins, ne pas entraver. Par ailleurs, de nombreuses preuves nous montrent l'impact de nos images mentales et de nos pensées sur notre fonctionnement physiologique et la possibilité que nous avons de les guider, pour les utiliser en faveur de notre santé.

Dorer la pilule ?

Fabriquer des pilules est un art très ancien ; les avaler n'est pas toujours agréable. Aussi, après leur avoir incorporé les substances prescrites, souvent de forte odeur et de fort mauvais goût, l'apothicaire roulait jadis ces petites boules dans du sucre ou de l'amidon. Pour certains médicaments de haut prix, ou pour certains clients de haut prestige, il faisait mieux : il les enrobait d'une mince feuille d'or. De si précieuses pilules ne pouvaient, bien sûr, qu'avoir un effet puissant.

Émile Coué, auteur d'une méthode d'**autosuggestion consciente**, injustement décriée et sottement tournée en dérision, était pharmacien à Troyes au début du siècle dernier. Homme jovial, dégageant une énergie tranquille, et sûr de son pouvoir de conviction, il savait trouver les bonnes paroles qui décuplaient l'efficacité des pilules ou des potions qu'il délivrait, ce qui fait de lui un précurseur des actuelles méthodes de pensée positive. « Vous allez voir, ça va vous faire beaucoup de bien », disait-il. Et si, revoyant son client, celui-ci lui faisait part d'une amélioration, il ajoutait : « Vous verrez, ce n'est qu'un début, vous irez de mieux en mieux. »

Le bon M. Coué « dorait-il la pilule » à ses clients, cherchait-il à les leurrer ? Non, il était sincère. « Ce sont mes paroles qui font pencher la balance vers la guérison. Je suggestionne mes clients », disait-il et, s'adressant aux médecins, dont il se déclarait le « meilleur ami », il n'hésitait pas à leur donner ce conseil : « Si le médecin explique à son client que tel médicament devra être pris dans telle ou telle condition, et produire tel ou tel effet, presque infailliblement les résultats annoncés seront obtenus. » L'avenir lui a donné raison. Si le pharmacien moderne n'a plus de pilulier dans son officine, l'industrie pharmaceutique sait encore tirer profit des « enrobages » et de la suggestion en donnant à certains médicaments des noms évocateurs et en choisissant avec soin la couleur des gélules, dragées ou comprimés : bleu ou vert pour des sédatifs, orange ou rouge pour des fortifiants.

➤ Un nouveau médicament qui « marche bien »

Louis a mal à la tête depuis quelques jours et son vieil antidouleur ne lui fait plus rien. Il a doublé la prise de comprimés, mais ça ne s'arrange pas. Il décide donc d'aller voir son médecin. Celui-ci, qui le connaît bien, n'est pas surpris de ses plaintes. « Ah ! toujours mal à la tête », dit-il, en jetant un coup d'œil sur le dossier où il a consigné les examens complémentaires demandés lors des précédentes visites et les médicaments qu'il lui a déjà prescrits. Il lui pose quelques questions et l'examine soigneusement.

« Allez, ce n'est rien, lui dit-il. Rien de grave, mais nous allons traiter cela énergiquement. » Il sort d'un tiroir un flacon de gélules bleues. « Tenez, vous allez prendre ça. C'est un nouveau médicament qui vient des États-Unis. Il vient juste d'arriver en France. Vous ne pouvez pas encore le trouver en pharmacie, mais le laboratoire m'en a laissé quelques flacons, aussi je vous le donne. C'est souverain contre le mal de tête. Vous en prendrez une gélule avec les repas pendant trois jours, mais, vous verrez, votre mal de tête aura disparu avant. Attention, pas plus d'une gélule, c'est un médicament puissant. » Tout en disant cela, il note quelque chose sur le dossier de Louis. Le soir même celui-ci prend sa première gélule. Le lendemain, il se réveille frais et dispos ; plus trace de mal de tête. Ce que Louis ignore, et son médecin aussi qui, enthousiasmé par les essais cliniques qu'on lui a présentés, a accepté de participer à un protocole d'expérimentation en ville, c'est que, dans ces gélules, il n'y a pas l'ombre d'un médicament, seulement du sucre finement pulvérisé. Pourtant il va mieux ! C'est grâce à l'effet placebo ; un effet puissant et qui marche fort. À condition d'y croire...

➤ Objet placebo...

Le mot « placebo » vient du verbe latin *placere*, plaire ; il en est la forme future et signifie littéralement « je plairai, je ferai plaisir ». Utilisé au début du XIXe siècle pour désigner un remède prescrit plus pour faire plaisir au malade que pour lui être utile, il reparaît dans le langage médical des années 1950 avec un sens plus strict.

Dans ces années-là, l'intérêt des médecins et des pharmaciens est attiré par les effets de préparations pharmaceutiques ne contenant pas de principe actif. Depuis lors, on appelle placebo une substance dépourvue de propriétés spécifiques (lactose, eau distillée…), utilisée par comparaison dans les essais thérapeutiques pour délimiter les effets d'un médicament que l'on veut tester. C'est ainsi que, dans un essai en double insu, c'est-à-dire où ni le médecin ni le patient ne savent si le produit prescrit est actif (comme dans le cas de Louis), on donne à un groupe de malades le nouveau médicament alors qu'un autre recevra des gélules de lactose ou des injections de sérum physiologique, ces dernières étant présentées dans un conditionnement identique à celui du produit actif. Notons au passage que la forme injectable est souvent ressentie par le malade comme plus forte, plus active que les gélules ou les comprimés. Par ailleurs, l'objet placebo ne se limite pas aux préparations pharmaceutiques, il s'agit parfois d'une méthode que l'on veut tester, acupuncture (faite dans ce cas hors des points actifs), ultrasons ou rayons infrarouges dans le traitement de la douleur, ou même de certain type d'intervention chirurgicale.

C'est ainsi qu'en 2004 une équipe américaine a étudié la qualité de vie de patients atteints d'un mal de Parkinson en phase avancée pendant l'année suivant un implant de cellules fœtales (neurones producteurs de dopamine), les uns ayant reçu l'implant, les autres n'ayant fait l'objet que d'une intervention fictive (incision sur le crâne). Tous ceux qui avaient cru recevoir l'implant rapportèrent une amélioration significative de leur qualité de vie lors des contrôles effectués aux quatrième, huitième et douzième mois suivant l'intervention placebo. Les médecins traitants, ignorant ce qu'il en était vraiment (expérimentation en double aveugle), rapportèrent des résultats similaires. Cela montre combien peut être forte l'attente d'amélioration liée à un traitement particulier, et comment celle-ci est capable de produire des effets positifs chez ceux qui croient l'avoir reçu.

➤ … Et effet placebo

Pourquoi ces études en double aveugle ? Parce qu'il est important que le « faux » ait tout l'aspect du « vrai », tant pour le patient que pour le médecin. En effet, on s'est rendu compte que lorsque le médecin sait quel est le lot de médicaments inactifs, sa manière de prescrire s'en trouve inconsciemment modifiée. On a ainsi pu montrer le parallélisme qui existe entre la conviction du prescripteur concernant l'efficacité du produit qu'il administre et l'effet qu'il observe : c'est là ce qu'on nomme « effet placebo ». **Cet effet est lié à la relation entre médecin et malade ; il s'observe que le médicament soit reconnu actif ou non**. Mais la façon dont cet enthousiasme et cette attente d'efficacité sont communiqués au patient, lorsque le médecin croit au traitement qu'il prescrit, n'en est pas pour autant clairement élucidée.

Bien souvent, c'est inconsciemment que par son attitude, son discours, ses mimiques, il influence le résultat. Mais lorsqu'il a conscience qu'avec le médicament c'est un peu de lui-même qu'il prescrit, il peut sciemment « corser » sa prescription d'éléments affectifs, tout comme ce bon vieux médecin qui prescrivait des gouttes d'aubépine à une jeune fille nerveuse en prenant ses mains dans les siennes et en lui disant : « Vous en prendrez quinze gouttes chaque soir avant de vous coucher, en pensant bien à moi. »

Comme l'a démontré Émile Coué, à une époque où la suggestion vivait ses heures de gloire, toute thérapeutique, même la plus active, peut ainsi être potentialisée par la façon de la prescrire, les mots que l'on dit et, de façon plus générale, par la qualité de la relation humaine qui lie le thérapeute et le patient. Relation faite d'une grande part de confiance et d'admiration, sans doute, mais d'un certain amour aussi. Deux psychismes qui interagissent ont ainsi un réel pouvoir. S'il s'agit d'un médicament actif, l'effet placebo vient alors se superposer à son efficacité propre. Cela s'explique par le fait que nos attentes face à un traitement ne sont pas seulement des attentes conscientes, mais qu'il s'y ajoute tout ce que nous imaginons, inconsciemment, qu'il va se passer quand le médicament s'introduit dans notre corps, et ce quelle que soit la voie d'introduction.

Si ces attentes et ces représentations ont un effet positif indéniable, il est possible aussi que nous soyons influencés négativement par des informations diverses : expérience antérieure d'effets secondaires indésirables avec un médicament du même type, lecture de ceux-ci dans la notice qui accompagne le produit ou dans un répertoire pharmaceutique, sur Internet, opinion d'un voisin... On parle alors d'effet nocebo (du latin, je nuirai). Ainsi, alors qu'ils reçoivent un placebo d'antidépresseur ou d'anxiolytique, certains patients se plaignent d'effets secondaires typiques de certains de ces médicaments tels que se sentir somnolents ou avoir la bouche sèche.

Les médecins qui s'occupaient de Tom, le malade présentant une fistule qui permettait de voir directement la muqueuse de son estomac, dont nous avons parlé au chapitre 4, ont essayé l'action de divers médicaments sur l'état gastrique de ce malade. L'un d'eux était de la prostigmine, qui augmente les contractions musculaires. L'administration de ce médicament lui était pénible : elle provoquait une inflammation de la muqueuse gastrique, une abondante sécrétion acide qui entraînait des sensations de brûlure au bord de la fistule, et des crampes intestinales, souvent suivies de diarrhée. Les médecins remarquèrent qu'au bout d'un certain temps, quoi que l'on administre au malade, y compris de l'eau pure, cela provoquait une réaction du type de celle de la prostigmine. L'un d'eux prépara alors une capsule rouge, remplie d'une poudre neutre, et la lui donna en lui disant : « Je sais que ce n'est pas très agréable, mais votre collaboration à nos recherches est très importante en raison du caractère exceptionnel de votre état, et je crains d'être obligé de continuer ces expériences. » Immédiatement le malade eut une réaction intense, plus intense même qu'avec la prostigmine : le suc gastrique fut sécrété en abondance, il présenta des coliques douloureuses et eut une diarrhée immédiate.

Les effets placebo et nocebo sont, en fait, les deux versants d'un même processus psychophysiologique qui peut se manifester chez n'importe qui. Les chercheurs appellent « sujets placebo sensibles » ceux chez qui il revêt le plus d'intensité.

Depuis 2004, en France, l'étude de ces étranges effets de la relation soignant-soigné fait partie du programme officiel de l'internat des hôpitaux. Ainsi, les jeunes médecins sont-ils invités à s'intéresser à l'effet et non plus seulement à l'objet placebo. Souhaitons que cela les incite à réfléchir plus à fond sur les vertus de la relation humaine qui les lie à leurs patients et sur la nature profonde des rapports qui existent entre corps et psychisme.

➤ Derrière l'écran...

Pour ses détracteurs – qui souvent sont les mêmes à laisser tomber un : « C'est psychosomatique », sur le ton de : « Ça n'existe pas ! » –, un tel effet « psychique » ne saurait être dû qu'à la suggestion, et ils pensent que celle-ci trouverait plus sa place sur une scène de music-hall que dans un service hospitalier.

Mais voici que l'imagerie médicale (encore elle !) vient à la rescousse de l'effet placebo en l'objectivant sur écran. Dans cette nouvelle phase de la recherche, les pionniers ont été des Canadiens. En 2001, Raúl de la Fuente Fernandez et son équipe de l'université de Colombie-Britannique ont étudié, grâce à la tomographie par émission de positons (TEP), les effets d'injections de sérum physiologique chez des patients souffrant de Parkinson, qui croyaient recevoir une injection de dopamine (neuromédiateur dont le taux est abaissé dans cette maladie). L'espoir et l'attente d'une amélioration étaient tels chez ces malades que leur cerveau se mit aussitôt à sécréter de la dopamine de façon naturelle !

En 2002, des Suédois prennent le relais. Le professeur Martin Ingvar, de l'Institut Karolinska de Stockholm, montre chez trois groupes de volontaires qu'un médicament antidouleur dérivé de la morphine et un placebo activent la même zone du cerveau (cortex cingulaire antérieur).

En février 2005, Tor Wager (université du Michigan aux États-Unis), utilisant la résonance magnétique (IRM), montre, lui, qu'une douleur provoquée sur la peau par des chocs thermiques ou électriques se voit diminuée par l'application d'une crème placebo. En août 2005, c'est au tour du docteur Jon-Kar Zubieta, psychiatre de la même université, de démontrer, cette fois en couplant des images par TEP et IRM, que le cerveau de jeunes volontaires imaginant recevoir un antidouleur (en fait un placebo) se met à sécréter des morphines naturelles (endorphines). Et la recherche continue…

De telles recherches confirment que l'effet placebo a un substrat anatomique indiscutable et qu'il s'agit bien d'un effet psychophysiologique. « Psycho » car il est déclenché par une image, une pensée, une croyance, un espoir, et « physiologique » puisqu'il entraîne une modification de l'apport de glucose, véritable carburant du cerveau, dans certaines zones spécifiques que l'on peut visualiser. Mais les images n'expliquent pas tout. Quels sont les messagers qui induisent les réactions du cerveau observées sur écran et les effets observés chez les patients ? Il y a sans doute de nouveaux neurotransmetteurs ou de nouvelles hormones à identifier, et sûrement bien plus à comprendre du pouvoir de la pensée. C'est ici que la psychologie a son mot à dire.

➤ Derrière l'écran, déjà…

L'effet placebo est un phénomène corporel induit par la pensée. La suggestion est l'acte par lequel une idée est introduite dans le cerveau et acceptée par lui. Cette introduction peut se faire de manière consciente, mais le plus souvent c'est inconsciemment qu'elle opère. La suggestion peut modifier la plupart des fonctions sécrétoires et presque toutes les fonctions de l'organisme. Tous les individus fonctionnent ainsi, même s'ils se définissent comme « non suggestibles » et hautement rationnels. Les publicitaires le savent bien, eux qui l'utilisent chaque jour pour nous convaincre de la nécessité d'acheter tel ou tel produit ou pour nous vanter la supériorité de l'un d'eux sur les autres : « X lave plus blanc ! »

Ainsi commercialisée, la suggestion, qui connut ses heures de gloire à la fin du XIXe siècle où l'hypnose régnait dans les cabinets des neurologues et sur la scène des plus grands hôpitaux, n'a plus très bonne presse en ce siècle craintif d'« emprise » et de « manipulation ». Freud, lui-même, abandonna vite cette pratique, et, par ses critiques, contribua même à la discréditer. C'est pourtant chez Bernheim, qui pratiquait l'hypnose à Nancy, qu'il reçut, dit-il, « les plus fortes impressions relatives à la possibilité de puissants processus psychiques demeurés cependant cachés à la conscience des hommes ». En contrepartie, Freud nous offrit une technique nouvelle, celle des associations libres : la psychanalyse, qui allait, par une autre voie, nous permettre de plonger plus avant dans le royaume de l'inconscient.

Un de ses amis, médecin à Vienne et qui fut l'un des premiers psychosomaticiens, Felix Deutsch, n'en continua pas moins, pourtant, à s'intéresser aux effets de la **suggestion sous hypnose**. Écoutons ce qu'il disait, en 1926, dans une conférence sur « L'influence du psychisme sur la vie organique », où il rapporte des observations personnelles : « Si nous suggérons à un homme qu'il absorbe un repas, le suc gastrique s'écoule abondamment ; plus encore, nous savons qu'à l'idée de bouillon, le suc gastrique a une composition différente de celle qu'il aurait à l'idée d'un aliment plus riche en graisse. Dans la suggestion d'aliments gras, le suc qui s'écoule contient, en quantité augmentée, toutes les matières nécessaires à la digestion des graisses. Si nous examinons, sous l'écran radioscopique, une personne endormie de cette façon [c'est-à-dire par hypnose], nous voyons, dans les conditions appropriées, qu'à l'idée de repas, l'estomac se soulève, se contracte et que son contenu s'en échappe. Si nous suggérons la satiété, la sécrétion diminue, les contractions cessent. De même, à la suggestion d'un repas gras, la vésicule biliaire se contracte. »

➤ Un sandwich et une assiette

Des expériences plus récentes ont aussi montré que la suggestion, sous hypnose, d'un repas sucré provoque dans le corps les mêmes effets biologiques que la prise d'un tel repas : hausse du taux de glucose sanguin (hyperglycémie), suivie d'un abaissement marqué de ce taux. Des psychiatres et des nutritionnistes ont eu l'idée d'une autre expérience qui, cette fois sans hypnose, fait intervenir les mécanismes de conditionnement démontrés par Pavlov. Ils ont présenté à un sujet en état de veille une assiette sur laquelle était posé un sandwich. Cette seule vue a entraîné un arrêt de la destruction des graisses (lipolyse), mécanisme naturellement utilisé par l'organisme pour se fournir en énergie. Mieux encore, l'équipe qui étudiait ce phénomène a montré qu'au bout d'un certain temps d'expérience, il se produisait un effet de conditionnement. Il suffisait alors de présenter l'assiette seule pour que le même phénomène biologique se produise.

➤ Images, imaginaire et imagination

Des images, des représentations, il n'y en a pas seulement sur l'écran des machines, notre mental en produit lui aussi de façon incessante. Telle une source, notre cerveau laisse inépuisablement couler des images, même pendant le sommeil. L'image est un véhicule privilégié de communication dans le psychosoma. Que celles-ci soient conscientes ou inconscientes, il se produit un effet de feedback entre ces images, pensées, représentations et les nombreuses réponses qui s'expriment au travers de notre corps : fonctionnement des organes, émotions, conduites, troubles fonctionnels, maladies... Ajoutons à cela que notre « cerveau social » a besoin de mettre en cohérence toutes les informations qu'il reçoit. Pour cela il élabore des « croyances » qui rentrent dans le cadre de référence qui nous est propre et qui s'est établi au travers de notre éducation et de nos expériences.

Notre imaginaire nous fournit les matériaux avec lesquels nous façonnons le réel. Notre corps apparaît ainsi tissé en point et en contrepoint comme une tapisserie de haute lice (certains psychanalystes aiment à parler ici de « nouage ») par des éléments tirés du **réel** : système d'échanges biologiques et physiologiques, de l'**imaginaire** : images conscientes et inconscientes, et du **symbolique** : représentations soumises à des codes, des signes, comme l'est le langage, ou livrées aux particularismes des désirs et de l'histoire individuels.

« Notre rapport avec l'inconscient est tissé de notre imaginaire ; je veux dire de notre rapport à notre propre corps », disait Jacques

Lacan. Et E. Zarifian d'écrire : « À techniques identiques, la relation peut être pleinement thérapeutique ou non. Là encore, pour qu'il y ait relation, il faut toujours qu'il y ait interaction de deux subjectivités. On pourrait dire qu'il faut qu'il y ait rencontre de deux désirs : celui de soigner et celui de guérir. »

Désir, attente, espoir d'une amélioration, voilà ce qu'on retrouve toujours chez un malade en demande de soins. « Docteur, vous êtes ma dernière chance, je ne compte plus que sur vous », disent parfois les patients. Et que dire de l'expectative, cette attente fondée sur des promesses, des probabilités, ce désir impatient de savoir ou de voir ? Ces attentes conscientes et inconscientes activent-elles des centres liés à la récompense, comme on a pu le mettre en évidence chez des rats de laboratoire ? Et ceux-ci renforcent-ils l'effet placebo ? Un avenir proche nous le dira peut-être.

Et notre imagination, dont Virgile disait que « ses moyens de nuire sont innombrables », et que les moralistes méfiants appelaient la « folle du logis » ? Si elle nous permet de nous représenter le pire comme dans les crises d'angoisse, elle nous permet d'imaginer le meilleur aussi. Nous verrons, en fin de chapitre, comment en la guidant on peut en faire l'alliée de notre mieux-être, et même de notre guérison.

➤ Des images, il y en a partout

Cinéma, télévision, Internet, pages de magazines, affiches, des images, il y en a partout autour de nous. Beaucoup s'efforcent d'éveiller notre intérêt, notre désir, voire de créer un besoin nouveau, et de nous persuader que quelque chose est bon pour nous. Paraphrasant le slogan d'un grand magazine, disons que nous sommes sans cesse soumis au poids des mots et au choc des images.

Les autorités de santé font, elles aussi, appel à des publicitaires qui savent manier images et mots. Depuis « Les parents boivent, les enfants trinquent » jusqu'au récent « Le tabac tue », les diverses campagnes antitoxiques en témoignent. Et demain, ce slogan, entouré d'un liséré gras comme un faire-part de décès, sera peut-être remplacé ou complété par des images chocs : poumons noircis, gencives délabrées, cerveau nécrosé, cancers sanguinolents ; il l'est déjà dans certains pays. Aussi des scientifiques se sont-ils intéressés à l'impact de telles images et, grâce aux techniques d'imagerie cérébrale, viennent-ils de démontrer que, quand une personne regarde l'une d'elles, sa réaction émotionnelle (réaction de dégoût) est telle qu'une région s'active dans le cortex préfrontal de son hémisphère droit, siège cérébral des émotions désagréables. En revanche, les photos d'une femme enceinte qui fume, d'un cendrier rempli de mégots ou d'un homme qui s'étouffe n'ont, elles, aucun effet mesurable sur cette partie du cerveau. Telles sont les premières constatations d'une expérience inédite de « neuromarketing » réalisée à l'université de Montréal grâce à la résonance magnétique (IRM). Les photos d'organes atteints sont celles qui, de loin, paraissent frapper le plus la sensibilité.

Une menace créant de la peur peut avoir un effet répressif, on le sait, mais est-elle capable de produire un changement ? Ces images, qui se veulent dissuasives, ne devraient-elles pas être accompagnées d'un message capable de susciter la confiance ? C'est, en tout cas, ce que pense Fabien Girandola, psychologue social à l'université de Besançon, qui estime que la composante d'**autoefficacité**, qui permet au sujet de croire en ses propres capacités à mettre en pratique des recommandations, n'est pas suffisamment prise en compte dans les campagnes de prévention. Cette faculté à croire en ses propres capacités est justement celle qui est utilisée dans l'entraînement des sportifs de haut niveau pour les aider à améliorer leurs performances et, comme nous le verrons en fin de chapitre, celle que l'on peut renforcer en soi-même par des techniques d'imagination positive.

➤ La conscience visuelle

Ainsi, notre cerveau traite en permanence un grand nombre d'informations visuelles. Nous ne les percevons pourtant pas toutes consciemment. Pour qu'il en soit ainsi, un réseau cérébral spécifique doit être activé. Une expérience menée au sein de l'unité CEA-Inserm de neuro-imagerie cognitive, à Orsay, vient de mettre ce réseau en lumière, non seulement en identifiant les aires qui le constituent mais en reconstituant la séquence chronologique de son activation.

Ce réseau implique trois zones du cortex de notre cerveau : frontal, pariétal et cingulaire antérieur, déjà connues pour leur participation à des tâches telles que le langage, l'attention ou le choix des comportements à adopter. Lorsque ce cerveau n'est pas activé, il ne nous empêche pas de réagir aux stimulations visuelles, mais nous interdit d'en devenir conscients. Les facteurs qui distraient notre conscience visuelle sont nombreux et, parmi eux, nos pensées. Ne vous est-il jamais arrivé de piloter automatiquement votre voiture et, reprenant tout à coup conscience du paysage, de vous demander : « Mais où suis-je ? » L'impact de nos perceptions visuelles peut être déterminant sur nos conduites. Cela, les publicitaires, qui parfois nous envoient des images subliminales, le savent aussi. Alors, c'est à nous d'être vigilants, non seulement aux messages, visuels ou autres, venus de l'extérieur, mais aussi à ceux que nous nous envoyons à nous-mêmes, souvent de façon inconsciente.

➤ Ça, j'y crois « dur comme fer »

Tissés d'habitudes, nous le sommes aussi de croyances ; croyances liées à notre culture, notre éducation, nos choix scientifiques, politiques ou religieux. Et une croyance, ça a la vie dure ! Une croyance, ça a un immense pouvoir. Il suffit que je croie fermement quelque chose (ou en quelque chose) et cela devient vrai pour moi, à tel point qu'il est possible d'affirmer que « je vis ce que je crois ».

La plupart de nos croyances se sont enracinées en nous dès notre plus jeune âge et continuent d'agir, souvent à notre insu, dans notre présent. Certaines ont un effet positif, mais d'autres nous limitent et nous empêchent de développer une vision plus large de la vie ; parfois elles nous empêchent tout bonnement de croître et de nous développer sur le plan personnel ou d'atteindre au bien-être et au succès. Ce sont alors des préjugés qui nous « coûtent cher ».

Quelques exemples frappent l'imagination : par exemple, celui de ce technicien mort de froid dans un frigorifique pourtant débranché, avec tous les symptômes d'une mort par congélation, ou encore ces morts par suggestion : vaudou, fétichisme, mauvais œil, etc. C'est que nos croyances « font image » dans notre tête et entraînent des modifications physicochimiques dans notre corps.

Exercice

Vite un coup d'œil...

L'affaire est importante, alors jetons vite un coup d'œil à l'intérieur de nous.

Je prends un papier, un stylo, et j'essaye de répondre, d'abord sans trop réfléchir, à la question suivante : « Qu'est-ce que je crois ? »

La liste peut être longue, n'importe, j'écris tout ce qui me vient en tête, sans choix, sans ordre.

› Alors, à quoi est-ce que je crois, concernant ma santé, mon bien-être ? En quoi je crois ?

› Maintenant je souligne ce à quoi je crois le plus, ce à quoi je crois « dur comme fer ». Et puis je me relis.

› Dans tout ça, qu'est-ce qui me paraît vraiment important ? Indispensable ? Utile ?

› N'y a-t-il pas là quelques vieilleries qui m'encombrent ? Des choses héritées d'autres personnes ? Des croyances limitantes auxquelles je n'adhère pas vraiment, mais que je ne prends jamais le temps de reconsidérer ? Des croyances venues d'ailleurs et qui affectent mon bien-être, ma santé, ma relation à moi-même et aux autres ?

› Ne serait-il pas temps de « ramollir » quelques-unes de ces dures croyances, d'en jeter d'autres à la poubelle ? De croire plus en mes propres perceptions, en mes propres expériences, en mes propres possibilités ? De croire en moi, enfin, plus qu'en mes croyances...

➤ L'influence de la pensée sur le corps

« L'esprit est chevillé au corps », disons-nous couramment, et le langage familier illustre de mille manières cette interaction : « Ça, je ne le digère pas », « Je ne peux pas avaler ça », « Ça m'est resté sur l'estomac », « Rien que d'y penser, ça me donne la chair de poule », « Ça me mine », « Ça me fait mal au cœur », « Ça me f... les boules, la grosse tête », « Ça me rend malade », « Ah, ça, ça me ferait mal ! »... Que de situations conflictuelles, d'émotions qui nous heurtent, se cachent derrière ce « ça » !

Cette indissociabilité corps-esprit nous apparaît aussi avec évidence dans nos actions quotidiennes ; par exemple, essayez donc de faire un travail intellectuel demandant beaucoup de concentration un jour où vous avez une migraine ou une rage de dents ! De même, essayez donc d'atteindre une performance sportive le jour où votre esprit est complètement absorbé par un problème que vous ruminez ! Les entraîneurs le savent bien, eux qui chez les sportifs de haut niveau ne prennent pas soin que de leur corps, mais aussi de leur mental en leur proposant relaxation et visualisation positive afin d'améliorer leurs scores.

■ **L'universalité du réflexe conditionné :** Celui-ci existe chez l'homme, tout comme chez le chien et d'autres espèces animales. Rappelez-vous Pavlov et son chien. Lorsqu'on présentait à celui-ci de la nourriture, il salivait. Lorsqu'on lui présentait de la nourriture en lui faisant entendre le son d'une clochette, il salivait. Et, finalement, lorsqu'on lui faisait entendre seulement la clochette, il salivait encore. Le son de la clochette était devenu le signal opérant du réflexe. Ne vous est-il jamais arrivé la même chose en entendant la cloche du repas ou quand maman criait : « À table ! le repas est prêt. »

La représentation d'un objet désiré (dans ce cas : la nourriture) provoque instantanément dans le corps des réactions chimiques par anticipation. Qu'elle soit visuelle ou comme ici auditive, l'image à elle seule a un effet de représentation, elle stimule l'ensemble du fonctionnement somatique. Plusieurs de nos grandes fonctions corporelles répondent à ce principe :

› l'alimentation : je salive à la vue ou à la représentation des aliments quand j'ai faim ;

› la fonction sexuelle : les images, les fantaisies, les fantasmes provoquent le processus d'érection chez l'homme, de lubrification chez la femme ;

› la lactation : le lait d'une femme allaitant jaillit de ses seins à la seule pensée de son bébé, même si celui-ci n'est pas à côté d'elle ;

› l'évocation d'un citron modifie notre fonctionnement salivaire.

Prenons conscience que ces mêmes mécanismes interviennent pour toute pensée qui traverse notre esprit ; chacune de nos images a une résonance dans notre corps, mais sommes-nous assez attentifs à notre ressenti corporel pour nous rendre compte de ces interactions continuelles ? Pour la plupart d'entre nous, elles ne sont perceptibles qu'en cas de forte émotion.

■ **Le principe de la réalisation automatique des prédictions (RAP) :** Nous connaissons tous ce phénomène. Quand nous envisageons un succès, quand nous « partons gagnants », nous avons plus de chances d'obtenir ce succès que si nous « partons perdants ». L'image crée dans tout notre organisme une sorte de préparation à réaliser le programme envisagé : émotions, attitudes, tonus musculaire, activité cellulaire, production d'hormones, images mentales, idées, produisent un climat émotionnel et un état corporel qui vont favoriser ou non les performances envisagées.

■ **La prédominance de l'image sur le raisonnement :** Une image vaut mieux qu'un long discours, c'est vrai. Quand une image, même irrationnelle, entre en conflit avec un ou plusieurs raisonnements bien étayés, c'est elle qui va conditionner votre conduite. Ce phénomène explique ce que vous avez probablement déjà rencontré quelquefois dans votre vie ; devant un choix à faire, ayant pris le temps de peser le pour et le contre pour aboutir à une décision réfléchie, au dernier moment vous vous êtes surpris à annoncer l'autre choix : « Ça a été plus fort que moi... », dites-vous. Cet élément plus fort que votre volonté, c'est une image qui comportait une charge affective assez puissante pour « gommer » le raisonnement préétabli.

Ces interactions entre la pensée et le corps sont notre lot commun. Cependant, si le processus est le même chez tous, le vécu, les résonances, les contenus, sont différents d'un individu à l'autre ; notre imaginaire nous fait vivre des circonstances identiques sous des couleurs différentes.

Tant l'enregistrement (grâce à un polygraphe) de paramètres psychophysiologiques : rythme cardiaque, température cutanée, fréquence respiratoire, transpiration de la peau, que la mesure de données physicochimiques par examens de sang et d'urine, ou l'observation par imagerie cérébrale de modifications dans le cerveau, toutes ces données montrent des réponses aux images et aux mots immédiates et différentes en intensité suivant les sujets. C'est qu'ici entre en jeu un ensemble complexe d'éléments impliquant tant le contexte environnemental et émotionnel de la personne que son histoire de vie et ses croyances.

➤ L'étonnant pouvoir de la pensée

À titre d'expérience, on donna à boire le soir à des étudiants un café corsé, à d'autres un décaféiné, à d'autres encore un verre de lait, et aux derniers un verre de lait contenant autant de caféine que le café corsé. Le lendemain, on les interrogea sur la qualité de leur sommeil. Que croyez-vous qu'ils répondirent ? Ceux qui avaient bu du café (corsé ou décaféiné) se plaignirent d'avoir mal dormi ; ceux qui avait bu du lait (pur ou additionné de caféine) dirent avoir eu un très bon sommeil et un endormissement facile. Croyance, ah croyance, quand tu nous tiens !

Différente mais aussi instructive est l'expérience imposée aux petits novices tibétains dans les monastères de l'Himalaya, en ce qu'elle nous montre un autre exemple des effets de la pensée sur le corps. Ceux-ci entraînés à la visualisation et à la méditation, tout comme les adeptes taoïstes dont nous avons parlé au chapitre précédent, apprenaient une pratique spéciale : la méditation du *Tou-Mo*. Le *Tou-Mo* (encore appelé *Du-Mai* ou « Vaisseau gouverneur ») est un grand canal d'énergie qui, partant du bord postérieur de l'anus, court le long de la colonne vertébrale et revient en avant jusqu'à la lèvre supérieure. C'est un canal à polarité yang qui, lorsqu'il est activé, peut produire de la chaleur dans le corps (phénomène bien connu des acupuncteurs).

On demandait donc aux petits *chelas* (novices tibétains) de se concentrer sur leur *Tou-Mo* et, par la visualisation d'une colonne de lumière et de feu, par la représentation de feux de broussailles et d'incendies, d'en activer le fonctionnement. Puis, pour mettre à l'épreuve leur capacité à le faire, on les envoyait s'asseoir et méditer nus dans la neige. Les gagnants de l'épreuve étaient ceux qui faisaient fondre la neige autour d'eux. Et ne croyez pas que cette aptitude soit le privilège des Orientaux ; emboîtant le pas à Alexandra David-Néel, une de nos vieilles amies l'a fait ! Il est vrai que, pratiquant de longue date la méditation dans son village de la Creuse, elle devait bien avoir atteint l'expérience d'un vieux lama tibétain. L'expérience, la discipline, l'assiduité, voilà les lois du succès !

Ces expériences nous frappent, mais nous paraissent lointaines. Il ne nous est pas facile d'envisager que pour nous aussi l'image est un vecteur privilégié de la pensée sur le corps et que notre esprit, convenablement orienté, puisse nous conditionner vers le mieux. C'est que, trop souvent, notre juge intérieur, le manque d'estime de soi, les critiques, la peur et le doute, les formulations négatives, les reproches, les flagellations mentales, la rumination culpabilisante font obstacle à notre confiance. Un vrai travail psychique est nécessaire pour utiliser consciemment des mécanismes qui habituellement fonctionnent à notre insu, pour solliciter notre médecin intérieur, et éveiller par là même des processus d'autoguérison qui nous soient favorables.

La pratique d'Émile Coué, tout autant que l'effet placebo, nous montre pourtant de façon spectaculaire le pouvoir de la pensée qui, bien dirigée, est une puissante alliée de la guérison. Aussi peut-on regretter que l'efficacité même du placebo puisse faire penser, et même dire, à certains que le mal était « imaginaire », puisqu'il a cédé sous l'effet de la suggestion.

Penser ainsi, c'est méconnaître l'influence constante de la pensée sur le corps, l'effet bénéfique de l'espoir sur l'anxiété, sur notre chimie interne, nos tensions corporelles ; c'est oublier que corps et esprit sont intimement liés, qu'ils sont en interaction constante.

En effet, notre cerveau reçoit en permanence des informations, les unes venues de notre milieu interne, les autres du monde extérieur ; il enregistre des sensations et fabrique des images. Bien que nous n'en prenions pas forcément conscience, cette activité mentale exerce une influence constante sur le fonctionnement de notre corps.

➤ Nos mécanismes naturels de guérison

Comme nous l'avons vu au chapitre 2, notre corps dispose de mécanismes divers pour maintenir ou rétablir son équilibre. Ces mécanismes sont les instruments de notre médecin intérieur. Rappelons ici les principaux :

- le système immunitaire, chargé de protéger l'organisme contre les effets de possibles envahisseurs ;
- le système nerveux végétatif, qui maintient l'équilibre du milieu intérieur, avec son versant orthosympathique qui dépense de l'énergie en préparant le corps à l'activité physique et mentale, au combat ou à la fuite, et le parasympathique qui aide à stocker les réserves, détend, endort et favorise la réparation tissulaire, la cicatrisation et le renouvellement cellulaire, y compris celui des neurones ;
- le système endocrinien, dominé par l'hypothalamus, qui, par un jeu subtil de régulation des différentes glandes endocrines, assure l'imprégnation constante du corps par les hormones ;

- la communication incessante qui existe entre les diverses parties du corps et entre les cellules elles-mêmes ;
- la circulation harmonieuse d'énergie dans l'organisme tout entier ;
- et aussi cette propriété qui fait que lorsqu'une fonction est déficiente, des systèmes collatéraux s'emploient à la substituer. C'est vrai dans le cas des organes pairs : yeux, poumons, reins, ovaires ou testicules par exemple, mais aussi dans le cas des hémisphères cérébraux ou d'une insuffisance circulatoire locale.

Rappelons aussi l'existence d'interrelations étroites entre le cerveau et le système immunitaire. Certains chercheurs vont même jusqu'à penser que notre système immunitaire agit comme un « sixième sens » qui fournit au cerveau des informations sensorielles sur notre état intérieur de défense.

➤ Pourquoi le stress affaiblit-il le système immunitaire ?

Un excès de stress affaiblit l'immunité et peut favoriser l'apparition de maladies diverses ; ce fait est aujourd'hui amplement reconnu. La plupart d'entre nous savent bien que nous tombons plus facilement malades quand nous sommes stressés, et de nombreuses études en font foi, mais quel lien concret existe entre le stress et le système immunitaire ? Des chercheurs australiens viennent de l'identifier : il s'agit d'une neuro-hormone, le neuropeptide-Y. Ce peptide, qui se retrouve en abondance dans le sang en période de stress, inhibe le système immunitaire. Ce médiateur, auquel on attribue un rôle dans le comportement alimentaire (les souris obèses en produisent généralement beaucoup), empêche les cellules du système immunitaire de reconnaître rapidement et efficacement les cellules étrangères à l'organisme. Cela explique pourquoi on tombe plus facilement malade quand on est stressé et angoissé. Cela explique aussi pourquoi les sportifs, stressés de façon répétitive lors des périodes de compétition, sont à certains moments de leur carrière plus sensibles que d'autres aux maladies.

➤ Pouvons-nous agir sur les mécanismes de notre corps ?

De nombreuses observations (nous en avons vu quelques-unes) démontrent l'existence de liens patents entre les situations stressantes, les troubles émotionnels, les pensées négatives, et diverses maladies. D'autres soulignent l'influence des émotions heureuses, des sentiments positifs, de l'espoir, de l'envie de vivre, d'un environnement social gratifiant et de relations humaines chaleureuses sur la santé.

Si les influences extérieures sont capables de modifier notre état de santé, des influences intérieures en sont-elles capables aussi ? Oui, indiscutablement. Car n'oublions pas que les régulations de notre organisme sont psycho-neuro-endocrino-immunologiques, et que le psychisme, que certains voudraient évincer de ce quatuor, y joue un rôle important. Mais comment ?

Par exemple :

- en utilisant notre pensée de façon positive et en réalisant un dialogue psyché-soma pour établir ou maintenir le lien ;
- en donnant à notre corps des informations précises par le biais d'images mentales choisies et contrôlées, comme nous l'expliquerons au chapitre 9 ;
- en installant un climat émotionnel à tonalité positive ;
- en protégeant l'équilibre de notre système nerveux végétatif, en particulier par la pratique de la relaxation et un rapport satisfaisant entre activité et repos ;
- en assouplissant nos « cuirasses » ;
- et par d'autres recours encore, dont nous avons déjà parlé ou dont nous parlerons dans les chapitres suivants.

Quoi que nous choisissions de faire, prendre conscience de l'unité corps-esprit et de notre dimension énergétique est toujours bénéfique à notre santé, et utiliser à bon escient le pouvoir de la pensée crée des interactions favorables entre le corps et l'esprit.

Des images mentales choisies stimulent nos systèmes d'entretien, d'autorégulation et d'autoréparation. Ainsi guidées, ma pensée et mon imagination peuvent devenir des alliées puissantes de ma guérison.

Les idées négatives poussent comme des mauvaises herbes, mais les idées positives ont besoin qu'on les cultive pour fleurir en de belles images.

➤ Le grand ennemi de notre médecin intérieur

Dans nos dialogues internes, plusieurs voix se manifestent sans pourtant avoir toutes les mêmes chances d'être écoutées. Le petit vélo qui tourne sans relâche dans notre tête nous mène souvent dans les mêmes ornières mentales et comportementales. Ces ornières ont été creusées par les messages de l'enfance qu'on nous a répétés : « Ne sois pas égoïste... Retiens tes larmes... N'aie pas peur... Dépêche-toi... Fais le plus de choses possible et le plus vite possible... Ne reste donc pas sans rien faire... », et les fameux proverbes qu'on nous a serinés : « L'oisiveté est mère de tous les vices... Ne remets pas à demain ce que tu peux faire le jour même... La fortune sourit à ceux qui se lèvent tôt... Il y a toujours mieux à faire qu'à s'amuser... » Phrases bien mémorisées et que nous répète notre « gendarme intérieur ».

Par ailleurs, le fonctionnement même de notre organisme nous met souvent aux prises avec des envies contradictoires et l'on doit parfois faire taire une envie, voire un besoin. Une sorte de discussion entre moi et moi s'instaure alors : dois-je me laisser aller à mon envie de repos ou répondre à mon sens du devoir qui m'incite à aller faire telle ou telle chose ? Certains auront à ce moment un temps de tergiversation, d'autres ne laisseront même pas la petite voix du besoin s'exprimer jusqu'au bout, tellement elle est réprimée, considérée comme inacceptable. Les choix que fait la personne sont alors plus conditionnés par les diktats de son gendarme intérieur que par ses vrais besoins. Si nous pouvions échapper à la voix de notre gendarme intérieur, notre organisme irait naturellement vers la satisfaction de ses besoins, subirait moins le poids des agents stressants, trouverait plus souvent l'état d'équilibre.

Enfin je dis : je suis à la source,
et je bois, je bois à mourir
de soif de toujours vouloir je-ne-sais-quoi,
car c'est ainsi que l'on ne meurt pas
vraiment tout à fait : en vivant toujours
dans le besoin de quelque chose.
Sans besoin, qu'adviendrait-il de nous…

Joan Vinyoli
(Catalunya, 1914-1984)

Besoins et désirs

« Le commerce est l'art d'abuser du désir ou du besoin que quelqu'un a de quelque chose », disaient les Goncourt. Les publicitaires le savent bien, eux qui, par d'habiles sollicitations, cherchent à nous faire prendre l'un pour l'autre. Ainsi nous confondons souvent besoin et désir ; précisons donc. Un besoin (physique ou psychologique) est une nécessité. Il doit être suffisamment satisfait pour que la personne maintienne son équilibre, se garde en santé. Par contre, si un désir ne l'est pas, la personne peut quand même garder son équilibre, cela ne menace pas sa santé. Heureusement d'ailleurs, parce que nos désirs sont illimités. Ils font partie de notre monde imaginaire, et si certains s'articulent sur des besoins réalistes, la plupart resteront du domaine du fantasme. Consulter son médecin intérieur implique donc de bien identifier ses besoins (à distinguer des désirs), afin de se donner les moyens d'y répondre de manière adéquate.

Exercice

Je consulte mon médecin intérieur

Comment puis-je mener une consultation avec mon médecin intérieur ? En écoutant mon corps, ses plaintes, ses messages.

Cela nécessite calme et tranquillité et, pour cela, le mieux est d'utiliser ce merveilleux outil qu'est la plongée en relaxation. Pendant ce moment privilégié, nous sommes en effet dans un état plus unifié qui nous permet d'interroger nos sensations, notre état émotionnel, nos images. L'ensemble de ce qui va émerger (sensations, images, pensées, souvenirs…) peut nous apporter des informations précieuses sur nos maux éventuels, nos besoins, nos forces et nos faiblesses. Voici un exemple de relaxation qui va nous y aider :

› Installez-vous le plus confortablement possible… Fermez doucement les yeux et concentrez-vous sur votre respiration, sur la sensation de l'air qui rentre et sort par vos narines ou votre bouche.

› Maintenant, respirez profondément deux ou trois fois, en prolongeant l'expir autant que vous le pouvez.

› Quand vous soufflez, vous pouvez imaginer que vous faites sortir de votre organisme tout ce qui vous dérange : les tensions, la fatigue, les douleurs, les soucis. Puis, quand vous inspirez, imaginez que vous vous rechargez en énergie, en bonnes choses pour vous.

› Et maintenant, laissez-vous respirer librement en détendant tout votre corps, segment par segment : commencez par le visage et descendez lentement jusqu'aux pieds.

› Dans cet état de détente, pour approfondir votre bien-être, faites venir à votre esprit l'image d'un lieu calme, agréable, en sécurité. Placez-vous au milieu de cet endroit, et profitez de tout ce qu'il y a d'agréable pour vous à voir, entendre, goûter, toucher, sentir, ressentir.

› Tout en restant en contact avec ces sensations agréables, évoquez un moment heureux de votre vie récente ou passée, et réexpérimentez les sensations, les émotions, les sentiments qui restent liés à ce souvenir. Profitez à nouveau de tout ce qui a été bon pour vous dans ce moment.

»

Suite...

› Et maintenant, mettez-vous à l'écoute des messages de votre corps. Laissez émerger sensations, émotions, images, idées. Soyez accueillant pour tout ce qui se présente à votre conscience. Il n'y a pas de bonne ou de mauvaise émergence. Chacune peut vous apporter un renseignement précieux sur votre dynamique psychosomatique.

› Laissez votre esprit associer librement. Ne triez pas ce qui vient, même si cela vous semble n'avoir aucun rapport avec votre point de départ. Dans notre monde mental, les images contiennent des signifiants symboliques complexes, qui peuvent nous interroger sur des parties peu connues de nous-mêmes et ainsi considérablement enrichir la compréhension de notre monde interne.

› Avant de terminer, faites le point sur votre expérience. Y a-t-il une image ou un symbole qui s'est imposé ?, Un thème qui se dégage de la succession des contenus ?, Une idée qui surgit ? Quel lien pouvez-vous faire maintenant avec votre ou vos interrogation(s) à propos de votre fonctionnement corporel ?

› En restant en contact avec l'apport de cette expérience, préparez-vous à terminer l'exercice. Bougez doucement les mains, les doigts, et quand vous vous y sentirez prêt, ouvrez les yeux et sentez-vous disponible pour exploiter ce que vous avez découvert.

› Dessiner une ou des images parmi celles qui ont émergé peut aider à mieux comprendre ce qu'elles veulent nous dire. En parler à une personne ayant une bonne écoute, également.

➤ Visualiser le processus de sa guérison

Lorsqu'une expérience (une situation vécue ou à vivre) est « imaginée », elle mobilise les mêmes circuits neurologiques et les mêmes processus physiologiques que la mise en acte réelle ; il n'y a de différence qu'au niveau de l'intensité enregistrée. Ainsi visualiser le processus de sa guérison est-il un moyen efficace pour susciter dans le corps une « mise en acte », qu'il s'agisse de réduire une inflammation, d'éliminer des cellules indésirables, de libérer des circuits bloqués ou de renforcer les effets d'un traitement.

Visualiser est une fonction spontanée de notre cerveau. Vous savez bien que vous ne pouvez pas arrêter de penser ; cela vous fatigue même parfois, n'est-ce pas ? Dans cette technique mentale, le projet n'est pas de stopper le flot d'images, mais de le diriger, de choisir le scénario d'un film, dont nous sommes le metteur en scène, de se représenter quoi que ce soit sous forme d'images. Il s'agit d'utiliser la disposition naturelle de notre cerveau dans un but précis : envoyer des messages à notre organisme en vue de son meilleur fonctionnement, par exemple en illustrant un processus de réparation, de correction ou de remise en route de ce qui était bloqué.

Pour que ce temps de visualisation soit le plus efficace possible, il est recommandé de l'insérer dans une séquence de relaxation physique. En effet, la relaxation musculaire rend l'organisme plus réceptif aux messages psychologiques, parce qu'elle abaisse le niveau des tensions et le rythme de l'activité cérébrale (passage des ondes bêta rapides aux ondes alpha plus lentes), les liaisons psyché-soma sont alors favorisées. Par exemple, si nous recherchons une détente musculaire, de multiples scénarios sont envisageables. Nous pouvons ainsi choisir :

- des images **réalistes**, en nous basant sur nos connaissances anatomiques et physiologiques, même si elles sont rudimentaires. Par exemple, un muscle est un faisceau de fibres qui se contractent ou se relâchent ; il s'agira alors de « voir » sur notre écran mental, ou de nous dire, que les fibres musculaires sont en train de se relâcher ;
- ou des images **analogiques** : par exemple, si la personne a l'impression que ses muscles sont tendus comme une corde de violon, elle peut se voir en train de détendre cette corde, la rendant souple sous ses doigts ;
- ou encore des images **symboliques** : voir une couleur apaisante baigner les régions tendues, de la chaleur se répandre, etc.

Ce que notre corps va enregistrer, c'est non seulement le processus impliqué dans l'image elle-même, mais aussi l'intention que nous avons de faire du bien à notre corps, notre cerveau émotionnel ne s'y trompe pas. De plus, quand nous détendons nos muscles, le mental se détend aussi. Un des premiers théoriciens de la relaxation, Jacobson, a mis en évidence dès les années 1940 le fait qu'il y a incompatibilité entre anxiété et relâchement musculaire, et, à l'inverse, que nous ne maintenons pas le même niveau d'anxiété quand notre corps est relâché.

➤ L'imagerie positive

Comme ces peintres et sculpteurs du Moyen Âge qui rehaussaient leurs productions de vives couleurs pour leur donner de la vie, nous voici devenus des imagiers. De fait, bien qu'il soit courant d'appeler cette technique « visualisation positive », il serait plus juste de l'appeler **imagerie positive**. En effet, dans notre cerveau toute émergence fait image, c'est-à-dire occupe notre espace imaginaire sous une forme ou une autre. Chez la plupart d'entre nous ces représentations sont à prédominance visuelle, mais d'autres fonctionnent plus sur le registre de l'auditif, du kinesthésique (sensoriel) ou même de l'olfactif. Dans ce cas, il sera facilitant de se servir de ces canaux perceptifs privilégiés pour « faire image ». De même, les « visuels » ont tout intérêt à solliciter leurs canaux perceptifs habituellement négligés ; ils enrichiront ainsi leur scénario mental. Étant donné qu'il s'agit d'envoyer un message, le plus important est le contenu de ce message et non pas la forme sous laquelle il est délivré. Rappelons-nous la madeleine de Proust, la richesse de cette évocation, et l'étendue de ses résonances ! Quel que soit le canal de communication employé, le cerveau émotionnel enregistre un « climat », une intention, une information, une direction que nous choisissons dans une visée bénéfique.

Pour éprouver tous les bienfaits de cette pratique, il est important de la répéter régulièrement. N'hésitez pas : « Cent fois sur le métier remettez votre ouvrage ! » Le renouvellement régulier de l'exercice de relaxation crée un conditionnement d'autant plus opérant que le message envoyé est bien ciblé sur le but à atteindre. On peut dire alors qu'il s'agit d'une **reprogrammation**.

Pour aider le corps à rétablir une fonction perturbée, il est préférable de visualiser des séquences bien précises, les mêmes quotidiennement et plusieurs fois par jour si possible. Ainsi on entraîne le corps à suivre la direction donnée par les messages ; c'est là une participation personnelle, psychosomatique aux soins médicaux, lorsque ceux-ci s'avèrent nécessaires.

➤ Les ressources du mental

Mireille, quatorze ans, vient chaque mois en consultation pour une surveillance régulière de sa mucoviscidose (maladie grave affectant les poumons et le pancréas), entre des périodes d'hospitalisation plus ou moins longues, nécessitées par des épisodes infectieux. De ce fait, elle ne va en classe que de façon intermittente. Ce jour-là, elle arrive dans un état de fatigue évident, avec un visage fermé et hostile. Sa mère explique au médecin que Mireille va mal, ses poumons sont plus encombrés qu'à l'accoutumée ; de plus, elle refuse de faire les exercices quotidiens de drainage bronchique qui lui sont prescrits, et elle est peu coopérante avec le kinésithérapeute qui la fait expectorer. Elle est « butée », dit sa mère, s'isole, est apathique et déprimée.

La psychothérapeute attachée au service reçoit dans son bureau cette jeune fille qui reste muette, immobile, la tête penchée en avant, ne la regardant à aucun moment. Constatant que ses efforts pour instaurer un dialogue sont vains, elle lui parle d'une approche nouvelle du problème en utilisant les ressources de son mental, et après quelques explications destinées à la motiver, elle lui propose un exercice de relaxation musculaire pour la détendre, puis induit la recherche d'images pouvant stimuler un processus d'amélioration du fonctionnement pulmonaire et digestif.

Après cet exercice, Mireille, qui avait accepté de s'allonger pour se relaxer, se relève, la regarde et lui parle. Elle lui dit, simplement : « C'était bien » ; puis, à sa demande, lui fait part des images qui ont émergé, et accepte de les dessiner. Son dessin représente une cage thoracique envahie par des mucosités. La psychothérapeute lui propose de représenter sur ce dessin ce qu'elle peut faire pour enrayer le processus. Elle prend alors un crayon rouge, et d'un trait faiblement appuyé fait quelques flèches pour représenter le trajet des antibiotiques qu'elle absorbe pour enrayer l'infection ; la psychothérapeute lui fait remarquer que les flèches montrent effectivement la bonne direction, mais que leurs pointes n'atteignent pas encore les mucosités. Avec un petit sourire complice, Mireille reprend le crayon et allonge les flèches pour les mettre en contact avec leur cible. La psychothérapeute lui explique qu'en répétant chaque jour cet exercice mental, son cerveau va envoyer des ordres à l'ensemble de son organisme pour qu'il stimule le processus de nettoyage. Quand elle quitte le bureau, le comportement de Mireille est différent ; sa posture est un peu redressée, et son allure plus vive.

Un mois plus tard, Mireille est métamorphosée. Son état somatique s'est beaucoup amélioré et son comportement s'est transformé ; elle a repris activement ses exercices respiratoires et se montre coopérante dans les séances de kinésithérapie. Cette fois, elle vient volontiers dans le bureau, et l'échange s'instaure aisément. Elle a aimé faire les exercices ; elle a constaté que cela lui faisait du bien, lui redonnait des forces. La psychothérapeute lui propose de faire à nouveau un dessin évoquant les images de son scénario. Elle reprend sensiblement la même représentation de sa cage thoracique, mais cette fois les traits de crayon sont très fermes, les flèches indiquant le trajet des médicaments sont larges, puissantes et la destruction de leur cible est clairement indiquée par une croix noire ajoutée sur les mucosités à éradiquer. Mois après mois, on peut ainsi constater combien ce travail aidait cette adolescente à améliorer sa condition physique et à reprendre de l'autonomie. L'intérêt de cette démarche ne s'est jamais démenti.

Certes, visualiser ne suffit pas à guérir de tout problème physique, à plus forte raison de maladies sévères. Notre pensée est puissante, mais elle n'est pas magique. Par ailleurs, ce qui atteint notre corps est déterminé par plusieurs facteurs, et les composantes mentales, psychologiques, émotionnelles, ne sont pas forcément les principales. Il n'empêche que ce travail personnel reste toujours utile car, selon la théorie des systèmes, dès qu'on apporte une modification quelle qu'elle soit dans un système, celui-ci enregistre un changement. Parfois ce dernier sera susceptible d'inverser le sens de l'évolution générale, d'autres fois il apportera au moins un soulagement. Dans tous les cas, un tel travail a des effets bénéfiques.

➤ Efficace pour soulager la douleur…

Sonia, la trentaine, souffre de colite. Elle a consulté son médecin, qui l'a rassurée. Ce n'est pas une maladie grave bien qu'elle puisse devenir chronique. Sonia a repéré que les crises apparaissent surtout quand elle se sent « à bout de nerfs ». Mère de deux jeunes enfants, elle est sans cesse en train de se dépêcher pour arriver à tout faire, au travail et à la maison. Ayant établi un lien évident entre le symptôme somatique et l'excès de stress, elle apprend à pratiquer la relaxation et y associe des images représentant un processus de décontraction de son intestin. Elle choisit l'analogie et, partant de la sensation de torsion éprouvée, s'imagine en train de détordre une serpillière ; elle en éprouve rapidement un soulagement et bientôt une disparition complète des crises. Son cerveau émotionnel, par le biais de l'image, a « transmis » aux tissus intestinaux le message de détente élaboré dans le cortex. Par ailleurs, Sonia a compris que pour éviter que cela recommence, il lui faut pratiquer la relaxation de façon régulière, et prêter plus attention tant à son alimentation qu'à son état émotionnel et à son niveau de stress.

Julie a très souvent mal au dos. Les séances de kinésithérapie la soulagent, mais seulement pour un moment. Elle sent qu'elle en a « plein le dos » de certaines contraintes de sa vie actuelle, mais cette prise de conscience ne lui permet pas d'échapper à la gêne quasi permanente de cette douleur vertébrale. Elle commence à pratiquer la relaxation, et très rapidement la douleur s'atténue, pour disparaître complètement au bout de quelques semaines. Pendant qu'elle se relaxait, quel film Julie se passait-elle sur son écran mental ? Elle se voyait, petit personnage grimpant sur une échelle le long de ses vertèbres, parlant à chacune, lui mettant du baume, la massant.

Pierre a fait un infarctus, il y a quelques mois, et il vit avec la hantise de la rechute. Il a fréquemment l'impression qu'il sent son cœur « serré », qu'il a « mal au niveau du cœur ». Les examens médicaux sont pourtant rassurants ; certes il y a une cicatrice au niveau du muscle cardiaque et des précautions sont nécessaires au niveau de l'hygiène de vie, mais ces moments d'oppression douloureuse ne s'expliquent pas médicalement. C'est le cardiologue lui-même qui a préconisé des séances de relaxation. Au cours de celles-ci, Pierre est invité à partir de sa sensation d'être « serré » pour construire une suite d'images qui illustrent un processus de soulagement. Il trouve l'idée d'un étau, et il se voit en train d'écarter les mâchoires de cet étau imaginaire. Il « ressent » alors que son cœur se libère de toute pression. Dans un cas comme celui de Pierre, la sensation de douleur est accentuée par l'anxiété, mais n'en est pas moins réelle. Le cercle vicieux psychosomatique qui s'installait a pu ainsi modifier son sens et devenir bénéfique.

Pauline, elle, était dans une situation de maladie grave, souffrant d'un cancer des os quand elle a connu la possibilité de se servir de son mental pour s'aider à se soigner. Elle construit alors en imagination le film suivant : des petits personnages, ouvriers qualifiés, effectuent un travail de réparation sur ses os atteints, ils grattent des parties abîmées, cimentent les endroits déficients, poncent, polissent, etc. Et, par ailleurs, comme elle reçoit un traitement de chimiothérapie, pendant les perfusions elle se représente le travail de destruction des cellules cancéreuses qu'effectue le médicament. Enfin, en vue de soigner des blessures affectives, Pauline a entrepris une psychothérapie, grâce à laquelle elle a pu se libérer petit à petit des relations qui la « minaient ». La synergie de ces approches a permis à cette femme de reprendre peu à peu une vie normale, et maintenant, avec le recul de cinq années, elle continue à pratiquer ces exercices, non plus dans une optique de soin, mais d'entretien de ses systèmes naturels de protection.

Ces exemples nous le montrent : la relaxation, associée à une visualisation choisie, a un effet souvent très rapide sur la douleur. Se relaxer, visualiser n'est certes pas facile quand nous souffrons, mais déjà une expiration profonde, suivie d'une respiration calme et lente, apportent un soulagement qui peut permettre d'entrer dans une détente apaisante. Ainsi il sera envisageable selon les cas soit d'éviter de recourir aux médicaments analgésiques, soit d'en diminuer les doses.

Dans le cas d'un banal mal de tête, on peut toujours commencer par de la relaxation, par un message venant du mental, avant de prendre un médicament. Très souvent les céphalées sont liées au stress, aussi la détente musculaire et mentale suffira pour apaiser la douleur, et, bénéfice supplémentaire, réduira l'escalade du stress.

Mais quelles images utiliser pour soulager une douleur ? Plusieurs scénarios sont possibles :

- se centrer sur une image qui nous suggère ou nous rappelle une grande détente : par exemple, on se verra allongé sur une plage ou dans une prairie au bord d'un ruisseau et on imaginera, ou se rappellera, le bien-être alors éprouvé. Le souvenir nous permet aussi de rappeler à notre corps les différents plaisirs que nous avons connus dans cette situation. Ce type de représentation agréable est particulièrement efficace dans les cas où la douleur est entraînée par un excès de tensions musculaires et/ou mentales ;
- partir de la sensation douloureuse pour trouver une image adaptée ; par exemple, si la douleur se traduit par un ressenti de brûlure, imaginer une application de quelque chose de frais et d'apaisant ; s'il s'agit d'une sensation de nœud, se voir en train de défaire un nœud. Quand la douleur traduit une obstruction, voir la circulation se rétablir, etc. ;

■ donner une forme, une couleur, un volume, un chiffre à cette douleur, et imaginer qu'on la fait sortir du corps, par les mains ou les pieds ;

■ baigner tout le corps dans une lumière bleue, rose, vert amande ou blanc nacré, qui apaise.

➤ ... Et pour se garder en bonne santé

Même quand nous ne sortons pas d'une période de maladie, que nous n'éprouvons aucun symptôme gênant, même si nous sommes en bonne santé, cette démarche est utile car le maintien de l'équilibre demande de la vigilance, un système immunitaire qui fonctionne sans défaillance. Relaxation et visualisation accompagnent cette attention. De cette façon, nous rappelons à l'ordre quotidiennement les sentinelles intérieures qui veillent sur notre santé.

Par exemple, nous pouvons imaginer comme « scénario d'entretien » :

■ sur le plan réaliste, les différents types de cellules qui assurent notre immunité faisant leur travail de détection et d'éjection de ce qui est indésirable dans notre organisme ;

■ sur le plan analogique, des personnages, des ouvriers, des agents d'entretien qui font ce même travail de détection, éjection, nettoyage, entretien ;

■ sur le plan symbolique, une eau ou une lumière purifiante qui inonde notre organisme et le lave de tout ce qui pourrait en perturber le fonctionnement.

Ce ne sont là, bien sûr, que quelques propositions parmi une infinité d'autres ; notre imagination est sans limites. C'est à chacun de trouver l'image, le scénario qui lui plaît le mieux, en fonction de l'idée qu'il se fait des nécessités de son organisme. Et si l'on peut échanger avec quelqu'un dans cette recherche, les chances de pratiquer de façon efficace s'en voient d'autant accrues.

Une technique très ancienne

Il peut sembler étrange de préconiser ce genre d'exercice comme technique de soin, habitués que nous sommes à déléguer aux seuls médecins et aux médicaments la tâche de nous guérir. Rappelons que les pratiques de visualisation sont très anciennes et qu'on les retrouve dans toutes les grandes traditions. Elles font partie des exercices taoïstes et aussi d'une pratique de yoga dans laquelle il s'agit de visiter mentalement le fonctionnement des organes, le yoga nidra. Chez les Grecs de l'Antiquité, les malades étaient soignés dans les « temples de la santé ». Ils dormaient dans un endroit spécial, appelé « chambre d'incubation », dans l'attente de rêves et de visions qui ensuite faisaient l'objet d'un décodage avec le prêtre-médecin. Ensemble, soignant et soigné cherchaient ainsi à comprendre le sens des contenus mentaux autant que des symptômes physiques et à en tirer une orientation de traitement qui prendrait en compte tout à la fois les besoins du corps et ceux de l'âme. Cette démarche avait pour objectif de solliciter le pouvoir naturel d'autoguérison de la personne souffrante, même s'il fallait l'y aider par quelques remèdes.

Les chamans, médecins du corps et de l'esprit, ont aujourd'hui encore une démarche semblable. Avec des moyens différents selon leur culture, ils stimulent et utilisent les productions mentales du soigné afin d'établir le diagnostic et savoir quel remède appliquer.

Dans notre monde occidental, nous ne sommes pas assez à l'écoute de nous-mêmes, de nos vécus internes, ce qui nous fait perdre la confiance nécessaire dans notre pouvoir physique et mental d'autoguérison. Nous avons certes l'immense privilège de pouvoir profiter des avancées de la médecine moderne, mais celles-ci risquent de nous amener à des échecs cuisants si nous ne les mettons pas en synergie avec notre unité fonctionnelle corps-esprit.

Se réapproprier son corps

Cette unité psychosomatique qui est la nôtre, la visualisation nous permet de l'appréhender. Nos productions imaginaires nous renseignent sur notre monde intérieur et peuvent nous questionner sur le sens de ce qui nous arrive. De plus, elles nous rendent conscients de la merveilleuse complexité de notre corps.

La plupart d'entre nous mènent une vie active, sont soumis à de multiples sollicitations et, de ce fait, attentifs en permanence au monde extérieur ; l'essentiel de notre attention se porte « hors de nous-mêmes ». Nous avons peu l'occasion, et souvent n'avons pas développé le goût et l'aptitude à écouter les échos de notre monde interne. Notre corps est un grand inconnu qui se débrouille comme il peut ; nous avons tendance à l'ignorer tant qu'il ne nous donne pas trop de signes d'inconfort ou de maladie.

Dans un projet de réappropriation de son propre organisme, il est bénéfique de **s'entraîner à « voir » l'intérieur de son corps**, à s'en représenter le fonctionnement, les interrelations entre les différents organes, l'activité merveilleuse des différents systèmes. Les images, qui émergent pendant ces temps privilégiés, sont une sorte de rêve éveillé. Elles nous éclairent quelque peu sur les niveaux de notre conscience laissés à l'arrière-plan ; grâce à elles nous pouvons **enrichir notre vision de nous-mêmes**. Chaque image a un contenu symbolique, et pour celui qui s'intéresse à sa vie intérieure, les découvertes sont sans cesse renouvelées.

La principale difficulté de cette démarche est de trouver assez de plaisir à la pratiquer. Le faire comme une corvée serait dommage et le faire comme un acte volontaire serait se priver de l'attitude de détente souhaitée. L'attitude juste nous semble se situer dans l'intention de se faire du bien, en ayant à l'idée qu'à chaque fois nous faisons au mieux de ce que nous pouvons faire et que, par conséquent, cette pratique nous est bénéfique.

Par ailleurs, rappelons que le simple fait de se poser un moment, de souffler, de fermer les yeux, d'envoyer à son corps des messages de détente apporte un changement psychophysiologique appréciable, même si notre ressenti n'est pas aussi agréable que nous le souhaiterions. Aussi, se faire des reproches parce que notre esprit a vagabondé n'est pas de mise ; au contraire, nous pouvons nous remercier d'avoir pris du temps pour nous : corps et esprit nous en sont reconnaissants, et notre santé globale s'en ressentira positivement.

Exercice

En cas de problème de santé, quelles images choisir ?

› Installez-vous le plus confortablement possible, comme vous avez pris l'habitude de le faire…

Bâillez pour détendre votre visage, puis concentrez-vous sur votre respiration, sur la sensation de l'air qui rentre et sort par vos narines ou votre bouche.

› Si vous le pouvez, fermez doucement les yeux et maintenant respirez profondément deux ou trois fois, en prolongeant l'expir autant que vous le pouvez.

› Quand vous soufflez, imaginez que vous faites sortir de votre organisme les tensions, la fatigue, les douleurs, les soucis. Et, quand vous inspirez, imaginez que vous vous rechargez en énergie et en choses agréables.

› Maintenant, laissez-vous respirer librement en détendant tout votre corps : commencez par le visage et descendez lentement jusqu'aux pieds.

› Faites alors venir à votre esprit l'image d'un lieu calme et apaisé. Imaginez que vous vous trouvez au milieu de cet endroit, et essayez d'approfondir votre bien-être en profitant de tout ce qu'il y a à voir, entendre, goûter, toucher, sentir, ressentir.

› Tout en restant en contact avec ces sensations agréables, rappelez-vous un moment heureux de votre vie récente ou passée, et retrouvez les sensations, les émotions, les sentiments que vous aviez éprouvés à ce moment-là.

»

»

Suite...

› Pensez maintenant à votre santé. Que voulez-vous faire aujourd'hui ? S'agit-il de traiter un problème ? Ou de maintenir la vigilance de votre système immunitaire ?

› Quel que soit votre projet, voyez-vous en images ayant atteint votre but (par ex. : un symptôme résorbé), et expérimentez les sensations, sentiments, émotions qui sont associés à cette image et à cette idée.

› Puis, revenez à la situation d'aujourd'hui, et voyez en images le travail que votre corps a besoin de faire pour atteindre votre objectif. Visualisez étape par étape le travail de votre corps pour traiter le problème que vous avez choisi. Vos images peuvent être réalistes, analogiques, ou symboliques.

› C'est à vous maintenant... Prenez votre temps... Ne soyez pas avare de vos images... Elles envoient des messages utiles à votre corps...

› Et avant de terminer, soyez reconnaissant envers vous-même de vous être accordé ce temps pour vous. Réalisez que vous disposez de ressources internes, et que celles-ci sont reliées à toutes les ressources de votre environnement.

Rappelez-vous que la relaxation et la visualisation sont des outils puissants qui sont constamment à votre disposition, et d'autant plus opérants que vous les utilisez souvent.

Chaque fois que vous pratiquez cet exercice, votre organisme est de plus en plus détendu, en meilleure forme, et beaucoup mieux qu'avant.

Préparez-vous maintenant à mettre fin à ce temps privilégié. Commencez à remuer quelque partie du corps, les doigts des mains et des pieds par exemple, à vous étirer et à bâiller si vous en avez envie, et quand vous vous y sentez prêt, ouvrez les yeux et reprenez contact avec ce qui vous entoure, tout en gardant bien votre détente.

À la fin de l'exercice, vous pouvez dessiner le scénario que vous avez imaginé pendant la relaxation. C'est une bonne façon de préciser, clarifier ses images, évaluer si les étapes s'enchaînent, jauger le dynamisme mis dans la résolution du problème. Des ajustements peuvent s'ensuivre.

Cette représentation graphique peut aussi donner des informations sur les croyances, les peurs, d'éventuels blocages, renseigner sur la problématique psychosomatique globale qui sous-tend le problème.

Et n'oubliez pas que, pour ce travail, vous pouvez aussi vous faire aider par un spécialiste : un conseil en santé holistique, par exemple.

➤ Confiance et espoir

Nous avons tous besoin de confiance et d'espoir : confiance en l'autre et en nous-mêmes, espoir d'une guérison, d'une amélioration, d'un mieux-être, d'un changement.

La confiance et l'espoir, c'est ce que savent donner à leurs patients les guérisseurs traditionnels que nous avons rencontrés, lorsqu'ils leur disent ou leur laissent entendre qu'ils chassent les démons, apaisent les esprits, consolent les ancêtres, réparent les blessures, enlèvent le « mal ». À leur façon, dans un langage symbolique adéquat à leur culture, et souvent avec la participation de la communauté, ils éveillent ou réveillent les forces de guérison de leurs patients. Arnulfo Olivares, guérisseur mexicain, disait ainsi au docteur Thierry Janssen, qui le rapporte dans son livre *La Solution intérieure* : « Nous faisons le même métier, docteur. Seuls les mots changent. Dans la tête de nos patients, il y a des images. Ce sont les images qui guérissent le cœur et le corps des hommes. » C'est un fait. Mais combien de médecins, eux qui sont si souvent avares de leurs mots, si soucieux de leur « science », sont prêts à le reconnaître ? Auraient-ils oublié ce que disait le grand chirurgien de la Renaissance que fut Ambroise Paré : « Guérir parfois, soulager souvent, consoler toujours... » ?

> 8 <

chapitre

L'approche psychosomatique en action

Tel est le nom que nous avons donné à l'approche que nous avons créée il y a une vingtaine d'années. À la différence de nombreuses autres, celle-ci n'est pas qu'une spéculation théorique ou un discours sur le corps, mais bien un outil pratique tant pour les malades que pour les soignants.

Notre approche s'efforce de saisir corps et esprit dans un même mouvement. Plus que des interprétations de style psychanalytique, elle propose des actions concrètes (d'où son nom) pour explorer ou modifier une situation : respiration, relaxation, expression émotionnelle, harmonisation énergétique, stimulation de l'imaginaire, exploration des vécus personnels et des souvenirs, analyse du ressenti et du remémoré, mise en lien de situations actuelles et passées, etc. Tout cela afin de permettre aux patients de « mettre en acte », de mettre en scène, de représenter des événements traumatiques de leur vie. Mais cette fois en les exprimant avec leur corps et avec leurs mots.

➤ Le corps est notre meilleur médecin

C'est ce qu'un chercheur de prestige déclarait à un grand hebdomadaire parisien. Dans son laboratoire de Boston (États-Unis), le professeur Bessel Van der Kolk étudie les effets sur l'organisme de ce qu'on appelle l'« état de stress post-traumatique ». État qui inclut de nombreux désordres psychosomatiques apparaissant à la suite d'un traumatisme, l'exemple le plus frappant étant celui des anciens combattants traumatisés par la guerre.

Au départ, le professeur Van der Kolk n'accordait guère de crédit aux techniques psychocorporelles. Il croyait, comme on le lui avait enseigné, que seules les cures par la parole pouvaient aider à résoudre de tels problèmes. Et puis il a vérifié que ces techniques étaient efficaces et a entrepris de comprendre pourquoi. Depuis, il n'hésite pas à affirmer que des pratiques comme le yoga ou le qi-gong donnent des résultats plus probants que les thérapies verbales, et que tout ce qui soulage une souffrance héritée du passé est « un bienfait qui permet à la personne d'aller de l'avant ». Sans aller aussi loin que lui, car notre expérience nous a maintes fois prouvé que la parole est utile sinon indispensable, nous avons nous aussi amplement vérifié que l'approche psychocorporelle représente un outil irremplaçable pour traiter des conflits émotionnels ou des troubles psychosomatiques.

➤ Le corps n'oublie rien

C'est que notre corps n'oublie rien. Depuis les premiers mois de la gestation où, baignant dans le liquide amniotique, nous étions en complète osmose avec l'organisme maternel, il engrange des informations et des souvenirs. Les traumas petits ou grands que nous avons vécus laissent des traces. Connues ou inconnues, nous portons celles-ci dans notre corps et pas seulement dans notre psyché. Dans un précédent chapitre, nous avons vu comment elles s'intègrent aux mailles de la cuirasse d'adaptations et de défenses que nous avons créée pour survivre et comment, en entravant le libre flux de nos émotions, elles peuvent être source de souffrance.

Ces malheurs nous semblent parfois bien « ordinaires », et nous ne leur accordons que peu d'intérêt. Mais pour autant qu'ils aient été vécus dans un sentiment d'impuissance et de désespoir, ils peuvent, eux aussi, laisser une cicatrice douloureuse longtemps après les faits. Ceci est bien compréhensible : les circonstances, surtout si nous étions très jeunes, ne nous ont pas permis de « digérer », d'élaborer l'événement.

Quand un événement déborde notre aptitude à faire face, le cerveau rationnel (celui qui pense, décide, dit) est court-circuité, notre psychisme se bloque. Les mécanismes d'adaptation biologique et psychologique s'en trouvent perturbés et nous ne réussissons pas à intégrer l'expérience. Nous la congelons alors et la stockons dans notre corps. La souffrance est ainsi littéralement « encapsulée » de façon diffuse dans des strates profondes de notre organisme (cerveau archaïque, peau, muscles, neurones intestinaux, etc.), hors d'atteinte de l'effort intellectuel ou de l'expression verbale. Si, plus tard, parfois beaucoup plus tard, des bribes de cette expérience reviennent en mémoire, ce n'est pas sous la forme de souvenirs ordinaires mais d'intenses réactions émotionnelles. Les recherches du professeur Van der Kolk nous expliquent pourquoi.

Grâce aux techniques d'imagerie cérébrale, il a pu observer que chez des personnes souffrant d'état de stress post-traumatique, l'évocation du souvenir douloureux entraîne deux réactions simultanées : alors que la région de l'amygdale, siège de la détection du danger, s'« active », l'aire de la parole, dans le cortex frontal, s'« éteint ». C'est pourquoi la réactivation du souvenir, vécue très intensément, ne peut être verbalisée. De plus, l'expérience clinique lui a montré, tout comme à nous, que c'est seulement en vivant dans son corps une expérience qui contredit le sentiment d'impuissance associé au trauma initial qu'on peut réussir à le surmonter. On voit donc l'intérêt qu'il y a à utiliser des techniques de soins qui ne fassent pas exclusivement appel à la parole. **Puisque notre corps n'oublie pas, ne l'oublions pas non plus !**

Le cerveau est un organe d'action

Avec ses nombreux prolongements nerveux, le cerveau est organisé pour mettre le corps en mouvement à la moindre alerte, soit pour fuir le danger, soit pour le combattre. Si les circonstances sont de nature à empêcher l'action – comme elles le furent dans les situations traumatiques vécues par le sujet –, l'énergie est déviée de l'impossible décharge musculaire vers une réaction végétative et endocrine. Et, comme nous l'avons vu, cette dernière provoque souvent anxiété ou mal-être. Avec la répétition du stress ou du trauma, cette réaction tend à devenir conditionnée en termes pavloviens. Il est bon alors de donner au corps la possibilité de rejouer la scène ; cette fois-ci dans un rôle actif et réparateur.

S'adressant à l'organisme dans sa globalité, notre approche met directement le corps en jeu et prête un intérêt particulier à la **désincarcération des émotions** qui ont pu être réprimées et retenues dans les mailles de la cuirasse. Elle cherche ainsi à libérer les émotions anciennes, les résidus traumatiques encore actifs et, de façon plus générale, l'agressivité bloquée et la sexualité réprimée (les deux pulsions fondamentales). Tout en assouplissant les défenses et en libérant les émotions, son but est de remettre en circulation l'énergie stagnante, de restaurer l'équilibre végétatif, de dégager les obstacles qui entravent la pulsation vitale de l'organisme pour amener le sujet à jouir plus intensément de la vie.

Cette proposition, ambitieuse s'il en est, s'accompagne pourtant d'une grande humilité dans la pratique. En effet, il ne s'agit ni de forcer, ni de percer, ni de briser cuirasse ou résistances, mais, au travers d'un dialogue verbal et corporel soutenu, de favoriser des ouvertures, des détentes, des remaniements progressifs. Ceux-ci, que l'on recherche tant au niveau physique que psychique, permettent la liquidation des conflits anciens grâce à une élaboration mentale nouvelle. Nos principaux outils sont la **respiration consciente**, le **décuirassement de l'organisme** et les **mobilisations émotionnelles**, la **relaxation** et l'**imagerie mentale**, auxquels s'ajoutent diverses autres pratiques pour faciliter l'expression de chacun : dessins, gribouillages, récits de rêves, par exemple.

Respirer consciemment

La respiration est une fonction fondamentale pour l'organisme : c'est elle qui permet la vie. Par les apports d'oxygène et l'élimination de gaz carbonique qu'elle suscite, elle régule les phénomènes métaboliques du corps et permet aux cellules et aux organes de travailler harmonieusement.

Mais ce n'est pas tout. Régulée automatiquement par les centres nerveux du bulbe rachidien, ou modifiée par la volonté, la respiration occupe une place privilégiée entre le conscient et l'inconscient. Nous savons tous qu'il existe des relations étroites entre nos états affectifs et notre respiration et, très tôt dans notre vie, nous avons appris à la contrôler pour « étouffer » nos émotions, « rentrer » notre colère, « ravaler » notre chagrin, « faire taire » notre peur. Ces réactions, conscientes ou inconscientes, sont chez beaucoup à l'origine d'un fort cuirassement du thorax, dont la cause première est à rechercher dans les conflits émotionnels de l'enfance. Ce corset thoracique se double habituellement d'un blocage du diaphragme. Celui-ci, en limitant les échanges énergétiques vers le bas et vers le haut du corps, diminue notre sensibilité émotionnelle et notre capacité de jouissance sexuelle. Dans les années 1930, Reich faisait remarquer : « L'organisme se défend ainsi des sensations de plaisir ou d'angoisse. » Quelque dix ans plus tôt, un radiologue des hôpitaux de Paris, le docteur G. Maingot, examinait, grâce à la radioscopie, les mouvements du diaphragme, qu'il considérait révélateurs des états mentaux.

Notre diaphragme parle de nous

Le 13 novembre 1920, le docteur Maingot donnait une conférence au Collège de France. Écoutons-le présenter sa méthode, qu'il appelait phrénoscopie (du grec *phrên*, diaphragme, et *skopein*, examiner), et imaginons-le dans la pénombre de son cabinet qu'éclaire à peine la phosphorescence verte de l'écran radioscopique.

« Le sujet est derrière l'écran ; on lui répète plusieurs fois de suite et d'une façon impérative : "Respirez fort !", en faisant comprendre par le ton et par le geste qu'il faut à partir de maintenant, et pour toute la durée de l'examen, respirer très profondément. À peine l'ordre donné le diaphragme commence-t-il précipitamment une série de respirations profondes, le caractère est docile, l'individu empressé. Si la respiration conserve longtemps la même intensité, c'est un signe de fidélité et de persévérance. Inversement, si le rythme se ralentit après deux ou trois mouvements, l'être est volage et promet plus qu'il ne donne. »

Les interprétations du bon docteur étaient-elles bien fondées ? Sans aller si loin, nous retiendrons ici que le diaphragme est un muscle très important qui assure la plus grande part du travail respiratoire et que nos états émotionnels retentissent sur son fonctionnement.

➤ Effets d'une respiration régulée sur le corps

Les modifications du rythme et de la profondeur respiratoire entraînent des modifications psycho-physiologiques. Ce fait, connu depuis la plus haute Antiquité, est attesté par de nombreuses pratiques transmises par toutes les grandes traditions de l'humanité. C'est ainsi que la respiration consciente des taoïstes, comme celle attentive des yogis, permet, à travers le nerf vague (voie nerveuse végétative à polarité parasympathique, c'est-à-dire de détente), d'agir sur l'excitabilité d'une région archaïque du cerveau qui joue un rôle capital dans nos réflexes de survie. Lorsque celle-ci, connue aussi comme cerveau reptilien, est perturbée par un stress répété ou par un traumatisme, elle se dérègle et déclenche un « signal d'alarme » à tout propos. Or, il semblerait que l'apaisement du cerveau reptilien soit nécessaire pour que le lobe frontal puisse jouer son rôle de contrôle et de modération, et permettre au vécu traumatique d'être élaboré. Grâce aux capacités symboliques du cortex supérieur, ce vécu se transforme alors en une sorte de récit fait d'images et de mots, que le psychisme peut assimiler. Quant à la respiration rapide et profonde, elle entraîne une hyperventilation qui modifie l'acidité du sang et entraîne une série de réactions en cascade : modification de la contractilité et du tonus musculaire, décharges motrices et émotionnelles, etc.

L'action sur la respiration est une des clefs maîtresses de notre thérapie psychosomatique. Utilisée avec doigté, elle permet de guider le sujet dans l'exploration de lui-même et peut lui permettre de faire connaissance avec ses mécanismes intérieurs les plus intimes. Lanza del Vasto, qui avait séjourné de longues années aux Indes, disait : « Pour qui veut connaître son corps du dedans, c'est la corde du puits. »

Soledad souffre. Elle souffre d'une relation conjugale qui se détériore, d'un travail qui l'épuise, d'une féminité qui s'étiole. Soledad approche des cinquante ans. Elle a peur, peur de sortir, peur de vieillir, peur de mourir. Sa voix est remplie de peur, ses yeux aussi. Soledad a peur depuis qu'elle est enfant : peur du noir, des fantômes, des voleurs, de la solitude, de la maladie...

Sur le divan, elle se crispe et, après quelques respirations profondes, ferme les yeux et repousse de ses deux mains ouvertes quelque chose qu'elle seule voit. Tantôt ce sont des hommes nus, tantôt des monstres, des images d'accidents, le souvenir d'une petite fille morte... Après quelques minutes de lutte intense, elle se calme et nous parlons des images qui l'ont envahie, de ce qu'elles lui suggèrent, de ce qu'elles lui rappellent. Ces images ponctuent nos séances pendant des mois. Jusqu'au jour où, alors qu'après une respiration approfondie elle retrouve cette même expression du corps et des mains, elle commente : « J'ai vu un petit monstre aux grandes oreilles. C'est encore de la peur, mais toute petite maintenant. Près de lui il y avait une lumière qui me donnait de la force. J'ai pu le repousser avec mes mains. » Et elle ajoute avec un sourire : « Je vais mieux », ce que son évolution confirmera.

Exercice

Mon ventre « comme un ballon »...

Cette forme de respiration guidée peut vous aider à chasser des idées noires, à vous endormir plus facilement. Elle est très appréciée des enfants. S'il s'agit de calmer une douleur, après quelques minutes de respiration centrée sur le nombril, imaginez que vous amenez l'air là où vous avez mal, et qu'avec l'expiration vous faites sortir la douleur de votre corps.

Pour commencer, allongez-vous tranquillement sur votre lit, sur un matelas ou au sol, dans une pièce calme. Fermez doucement les yeux et détendez votre visage : sourcils, paupières, mâchoires. Détendez aussi vos épaules et votre dos. Laissez le matelas ou le tapis épouser la forme de votre dos. Bien. Très bien.

Vous pouvez laisser vos jambes allongées ou plier les genoux pour poser les plantes de vos pieds bien à plat sur le sol. Faites ce qui vous est le plus confortable.

Maintenant, posez vos mains sur votre nombril et sentez leur poids, leur chaleur, leur présence. Concentrez votre attention sur la zone de votre nombril. Et puis expirez doucement, en creusant légèrement le ventre comme un ballon qui se vide. Et maintenant, inspirez doucement en gonflant votre ventre. Marquez une petite pause, puis expirez à nouveau très doucement.

Vous pouvez jouer avec votre respiration en imaginant que, dans l'inspir, vous gonflez un ballon et allez coller votre nombril au plafond ; dans l'expir, vous dégonflez le ballon et allez coller le nombril au sol.

C'est exagéré, dites-vous. Bien sûr, c'est un jeu. Un jeu avec l'air, avec votre imagination, avec le mouvement de l'énergie.

En expirant, vous pouvez imaginer que vous vous débarrassez de choses qui vous encombrent, de choses qui vous oppressent, que vous « faites le ménage » non seulement dans vos poumons, mais dans tout votre corps et aussi dans votre esprit. Laissez donc filer vos soucis dans votre expiration, et remplissez-vous de force, de bien-être, d'énergie dans votre inspiration.

Prolongez cette expérience tout le temps que vous le désirez, puis ouvrez les yeux, étirez-vous, bâillez si vous en avez envie, remuez doucement.

Comment vous sentez-vous à présent ?

➤ Décuirasser l'organisme et mobiliser les émotions

Le décuirassement a pour but de libérer l'organisme de tensions inutiles et de restaurer une libre circulation des énergies physiques et psychiques. Il se fait doucement, progressivement, couche par couche, niveau par niveau, en allant de ce qui est directement repérable dans la relation jusqu'aux couches les plus profondes du fonctionnement biologique et énergétique[1].

Pour agir spécifiquement sur chacun des niveaux que nous avons décrits au chapitre 4, nous employons des mobilisations neuro-musculaires.

Par exemple :

- mobiliser les yeux et la bouche, en utilisant l'exercice suivant : mâcher une petite serviette ou un gant de toilette en même temps qu'on déplace les yeux latéralement comme pour regarder sur les côtés ;
- exprimer verbalement un « non » avec force, en tournant la tête d'un côté et de l'autre ou en frappant des poings sur le matelas, ou en mobilisant latéralement le bassin, ou encore en écrasant le matelas avec le sacrum ;
- débloquer le diaphragme, par des respirations approfondies en émettant un son grave, ou en provoquant le réflexe de vomissement (seulement le réflexe) ;
- lancer des coups de pied symboliques avec le talon ou avec la pointe du pied, tout en disant « non », pour se débarrasser de vieilles choses, se libérer de vieilles contraintes.

À la différence de ce qui a été vécu antérieurement par le sujet, chacune de ces mobilisations s'accompagne d'une acceptation inconditionnelle de ce qui peut s'exprimer ; condition indispen-

1. Le lecteur intéressé trouvera de nombreux exemples des mobilisations que l'on utilise et leur justification théorique dans : G. Guasch, *Quand le corps parle*, Vannes, Sully, 1998-2002.

sable à l'élaboration nouvelle des conflits. Le processus de décuirassement ne vise pas qu'à relâcher des muscles trop tendus, auquel cas il ne serait qu'une forme de relaxation dynamique, il cherche à agir profondément sur le versant corporel et caractériel de la cuirasse. Pour ce faire, il inclut l'expression des émotions, du ressenti, l'analyse des conflits dynamiques et des éléments significatifs de l'histoire de vie, ainsi que des résistances et, parfois aussi, du transfert développé par le sujet dans la relation thérapeutique.

C'est pourquoi, dans l'ici et maintenant de la séance (que celle-ci soit individuelle ou collective), nous utilisons des stratégies et des tactiques susceptibles d'ouvrir le sujet à des expériences nouvelles. En effet, trop souvent celui qui souffre et vient nous consulter est comme un musicien qui pianoterait avec deux doigts sur quelques touches de son clavier. La peur, l'angoisse, la répression, le refoulement ne lui permettent ni d'étendre sa gamme ni d'enrichir son doigté. Parfois même, il ignore, ou semble ignorer, qu'il dispose de dix doigts et d'un clavier plus étendu. C'est donc un des rôles de la thérapie que de l'aider à prendre conscience de ses limitations et lui faire découvrir ses potentiels inexploités afin qu'il puisse s'autoriser à plus de liberté dans ses pensées, ses rêves, ses actes, et dans sa vie.

➤ De nouveaux neurones et de nouvelles interconnexions

Des observations récentes apportent une confirmation du bien-fondé de la ligne d'action que nous nous sommes tracée. En effet, après avoir longtemps cru que le nombre de nos neurones était fini et ne pouvait que diminuer avec l'âge, la biologie s'est aperçue que **le cerveau dispose d'une certaine capacité d'autoréparation**, qu'il est capable de se régénérer en développant de nouveaux neurones à partir de cellules embryonnaires présentes dans les tissus cérébraux. Mais cette neurogenèse, qui offre de nouveaux « câblages » et donc de nouvelles possibilités de compréhension et d'adaptation, ne se produit pas automatiquement. Elle est déclenchée par un certain type de comportement : la découverte d'une nouveauté, un effet de surprise, l'échange avec un environnement stimulant et la pratique d'un exercice physique. Et c'est justement ce qu'offre l'approche psychosomatique en action, qui allie une mobilisation du corps et des émotions à une invitation à s'exprimer sur des modes nouveaux.

➤ Relaxer le corps et l'esprit

La relaxation est une autre de nos clefs maîtresses. En effet, elle permet de moduler les effets du système nerveux végétatif dont les fonctions autonomes ne se laissent pas contrôler facilement par la volonté. La relaxation induite directement ou à l'aide d'appareillages comme en utilise le biofeedback, qui met à profit les avances conjuguées de l'électronique et de l'informatique, permet de réduire les influences stressantes de l'orthosympathique et de stimuler les effets relaxants et réparateurs du parasympathique. Par voie de conséquence, elle permet aussi de favoriser le fonctionnement harmonieux des systèmes immunologique et endocrinien.

Depuis longtemps associée sous des formes diverses à la médecine psychosomatique, elle a été utilisée avec succès pour réduire la pression artérielle chez les hypertendus, freiner le rythme du cœur, améliorer la qualité du sommeil, traiter des problèmes digestifs. Menée jusqu'à une certaine profondeur, elle favorise un ralentissement du rythme cérébral, mis en évidence par une production accrue d'ondes lentes alpha sur l'électroencéphalogramme.

Les techniques de relaxation sont multiples, mais toutes visent à atteindre une **décontraction musculaire et psychique**. Nous l'utilisons nous-mêmes seule, ou associée à la visualisation d'images positives, ou encore pour permettre des plongées intérieures qui facilitent la remémoration de scènes de l'enfance, de vécus anciens, la retrouvaille avec des sensations, des émotions, des images, des souvenirs enfouis au cœur de nous-mêmes : ici c'est elle la « corde du puits ». Proche d'elle sont les techniques d'autohypnose et d'hypnose médicale qui jouissent d'un regain d'intérêt depuis plusieurs années.

La relaxation est un outil précieux qui peut être utilisé chaque jour. Pourtant, hors des séances, de nombreuses personnes l'abandonnent après quelques essais, parce qu'elles n'arrivent pas, disent-elles, à « fixer leur esprit », leurs pensées vagabondent. Qu'elles se rassurent : cela ne retire rien aux effets de la relaxation. Une relaxation peut être plus ou moins profonde mais elle ne peut pas se « rater » ! Quel que soit le niveau atteint, l'organisme tire bénéfice de ce temps de détente. Et puis, on peut aussi s'aider d'enregistrements (cassettes, CD), faciles à trouver dans le commerce, et se laisser guider.

➤ Incroyable, mais vrai !

Savez-vous que pour mâcher les aliments nous exerçons environ 4 kilos de force sur nos molaires, mais que sous l'effet d'une tension nous pouvons en exercer jusqu'à 40, soit dix fois plus, ce qui est une force énorme ?

Sous l'effet d'une colère, d'une contrariété, certaines personnes serrent ainsi si brusquement et fortement les mâchoires qu'elles se brisent les dents. On en a même vu, par une contracture généralisée, pulvériser un disque intervertébral ! Alors, un conseil : si vous tenez habituellement les dents si serrées qu'il serait impossible de faire passer entre elles une feuille de papier à cigarette, entrouvrez la bouche, détendez vos mâchoires, bâillez ! Et n'oubliez pas de sourire. Cela détend vos masséters (muscles masticateurs), stimule vos zygomatiques (muscles du rire), détend votre visage, votre cou aussi. Et même votre dos, car l'organisme est un tout parcouru par de grandes chaînes musculaires. **Que vous détendiez une zone, un point, et c'est tout votre corps qui en bénéficie !**

➤ Diverses formes de relaxation

Afin de répondre le plus précisément possible aux besoins de la personne, nous utilisons diverses formes de relaxation. Par exemple :

- la **relaxation musculaire progressive** : celle-ci consiste à contracter et relâcher progressivement tous les muscles, en allant des orteils jusqu'au visage. Elle apprend à reconnaître comment sont les muscles lorsqu'ils sont contractés et lorsqu'ils sont dans un état de relaxation ;
- la **relaxation par induction mentale** : cette méthode consiste à imaginer que vos muscles sont très lourds (très relaxés). Lorsque les fibres musculaires qui entourent les vaisseaux sanguins sont relaxés, ceux-ci se dilatent et apportent plus de sang à l'organisme. Il en résulte une sensation de chaleur agréable dans le corps, qui, à son tour, induit une relaxation plus profonde de tout l'organisme. Ici, nous commençons généralement par la détente du front et du visage et nous descendons progressivement vers les pieds ;
- la **relaxation par imagerie mentale** : proche de la sophrologie, celle-ci utilise la visualisation mentale de scènes calmes et paisibles, de situations agréables et confortables.

L'exemple suivant, très détaillé, montre une technique que nous utilisons en groupe. Rapporté tel que nous l'avons fait faire dans un de nos séminaires, il donne une idée des points importants à respecter lorsqu'on souhaite vraiment bien se relaxer. Vous pouvez le faire vous-même tel quel, ou vous en inspirer en l'adaptant à vos besoins.

Exercice

Un exemple de relaxation psychosomatique, d'inspiration chinoise

Vous commencez par vous asseoir le plus confortablement possible.

Il y a deux façons de faire. La façon la plus simple consiste à s'asseoir les pieds bien posés par terre et les mains posées sur les cuisses. On peut aussi rassembler ses plantes de pieds l'une contre l'autre, et réunir les paumes des mains. Si vous le voulez, faites l'expérience de l'une et de l'autre, puis adoptez la position qui vous paraît la plus confortable. C'est là un point important, car de lui dépendra votre confort dans la suite de l'exercice.

»

»

Suite...

Un autre point important est la position du dos. Ici encore il y a deux façons de faire. Ou bien on s'appuie sur le dossier, ou l'on s'assied sur le bord du siège, le dos droit. Essayez et voyez la position qui vous convient le mieux, dans le confort de votre corps.

Maintenant, l'important, c'est de détendre votre corps. Il a dû vous arriver, si vous avez déjà une expérience pratique de la relaxation, de croire qu'à certains moments on est parfaitement relaxé et de s'apercevoir qu'il y a des résidus de tensions ici ou là. Cherchez à les repérer et relâchez-les.

Nous allons prendre un temps pour induire une bonne détente, une détente très profonde et, pour ce faire, nous allons nous aider de la respiration. Ce n'est pas compliqué du tout ; c'est une technique qu'on peut apprendre même à de petits enfants, ça les amuse : on l'appelle la respiration chinoise. Si vous avez d'autres habitudes, essayez pour l'instant de les oublier, et faites l'expérience de cette façon de respirer.

On respire donc simplement en gonflant le ventre à l'inspir et en le creusant légèrement à l'expir. On prend surtout beaucoup de temps pour expirer. On allonge le souffle dans l'expiration. Videz... videz... videz encore. Laissez sortir le vieux, les choses qui encombrent, l'énergie négative, puis faites entrer le neuf, l'énergie positive.

Dans la tradition chinoise, tout est réglé par la polarité yin/yang : il y a un temps yin et un temps yang dans la respiration, tout comme il y a un temps yin et un temps yang dans la pensée.

Si vous avez maintenant trouvé la position d'assise qui vous convient le mieux, vous pouvez fermer doucement les yeux. Le simple fait de fermer les yeux a un effet neuro-physiologique puisqu'il freine certaines émissions d'ondes cérébrales rapides et en favorise d'autres plus lentes. Quand nous avons les yeux ouverts et surtout concentrés sur un objet, nous sommes dans un rythme actif du cerveau ; nous produisons des ondes bêta. Lorsque nous fermons les yeux, nous freinons celles-ci, et encourageons les ondes alpha, plus lentes, qui sont associées à la capacité de développement de l'intuition, les perceptions subtiles, et peuvent favoriser certaines expériences extrasensorielles (c'est-à-dire qui ne passent pas par les cinq sens que nous utilisons habituellement) comme l'intuition, par exemple.

»

Suite…

Freinant la fréquence électrique cérébrale, le simple fait de fermer les yeux nous aide déjà à entrer dans un état de détente. On peut renforcer cela par une sorte d'ordre conscient que l'on se donne à soi-même.

Au moment où l'on ferme les yeux, on met dans sa tête un petit programme ; on entre une disquette dans l'ordinateur central : « Je vais me relaxer », et si on le formule de manière plus positive, c'est encore plus efficace. Par exemple, on se dit ou l'on pense : « Quelle chance j'ai, je vais pouvoir me relaxer ! » Dès ce moment-là, tout le système énergétique de l'organisme se prépare à ce qui va suivre.

La troisième chose qu'on peut faire dès cet instant, et il est souvent utile d'apprendre à associer les trois choses, c'est penser à bien vider l'air.

Reprenons. Je m'installe confortablement sur mon siège et en moi-même. Je ferme doucement les yeux, sans froncer les paupières. Je pense : « Chic ! je vais me relaxer », et je vide bien l'air qu'il y a dans mes poumons. Et je me donne un temps pendant lequel je prête attention à ma respiration.

Je fais attention à l'air qui rentre, et me rends compte que l'air qui sort est plus chaud et plus humide. Je fixe ma pensée sur ma respiration durant vingt ou trente secondes.

Maintenant, je vais un instant renforcer le passage de l'air, et essayer d'écouter le son de ma respiration. Je prête attention à la chaleur de l'air, au bruit de l'air, et maintenant je visualise ma respiration. Quand j'expire, j'expulse de mon corps un flot sombre, un flot obscur. Quand j'inspire, je fais entrer un flot clair, lumineux. Ce simple temps de concentration sur la respiration est en soi une forme de méditation. Dans certaines traditions de l'Inde, on symbolise le bruit de l'air qui passe par un mantra (un son rituel) : *So-ham* ou *Ham-sa*.

Pour l'instant, maintenez une respiration calme et tranquille. Et sentez comment, à l'aide de cette respiration, les tensions intérieures fondent. Le corps se détend, le corps se relaxe, se relâche. Le calme et le bien-être s'installent à l'intérieur de moi.

Maintenant, nous allons faire ensemble un petit voyage dans le corps en allant de la racine des cheveux jusqu'à la plante des pieds. D'abord le cuir chevelu, que nous détendons bien.

Suite…

Nous allons noter qu'au fur et à mesure que notre corps se détend, de plus en plus et de mieux en mieux, il devient plus chaud, et que certaines parties deviennent plus lourdes. Nous pouvons ressentir aussi, parfois, un petit frémissement, un petit picotement, une impression de bulles légères dans certaines parties du corps.

Je garde une position confortable… Je respire lentement, profondément… Et je détends mon cuir chevelu. Mon front se détend, mes sourcils et l'espace entre mes sourcils se détendent aussi. Mes paupières se détendent ; les muscles autour de mon nez se relaxent, se relâchent… Les grands muscles de la mastication, les muscles de mes mâchoires se détendent… La langue dans ma bouche prend son plein volume, elle occupe tout l'espace qu'elle veut…

Je détends lentement, tranquillement, couche par couche, niveau par niveau, tout mon visage, toute ma tête, parfaitement… Le cuir chevelu, la racine des cheveux, le front, les sourcils, les paupières, les yeux, les muscles autour du nez, les joues, les muscles des mâchoires, les muscles des oreilles, toutes les oreilles bien détendues… Les petits muscles à l'intérieur des oreilles, ceux qui jouent du marteau sur l'enclume, aussi. Je relâche bien les mâchoires, les paupières… Je détends les grands muscles qui font bouger l'œil et aussi les petits muscles internes, ceux qui permettent d'accommoder la vision…

Je garde une respiration lente et tranquille… Je détends parfaitement la base de mon crâne, la nuque, les côtés du cou, la gorge… Et je sens comme la détente s'étend, s'écoule, se répand dans mon corps. C'est un flux, c'est un flot bienfaisant, doux, chaud, qui relâche mes épaules, qui descend dans mes bras, qui descend dans mon dos, dans ma poitrine… J'associe ces sensations de bien-être à des sensations qui me sont personnelles, connues et agréables : le soleil sur ma peau, l'eau chaude sous la douche, une caresse, un contact chaleureux, la sensation douce et chaude d'un oreiller de plumes, des images plus personnelles qui s'associent à cette détente, ce bien-être, et qui la renforcent…

Mon visage est maintenant parfaitement détendu : mon front, mes paupières, mes mâchoires, mon cou… Les grands muscles qui vont du cou vers les épaules… Les épaules elles-mêmes… bien relâchées, bien détendues. Les bras, les coudes, les avant-bras, les poignets, les mains, les doigts. Jusqu'au bout des doigts.

Suite...

C'est un flux continu de détente qui entre dans tout mon corps... C'est aussi un flux continu agréable et chaud qui s'étend dans mon dos, dans tous les muscles de mon dos, dans la peau, dans le système circulatoire, et mon dos tout entier est de plus en plus relâché, détendu, confortable... Ma poitrine aussi, le creux de l'estomac, le ventre, le bas du ventre... Je sens comme toute ma tête, mon visage et mon front, tout le haut de mon corps, sont bien détendus...

Cette détente chaude et profonde s'étend maintenant à mes cuisses, mes genoux, mes mollets, mes chevilles, mes pieds, mes orteils. Jusqu'au bout des orteils... De la racine des cheveux à la plante des pieds, tout mon corps est parfaitement détendu... Ma respiration lente et profonde augmente cette détente et cette décontraction du corps tout entier... Mes mâchoires sont bien détendues ; ma langue occupe tout le volume qu'elle veut dans ma bouche. Ce bien-être, cette détente, cette énergie, cette chaleur, qui circulent en moi,je vais maintenant les renforcer...

Ma respiration est calme et profonde, mon cœur tranquille et régulier... Respiration calme et profonde, cœur tranquille et régulier, circulation du sang libre et régulière...

Je vais considérer maintenant mes organes internes avec un sourire... Je laisse se dessiner sur mon visage un sourire. Le sourire est de l'énergie ; c'est de l'énergie positive ; c'est une énergie de contact ; c'est une énergie de bonheur. Imaginez un instant que vous regardez un bébé gracieux et que vous lui souriez. Vous souriez à l'événement, à la vie, à l'énergie qui est en lui. De la même façon, nous allons transmettre cette énergie jusqu'à nos organes internes, c'est ce que la tradition taoïste appelle le « sourire intérieur ».

Nous allons le faire d'une façon un peu particulière, qui correspond à la tradition chinoise, en prêtant une attention spéciale à cinq organes, les cinq organes trésors : foie, cœur, rate, poumon, rein, et à leurs associés. Nous pourrions aussi le faire d'une manière spontanée en nous laissant guider par nos perceptions, nos représentations.

Mon corps est parfaitement détendu, mon visage aussi. Je laisse se dessiner sur mon visage un sourire détendu, un sourire affectueux, complice... Et je considère mes organes comme de merveilleux petits enfants que je porte en moi... J'ai plaisir à les voir là, à les

Suite...

savoir là, et même si parfois j'ai un peu envie de les gronder, de les reprendre, de me fâcher avec mon estomac parce qu'il me fait mal, avec mon gros intestin parce qu'il me joue des tours, aujourd'hui je suis un papa, une maman indulgent(e). Je les considère avec tendresse et bienveillance...

Je considère ainsi mes **poumons** et je sens combien l'air qui entre et qui sort est important pour ces poumons ; ils font honnêtement, très honnêtement, leur travail de respiration... Et si parfois ils m'ennuient un peu parce que j'ai la grippe, un rhume, une crise d'asthme, de la toux, dans ce moment précis je leur pardonne ; je les regarde avec indulgence. Non seulement ils font partie de moi, mais ils sont moi... Ce ne sont pas comme des pièces automobiles interchangeables... Ces poumons, ils sont nés avec moi, je suis né avec eux. Ils s'abreuvent d'énergie, ils puisent dans l'énergie de la nourriture, ils puisent dans l'énergie de la respiration, ils puisent dans l'énergie du monde... Et ils me fournissent de l'énergie pour vivre. Je me rends compte combien c'est merveilleux que de tels organes existent, et quel magnifique service ils me rendent : respirer tout le temps sans se lasser... et me permettre à moi, organisme, de tirer l'énergie de l'air ambiant, de prendre et de rendre... de vibrer sur un rythme de pulsation cosmique, sur le rythme de ma respiration... J'envoie toute l'énergie de mon sourire à mes poumons. Je les visualise dans une lumière, dans une couleur particulières ; je peux les peindre de l'intérieur, et alors ils deviennent encore plus présents à ma conscience...

Maintenant, je considère mon **gros intestin** ; lui aussi me rend bien des services ; il prend et il rend ; il occupe de la place ; parfois je le malmène, parfois je le surmène ; lui aussi je le considère avec l'énergie de mon sourire, avec tendresse, avec bonté... Je lui donne une couleur, je lui mets une lumière, et je sens comment il répond à cette attention ; il perçoit sa place dans mon corps, et je perçois comment, si mes poumons et mon gros intestin vont bien, je vais moi-même aller bien...

Je considère aussi mes **reins** ; mes reins, organes d'une extrême importance. Ils sont un filtre, une centrale d'épuration. Je vois la merveille du travail que fait chaque cellule... et je suis le trajet de la fabrication de l'urine qui passe du rein dans le calice, dans l'uretère, qui arrive dans la **vessie**, et j'envoie l'énergie de mon sourire à ma vessie ; à elle aussi je donne une lumière, une couleur...

Suite...

Et puis je considère mon **foie**, ce grand, gros organe, qui comme les reins filtre sans cesse, épure, dépure, désintoxique mon organisme... Ce grand, gros organe qui est riche en circulation sanguine, ce foie que parfois je maltraite avec des aliments mal adaptés, avec des boissons alcoolisées, avec un excès de cigarettes, avec des substances toxiques, avec des médicaments non adaptés. À lui aussi je donne une lumière et une couleur, et je lui envoie l'énergie de mon sourire...

Et je considère la **vésicule biliaire**, qui est d'une grande utilité pour ma digestion... pour mes évacuations. Je lui envoie la force et l'énergie de mon sourire pour qu'elle puisse continuer à fabriquer de la bile, une bile de qualité pour éviter la fabrication de calculs.

Je considère mon **cœur**... Mon cœur qui bat tranquille et régulier, bien tranquille et bien régulier ; qui est une merveilleuse pompe énergétique... qui prend et qui rend... qui reçoit et qui donne, ... qui est un lieu de transit du sang oxygéné, rouge brillant... du sang veineux, plus sombre. Je visualise mon cœur comme le centre de cet immense réseau d'artères, de veines et de capillaires qui, de la racine des cheveux à la plante des pieds, assure l'irrigation constante de tous les systèmes, de tous les organes, de toutes les cellules... Je lui mets une couleur, une lumière, et je lui envoie l'énergie de mon sourire. Dans la tradition chinoise, le cœur c'est l'empereur, c'est le souverain, c'est lui qui règle et qui ordonne.

Et je considère l'**intestin grêle**, chargé de la répartition des molécules alimentaires... Comme le cœur, il a une fonction de nutrition. Le cœur nourrit les organes par le sang oxygéné, par le sang chargé de nutriments, d'hormones, de messagers divers. Le cœur est secondé par l'intestin grêle...

Et, à côté de ce cœur souverain, il y a des ministres, des ministres haut placés. Ils représentent ce que nous connaissons dans notre biologie moderne comme le système nerveux autonome, sympathique et parasympathique, garant de notre équilibre organique...

Et puis il y a encore la **rate** qui stocke globules rouges et blancs, qui sont un trésor pour mes défenses. Je la considère avec bienveillance, la caresse. La rate, comme le foie, est un organe doux.

»

Suite...

Et je visite mon **estomac** qui me nourrit et parfois se plaint de mon manque de mesure. Je lui parle paisiblement, le détends, l'harmonise, revêts son intérieur d'une substance douce, fine, apaisante...

Voilà, j'ai salué mes principaux organes, dialogué avec eux, je leur ai souri, les ai encouragés, leur ai pardonné, me suis fait pardonner d'eux pour mes erreurs, mes excès, mon fréquent manque de considération. J'ai fini ma tournée d'inspection, la paix règne dans le royaume. Je reviendrai bientôt.

Je savoure un moment encore mon sourire intérieur, ma détente profonde. Celle-ci va durer longtemps encore après que j'aurai ouvert les yeux. Avant de les ouvrir, je révise mentalement l'ensemble de mon corps, afin de me rendre compte si toutes mes tensions sont maintenant dissoutes. S'il en reste encore, où sont-elles localisées ? Est-ce que cette localisation me dit quelque chose ? M'est-elle habituelle ? Ai-je idée pourquoi cette tension résiste ? J'y reviendrai lors d'une prochaine relaxation.

Et je me rappelle que chaque fois que je pratique cette forme ou n'importe quelle autre forme de relaxation, il m'est plus facile, plus rapide d'arriver à un niveau plus profond.

Maintenant, je reprends mentalement contact avec ce qui m'entoure, lumière, formes, couleurs, personnes. Et j'ouvre doucement les paupières. Bien détendu, bien relaxé, en bonne forme, et beaucoup mieux qu'avant...

➤ Pratique de la relaxation et hyperactivité

L'hyperactivité, qui agite beaucoup d'entre nous, s'accompagne inévitablement de tensions musculaires quasi permanentes. Les personnes hyperactives n'en ont jamais fini, elles ne s'accordent pas de temps de repos. Il semblerait donc logique de leur proposer de la relaxation afin qu'elles se détendent enfin. Mais ce n'est pas si simple. En effet, le fonctionnement hyperactif a installé un état habituel de contraction des fibres musculaires qui a

« endormi » le seuil de perception de l'état de contracture, si bien que ces personnes peuvent se penser détendues alors même qu'elles ont les muscles noués.

Dans ces conditions, une proposition de relaxation induira une certaine détente, mais peut aussi entraîner de la douleur (le seuil de perception de la contracture se « réveille » alors) et de la fatigue après l'exercice puisque les muscles « lâchent » de manière tout à fait inhabituelle. Parfois même, si la personne a développé cette hyperactivité en couverture d'un fond d'anxiété, il peut surgir une sensation de malaise diffus.

Il est donc opportun de procéder de façon très progressive et en commençant par des exercices nécessitant un peu d'activité. Fermer les yeux est même difficile à envisager pour certains, et il est important de respecter les limites de chacun.

Si donc vous êtes plutôt hyperactif, choisissez parmi les exercices que nous proposons ceux qui installent la détente en faisant participer activement le corps.

Par exemple :

- contracter les muscles au maximum sur l'inspiration, retenir un moment, puis relâcher d'un coup en soufflant ;
- faire des exercices de santé taoïstes ;
- ou même pratiquer les autres formes de relaxation proposées, mais en les adaptant à votre confort : ajustement de la position, en gardant les yeux ouverts si nécessaire, en écourtant l'exercice si l'inconfort survient, etc.

En pratiquant régulièrement, tout en respectant vos limites du moment, votre organisme apprendra petit à petit à se détendre plus complètement et plus profondément.

› 9 ‹
chapitre

Aide-toi, ton corps t'aidera !

Cinq siècles avant Jésus-Christ, Hippocrate considérait que face à la maladie trois attitudes sont possibles : l'**expectative**, qui s'en remet à la force médicatrice de la Nature (*vir medicatrix*, disaient les Romains) ; l'**opposition**, qui utilise la loi des contraires sur laquelle s'est construite l'allopathie, ou l'**aide**, qui se fonde sur la loi des semblables, dont Hahnemann se souviendra pour créer l'homéopathie.

Notre santé et notre guérison nécessitent une implication active et responsable, aussi pensons-nous que, des trois attitudes décrites par Hippocrate, l'aide (dans son sens le plus large) est la plus judicieuse : « Aide-toi, ton corps t'aidera ! » En effet, il s'agit de passer de l'état de victime (« C'est la faute à pas de chance ») à celui d'acteur responsable de notre bien-être et de notre santé, d'augmenter notre capacité à vivre les changements.

Aujourd'hui, pour qui veut se soigner ou se maintenir en santé, les possibilités sont nombreuses ; prétendre les évoquer toutes serait comme vouloir écrire un bottin. Nous avons donc choisi de n'en présenter ici que quelques-unes, celles qui nous sont les plus familières et dont nous avons pu expérimenter les effets. À vous de trouver parmi elles celles qui vous conviennent le mieux ou d'en chercher d'autres.

D'abord, ouvrons le coffre

Il était une fois (oui, ça commence comme les contes d'autrefois) un vieil homme qui était assis sur un vieux coffre, au coin d'une vieille rue, dans un vieux quartier d'une vieille ville.

Cet homme, miséreux d'aspect, avait devant lui une sébile dans laquelle quelques vertueux passants, qui se sentaient très bons, jetaient distraitement une menue monnaie. L'un d'eux, moins distrait que les autres, regardait quand même l'homme et lui donnait une plus grosse pièce, tant il avait l'air miséreux. Et il regardait aussi le coffre, ce vieux coffre vermoulu sur lequel le mendiant était assis.

Un jour, n'y tenant plus, il lui dit : « Mon brave, quel est donc ce coffre sur lequel vous vous tenez toujours assis ? » Tiré de sa torpeur, le vieil homme cligna les yeux et lui répondit : « Ma foi, je n'en sais rien. Il me sert à m'asseoir, c'est tout. – Eh bien, voyons un peu ! » dit l'autre et il pria le mendiant de se lever. Celui-ci, quoique un peu réticent, pensa qu'il ne devait pas mécontenter un si généreux donateur et à grand-peine se leva. Avec l'aide du passant, il ouvrit le coffre dont les serrures ne résistèrent guère et, à leurs yeux étonnés, apparut alors un trésor. Le pauvre vieux qui mendiait chaque jour était assis sur un trésor !

Exercice

Et dans mon coffre à moi, que se cache-t-il ?

Toutes les grandes traditions utilisent des contes, des paraboles pour nous amener à réfléchir. Alors, ne perdons pas l'occasion.

› Ne serais-je pas, par hasard, comme le vieux mendiant ? N'aurais-je pas oublié au fond d'un coffre des trésors de ressources ?

› Voyons un peu ! Quelle est mon attitude habituelle face à la vie ? Est-ce que je me sens un pauvre miséreux ? Est-ce que, habituellement, j'attends tout des autres ?

»

Suite...

› Est-ce que je crois que j'ai un certain pouvoir, même s'il est limité, sur moi-même et sur ce qui m'arrive ?

› N'y a-t-il pas des choses que j'ai lues ou apprises, qui pourraient me faire du bien, et dont je ne pense pas à me servir ?

Ouvrez le coffre, les placards, faites l'inventaire. Il y a sûrement des surprises qui vous attendent...

Que peut-on faire soi-même ?

Maintenant que nous sommes sûrs que nous avons en nous des potentiels à exploiter, qu'allons-nous pouvoir faire ?
D'abord les regarder pour mieux les connaître et nous rappeler ce que nous pouvons faire nous-mêmes pour nous-mêmes. L'idée générale est d'acquérir petit à petit une démarche personnelle différente pour sa santé, de développer la fluidité mentale, la bienveillance envers soi, d'ouvrir portes et fenêtres, de faire du vide, de nettoyer cave et grenier, de réaménager l'espace intérieur.

Ressasser le passé nous empêche d'être disponibles au présent, aussi est-il bon de nous défaire des vieilles attaches, des vieilles images, des vieux fantômes, afin de nous rendre disponibles à l'« ici et maintenant » avec le moins d'interférences possible.

En règle générale, il est toujours utile de faire quelque chose :

- **avec son corps :** enracinement, respiration consciente, relaxation, étirements (stretching). Prendre soin de son hygiène de vie : alimentation, sommeil, détente, exercice physique. Et « nourrir le principe vital » pour ne pas le laisser s'épuiser ;
- **avec son cœur :** exprimer ses émotions, ses sentiments, ses ressentiments, libérer un peu le champ énergétique et l'harmoniser. Rappelons-nous que si l'expression est réprimée, sa charge énergétique devient une surcharge qui pèse sur notre psychosoma ;
- **avec son esprit :** acquérir plus de connaissances sur le corps, pour mieux comprendre son fonctionnement, reconnaître ses croyances et découvrir en quoi elles nous limitent, utiliser à bon escient des images mentales (visualisation positive) et, dans son

cinéma mental, choisir son film, créer un scénario adapté aux besoins du moment, dialoguer avec ses organes (par exemple en pratiquant le sourire intérieur).

Ainsi, parmi ce que l'on peut faire soi-même, il y a : écouter les messages du corps, s'interroger (qu'est-ce que mon corps me dit ?), se prendre en compte, se prendre en charge, s'exprimer, éveiller de façon consciente nos forces internes de guérison, laisser agir notre médecin intérieur, et aussi, pourquoi pas, mobiliser les forces spirituelles.

➤ Ce qu'on peut faire avec un autre

Avant tout, collaborer pour guérir. La relation et le lien avec l'autre sont importants, très importants. Nous avons tous la nécessité de communiquer ; parler, et surtout parler en confiance, ça fait du bien. Mais parler avec un parent, un(e) ami(e), ça n'est pas toujours suffisant ni opportun, car ils ne peuvent avoir ni la distance ni la neutralité requises face à notre problème. Alors ça peut être un médecin (son généraliste, par exemple, s'il a le temps et la disponibilité nécessaires) ; un psychologue ; un psychothérapeute (tous les psychologues ne sont pas psychothérapeutes, et tous les thérapeutes ne sont pas psychologues) ; un conseil en santé holistique ; un spécialiste de la question qui nous occupe.

Quel que soit l'autre que nous avons choisi, il peut arriver que nous sentions que sa capacité à nous écouter et nous comprendre atteint ses limites. Si cela arrive et que nous avons le sentiment que l'autre ne nous écoute pas comme nous en avons besoin, il ne faut pas hésiter à changer d'interlocuteur.

➤ Choisir de préférence une approche corps-esprit

À la fin des années 1960, on a vu fleurir de par le monde une foule de techniques et de thérapies mettant l'accent sur les interactions entre les pensées, les émotions, le psychisme et le corps. La plupart d'entre elles, qu'elles le reconnaissent ou non, s'inspiraient des travaux menés, dès 1930, par Wilhelm Reich, ce disciple dissident de Freud qui avait eu l'audace de ramener le corps au centre de la thérapie et d'étudier les avatars de la circulation énergétique dans l'organisme. Les autres se voulaient des prolongations de la tradition orientale qui, elle aussi, donne une place prépondérante aux mouvements de l'énergie dans le corps.

Nées pour la plupart aux États-Unis où Reich finit sa vie, elles suscitèrent enthousiasme chez les uns, critiques chez les autres. Certaines se virent, à tort ou à raison, disqualifiées parce qu'elles avaient vu le jour ou s'étaient développées en Californie, berceau de la philosophie de l'Ère nouvelle (*New Age*). Ce n'est que très récemment que les neurosciences ont confirmé le bien-fondé de l'orientation des thérapies qui s'adressent au psychosoma (*body-mind*, en anglais) comme à une globalité. Depuis lors, l'Institut national de la santé, aux États-Unis, consacre 20 millions de dollars chaque année à leur évaluation.

Aujourd'hui, le domaine des approches corps-esprit est extrêmement vaste et ne se laisse pas définir avec précision. Les interventions purement physiques (chirurgie, médication, application de techniques physiothérapiques) n'en font pas partie, même si dans celles-ci, comme dans toute approche, la qualité de la relation personnelle qui s'établit entre le médecin et son patient peut avoir une influence sur l'issue du traitement. Hormis celles-là, à peu près toutes les autres approches qui ont des visées thérapeutiques et qui possèdent une composante psychologique et corporelle pourraient y être incluses. Le choix est donc vaste.

➤ Alors, qui consulter ?

Dans ce vaste choix, nous pouvons trouver des thérapeutes qui se sont spécialisés dans l'une ou l'autre des orientations suivantes : psychothérapies verbales et/ou émotionnelles ; analyse reichienne ou végétothérapie, voire analyse bioénergétique ou psycho-organique, qui agissent sur le corps et l'esprit par une approche à la fois corporelle, émotionnelle et énergétique ; sympathicothérapie et névraxothérapie (touches nasales) qui aident à équilibrer le grand sympathique (système nerveux végétatif), ce grand oublié de la médecine, gardien et guérisseur de l'organisme ; une forme ou une autre de respiration consciente ; la relaxation ou la sophrologie ; l'hypnose thérapeutique ; les massages. Sans oublier des thérapeutiques complémentaires comme l'acupuncture, l'auriculothérapie, l'ostéopathie, l'homéopathie, les traitements par les plantes (phytothérapie et aromathérapie), ou encore les élixirs floraux (Bach et autres). Sans oublier non plus ces belles méthodes de conscience et réappropriation du corps que sont la gymnastique douce, les méthodes Feldenkrais ou Alexander, ou les groupes de yoga, de tai-chi ou de qi-gong.

➤ Rechercher un effet synergique

Chacune des méthodes que nous venons de citer éclaire un aspect particulier de l'équilibre bio-psycho-physiologique qui est le nôtre, aussi le choix peut être difficile. En pratique il est souvent conditionné par les praticiens que nous pouvons rencontrer dans notre proximité. Si choix il y a, rappelons-nous que le mieux est de rechercher un effet synergique entre les différentes thérapeutiques auxquelles nous allons avoir recours. Il est ainsi possible de renforcer les effets de ces dernières qui abordent par des biais différents, mais complémentaires, notre réalité globale de sujet.

Il est bon de ne pas oublier que, quelle que soit sa nature et si utile qu'il soit, un médicament n'est qu'un médicament et qu'on ne doit attendre de lui plus qu'il ne peut donner. Des gouttes, des comprimés n'étancheront jamais les larmes ni n'écouteront les plaintes de celui qui souffre. Correctement prescrits, et associés à une prise en charge globale de la personne, ils peuvent être d'un grand secours. Parfois il sont indispensables et il serait regrettable de les négliger, mais jamais ils ne remplaceront une présence humaine, le dialogue, ni l'écoute thérapeutique.

Tout prescripteur qui, de près ou de loin, « touche » au psychisme – et y a-t-il une seule prescription, aussi somatique qu'elle paraisse, qui n'y touche pas ? –, peut, au travers de ses interventions, éveiller les **forces d'autoguérison** présentes dans l'individu. Malheureusement, il peut aussi les entraver. C'est pourquoi on ne retiendra, de façon raisonnée, que des thérapeutiques dont l'effet puisse s'associer en vue de nous procurer une **amélioration globale**.

En complément de l'approche psychosomatique qui est la nôtre, nous avons ainsi souvent recours à l'homéopathie et aux élixirs floraux, à l'auriculothérapie et à la réflexologie, à l'acupuncture et à l'ostéopathie.

L'homéopathie

L'homéopathie, créée à la fin du XVIIIe siècle par un médecin allemand, Samuel Christian Hahnemann (1755-1843), considère que le corps possède la « force vitale » requise pour générer un processus naturel de guérison. Partant de cette prémisse, Hahnemann soutenait, à l'encontre de la tendance dominante des scientifiques – de son époque et d'aujourd'hui –, qu'il importait moins de connaître la cause spécifique de la maladie que de trouver les moyens de stimuler le processus naturel de guérison inhérent à tout organisme vivant.

Véritable médecine du semblable, l'homéopathie est une thérapeutique à base énergétique fondée sur la loi de similitude (*similia similibus curantur*) ou, comme on dit couramment, sur le traitement du semblable par le semblable, et sur l'utilisation de doses infinitésimales de remèdes en haute et basse dilutions. La doctrine homéopathique est codifiée, précise, rigoureuse et les remèdes, qui tirent leur origine des trois règnes : végétal, animal ou minéral, sont nombreux. Cette discipline insiste sur les **caractères particuliers** de la **réaction personnelle** du malade. Alors que le médecin allopathe centre son action sur l'agent pathogène, l'homéopathe s'intéresse, lui, au terrain et cherche toujours à mettre en œuvre une réaction générale de l'organisme. En d'autres termes, tout comme nous, il fait passer le vécu du sujet avant toute autre considération. Pour lui, la physionomie du remède est calquée sur la physionomie (personnalité) du malade ; l'un appelle l'autre. C'est pourquoi un entretien clinique homéopathique bien conduit est long, minutieux, et s'intéresse à de nombreux aspects de la vie du patient. Quant à la prescription, plus la dilution du remède sera élevée, plus son action s'étendra dans l'organisme. Diverses pistes ont été explorées pour tenter d'expliquer le mode d'action des remèdes en haute dilution ; les plus convaincantes s'apparentent davantage à la physique quantique ou à la chimie moléculaire qu'à la biologie.

Pour traiter plus largement le terrain de leurs malades, certains homéopathes complètent leur prescription par des préparations d'organes d'embryons animaux dilués (organothérapie), ou par des éléments qui ont un rôle fondamental de catalyseur sur les métabolismes cellulaires (oligo-éléments). D'autres préfèrent associer l'homéopathie à des préparations à base de plantes (phytothérapie) ou d'huiles essentielles (aromathérapie) qui amplifient et renforcent l'action du traitement.

En 1835, Hahnemann, qui avait épousé une de ses patientes, une Française beaucoup plus jeune que lui, Émilie d'Hervilly, vint s'installer à Paris. Les médecins parisiens, inquiets de voir leurs patients s'attacher à cette nouvelle médecine, en appelèrent à l'Académie, qui éleva une protestation devant Guizot, ministre de la Santé. Celui-ci, fort avisé, répondit : « Hahnemann est un savant de grand mérite. La science doit être pour tous. Si l'homéopathie est une chimère ou un système sans valeur propre, elle tombera d'elle-même. Si elle est au contraire un progrès, elle se répandra malgré nos mesures de préservation et l'Académie doit le souhaiter avant toute autre, elle qui a pour mission de faire avancer la science et d'encourager les découvertes. » Plus d'un siècle plus tard, malgré des critiques souvent virulentes, l'homéopathie n'est pas tombée ! Elle suscite même un regain d'intérêt, tant dans le public que parmi les jeunes médecins.

➤ Les élixirs floraux du docteur Bach

Mis au point par un médecin homéopathe anglais, Edward Bach, dans les années 1930, les remèdes ou élixirs floraux (*Bach flower remedies*) ne sont pas vraiment des remèdes homéopathiques, mais, tant par leur présentation (gouttes) que par leur mode d'action (harmonisation énergétique et émotionnelle), ils s'en rapprochent.

Les trente-huit extraits de fleurs sélectionnés par le docteur Bach l'ont été dans les champs et les haies sauvages du pays de Galles. Reconnus et approuvés par l'Organisation mondiale de la santé, ils sont réputés couvrir tous les « états d'être » négatifs connus chez l'homme. Ces « remèdes de fleurs » agissent sur l'état émotionnel et en facilitent le rééquilibrage. Leur efficacité, leur puissance et leur souplesse d'action sont confirmées par de nombreux témoignages tant de praticiens que de patients, et aujourd'hui les remèdes originaux du docteur Bach se voient complétés par de nombreuses autres sources : flores méditerranéenne, mexicaine, amazonienne.

➤ L'auriculothérapie

Développée à la suite des travaux d'un médecin lyonnais, Paul Nogier, dont l'un de nous a été l'élève, cette discipline a été portée à un haut niveau de précision et permet un diagnostic énergétique de grande finesse. Son principe repose sur l'existence au niveau du pavillon de l'oreille d'une organisation réflexologique comparable à celle que l'on trouve en d'autres lieux du corps, sur la paume des mains ou la plante des pieds, par exemple.

Le pavillon de l'oreille a une forme qui peut être comparée à celle d'un fœtus tête en bas. Pour le praticien, il représente un véritable « tableau de bord » que l'on peut interroger (auriculodiagnostic) et stimuler à des fins de traitement. Chaque organe et chaque fonction possèdent une correspondance auriculaire qui permet d'agir sur eux par la stimulation de points choisis :

massage, chaleur, rayon laser, champs électromagnétiques, aiguilles. Ainsi peut-on améliorer l'équilibre végétatif et faciliter des déblocages émotionnels. De tels déblocages, qui modifient l'infrastructure énergétique, s'associent pleinement aux techniques de décuirassement que nous utilisons et favorisent l'élaboration et la résolution des conflits affectifs dans la psychothérapie.

Poursuivant ses recherches, le docteur Nogier a donné une prolongation importante à son système thérapeutique en découvrant une réaction végétative du patient soumis à ses tests. Cette réaction (signal vasculaire), perceptible au niveau du pouls, est à la base de l'auriculo-médecine. Cette dernière considère que l'organisme réagit selon des phénomènes de résonance aux stimulations environnantes et que toute pathologie est d'abord informationnelle : en cela elle partage les concepts de la toute jeune médecine quantique.

Auriculothérapie et auriculo-médecine sont efficaces pour traiter de nombreux troubles, parmi lesquels angoisse, fatigue et douleur sont au premier plan. Ce que confirme une étude réalisée, en 2003, par une équipe de l'hôpital de Villejuif, sur des patients souffrant de douleurs liées au cancer qu'aucun traitement médicamenteux ne parvenait à soulager.

➤ La réflexologie

La réflexologie est une approche de type énergétique visant à mobiliser les processus d'autoguérison du corps par le massage de zones et de points réflexes. À la fois stimulante et relaxante, elle se pratique en exerçant une pression soutenue avec la pulpe des doigts sur des points réflexes situés sur les pieds, les mains et les oreilles. Points qui correspondent comme en auriculothérapie à des organes particuliers ou des fonctions générales. On peut la pratiquer sur soi-même comme sur les autres.

S'inspirant de ce principe, des chercheurs américains se sont livrés à une intéressante expérience. De nombreux Chinois fréquentent, pieds nus, les sentiers pavés de cailloux polis mis à leur disposition dans plusieurs villes. C'est en les observant que les auteurs de l'étude ont eu l'idée d'évaluer les bienfaits de cette activité, en faisant marcher des patients sur un tapis lisse et sur un tapis à bosses. Ils en ont conclu qu'elle permet de réduire la tension artérielle. De plus, cet exercice active une partie du cerveau spécialisée dans le maintien de l'équilibre, ce qui améliore les capacités physiques et la qualité de vie. Pour expliquer ces résultats, les auteurs émettent l'hypothèse que marcher sur des cailloux ou sur un sol bosselé entraînerait une stimulation de points d'acupuncture et de points réflexes situés sur la plante des pieds.

Si vous n'avez ni chemin caillouteux ni plage de galets à portée de pied, inventez quelque chose pour faire quand même l'expérience. Vous pouvez ainsi faire rouler une bouteille de verre côtelé (de soda par exemple) sous la plante de vos pieds pendant que vous écoutez de la musique ou regardez la télévision. Bien sûr, il vous manquera les embruns, la senteur du thym ou de l'origan ou le papotis des ménagères chinoises, mais quand même !

➤ L'acupuncture

Thérapeutique de haute tradition, plusieurs fois millénaire, l'acupuncture fait partie intégrante de la médecine traditionnelle chinoise. Elle s'intéresse à la répartition et à la distribution de l'énergie dans les canaux du corps que nous appelons méridiens et à l'équilibre rythmé des fonctions corporelles. L'acupuncture est aujourd'hui enseignée dans diverses facultés de médecine du monde occidental. Classiquement, elle se pratique en piquant des points déterminés du corps avec des aiguilles de longueur et de diamètre variables. Les points d'acupuncture sont en fait plutôt des « puits » d'énergie, des lieux à charge électrique particulière, susceptibles d'être activés ou désactivés par l'aiguille ou une stimulation locale : chaleur, rayon laser. On peut aussi pratiquer une forme d'acupuncture à mains nues : acupression, shiatsu, do-in.

Agissant sur la balance sympathique-parasympathique, l'acupuncture permet de traiter nombre de douleurs, de réguler en profondeur certains déséquilibres nerveux, des états d'angoisse, d'insomnie, de traiter les effets nocifs du stress et de corriger certaines dysfonctions sexuelles. En 1978, l'Organisation mondiale de la santé a publié un rapport reconnaissant officiellement l'acupuncture en tant que pratique médicale efficace et, en 1991, un second rapport détaillant l'usage de quatre cents points et vingt méridiens dans le cadre de sa politique de développement de l'acupuncture à l'échelle mondiale, vu son faible coût et son efficacité.

À la fin des années 1980, l'un de nous a participé, sous la conduite du docteur Maurice Mussat, à une recherche internationale intéressant la France, l'Italie, Israël, le Canada, les États-Unis et le Mexique. Cette recherche a démontré qu'un traitement précis par l'acupuncture résolvait, à lui seul, dans plus de 40 % des cas, des problèmes d'infertilité jusque-là traités sans succès. Des recherches plus récentes (2002) montrent, elles, qu'en associant l'acupuncture à des techniques de procréation assistée, le taux de succès des inséminations artificielles se voit doublé.

➤ Cerveau et acupuncture

Grâce aux techniques d'imagerie cérébrale, deux chercheurs, Hui et Liu, aux États-Unis, ont récemment observé comment la stimulation d'un point traditionnel d'acupuncture situé sur le dos de la main entre la racine de l'index et du pouce (*he gu* pour les Chinois, 4 Gros Intestin pour les Occidentaux) provoque l'anesthésie partielle des circuits de la douleur et de la peur[1]. Cette observation est particulièrement intéressante ; elle montre l'association qui existe dans notre cerveau entre une sensation : la douleur, et une émotion : la peur, et démontre que le mouvement de l'énergie (Qi), induit par l'aiguille, intéresse l'une et

1. Rapporté par David Servan-Schreiber avec une illustration dans : *Guérir*, Paris, Laffont, 2003.

l'autre. L'art de l'acupuncteur se fonde sur une grande connaissance de tels mouvements, qu'il guide et régule grâce aux aiguilles.

D'autres équipes ont démontré que l'acupuncture stimule la sécrétion de diverses substances dans le corps. Parmi celles-ci certaines sont des morphines naturelles (endorphines) qui nous aident à contrôler la douleur et procurent des états de bien-être. Par ailleurs, divers chercheurs à travers le monde s'intéressent aux effets positifs de l'acupuncture sur les états dépressifs, dont certains assez profonds. Dépouillée de ses voiles et de ses dragons, passée au scanner et à la caméra à positons, voici que cette vénérable Chinoise perd de son ésotérisme, entre au laboratoire, et commence à livrer ses secrets.

Ostéopathie et chiropraxie

Les techniques chiropraxiques (du grec, *kheir*, main, et *praxis*, action) actuelles sont les héritières d'une tradition ancestrale de « remise en place des os », encore vivante tant chez les « rebouteux » (littéralement qui remettent bout à bout) de nos campagnes que chez les *hueseros* (ceux qui s'occupent des os) d'Amérique latine. Déjà Galien, médecin grec installé à Rome au Ier siècle de notre ère, s'était vu décerner le titre de « prince des médecins » pour avoir rendu l'usage de son bras à l'un de ses patients, en lui débloquant le cou.

C'est à la fin du XIXe siècle, aux États-Unis, que Daniel David Palmer crée la chiropraxie. Magnétiseur de son état, il a développé une grande sensibilité pour toucher le corps et est convaincu qu'il peut soigner nombre de maladies en réalignant la colonne vertébrale et en débloquant d'autres parties du corps. Ses disciples perfectionnent la méthode et, aujourd'hui, nombre d'entre eux pratiquent à travers le monde, pour la plus grande satisfaction de leurs patients. Les manipulations vertébrales ont un effet indiscutable sur les douleurs dorsales et aident à maintenir ou à rétablir la mobilité du squelette ; de plus, elles entraînent une détente musculaire et nerveuse très bénéfique pour l'organisme.

Assez différentes dans leurs formes mais assez semblables dans leurs effets sont les techniques ostéopathiques, créées vers la même époque par un médecin américain, Andrew Taylor Still (1829-1917). L'ostéopathie reconnaît l'unité fonctionnelle du corps et le rôle déterminant de la structure ostéo-musculaire dans le maintien de l'équilibre énergétique et de la santé.

Il existe aujourd'hui diverses approches ostéopathiques, les unes plus soucieuses de la structure, les autres de la fonction. Utilisant, chacune à leur façon, un contact des doigts, souvent très léger, sur des zones précises du crâne ou de la colonne vertébrale, elles agissent sur les tensions des tissus, la balance nerveuse végétative et l'équilibre énergétique du corps. Ce faisant, elles visent, non pas à soulager les symptômes d'un mal précis, mais plutôt à rétablir l'équilibre organique menant à la santé.

Les massages

Outre le massage médical pratiqué par les kinésithérapeutes, on peut aujourd'hui avoir accès à de nombreuses autres formes de massage. Les uns se proposent comme une technique de relaxation ou d'éveil sensoriel, d'autres insistent plus sur la dimension sensitive ou relationnelle, d'autres encore sur une fonction particulière, drainage lymphatique, par exemple. Quel que soit le nom qu'il porte, le massage est toujours une bonne méthode pour détendre ou tonifier le corps, stimuler la circulation sanguine, équilibrer l'énergie. Toujours efficace contre la tension et le stress, il l'est souvent aussi contre la douleur et trouve de nombreuses applications dans la recherche d'un bien-être ou d'un mieux-être. C'est pourquoi le massage n'intéresse pas que les sportifs ou les malades. Se faire masser est une façon de mieux connaître ses tensions et aussi de découvrir ses réactions à la nudité, au toucher, aux situations d'activité et de passivité. On peut aussi utiliser des techniques de massage familial : massage du conjoint, des bébés ou des enfants, ou des formes d'automassage.

Les techniques de conscience du corps

Ces techniques, qui mettent au premier plan les notions d'harmonie, de conscience corporelle, de sensation de détente et de bien-être, sont plus pédagogiques et préventives qu'à proprement parler thérapeutiques. C'est pourtant afin de se soigner eux-mêmes que leurs inventeurs, Matthias Alexander et Moshé Feldenkrais, les ont créées.

Frederick Matthias Alexander, qui était acteur, souffrait de fréquentes laryngites qui le handicapaient. Devant le peu de succès des traitements qu'on lui proposait, il décida de chercher en lui-même la cause de son problème. C'est ainsi qu'il en vint à conclure qu'il n'y a pas de posture correcte pour émettre la voix, que l'important c'est la relation entre la posture et le mouvement. Lorsqu'il parvint à obtenir en lui-même une grande aisance corporelle, sa voix ne lui fit plus jamais défaut. Ici, comme dans l'antigymnastique développée, un siècle plus tard, par Thérèse Bertherat à partir de l'enseignement de Françoise Mézières, pas de positions particulières, mais plutôt la recherche d'un « bon usage de soi », sans tensions corporelles ni efforts inutiles.

Ingénieur et physicien, Moshé Feldenkrais fut le collaborateur d'Irène et Frédéric Joliot-Curie, les découvreurs de la radioactivité artificielle. Il fut aussi le créateur du Judo club de France, en 1936. Ce sont les suites d'un accident grave au genou menaçant de le laisser handicapé pour la vie qui l'amenèrent à créer une méthode personnelle de rééducation corporelle fondée sur la « conscience du corps ».

Ces approches n'ont rien à voir avec la gymnastique. Elles sont douces et ne demandent aucun effort physique. Alors, pourquoi ne pas vous informer s'il existe quelqu'un pratiquant cette méthode près de chez vous, ou chercher un groupe de yoga, tai-chi, qi-gong, ou d'antigymnastique ? Pratiquer en groupe est une façon de ne pas rester dans l'isolement ; cela aide à la régularité et permet de tisser des liens souvent aussi utiles qu'agréables.

➤ Traiter sans attendre…

Si l'on est confronté à l'une ou l'autre des situations suivantes : insomnie, fatigue, déprime ou dépression, il est nécessaire de se traiter et de le faire sans attendre. Rappelez-vous : **le mieux-être, c'est tout de suite !** L'expérience montre que l'on gagne toujours à ne pas laisser traîner les choses, au risque de les voir empirer.

■ **Insomnie :** Le sommeil est précieux, nous l'avons dit et nous le redirons encore. Aussi est-il important de prévenir et de traiter les troubles du sommeil, car ils peuvent entraîner ou aggraver nombre d'autres troubles. Pour ce faire, outre les mesures habituelles d'hygiène quant aux conditions de l'environnement et de l'endormissement, il est très utile avant de s'endormir de se donner un temps de « décompression » pour ralentir l'activité mentale et de pratiquer un moment de relaxation accompagné par une respiration douce et profonde. Détendant le corps et l'esprit, cela facilite le sommeil et en améliore la qualité. Parfois on aura recours à des préparations végétales (tisanes ou extraits de plantes en gélules ou en comprimés). Une boisson chaude et sucrée (tisane ou lait avec du miel, par exemple) aide souvent à s'endormir. On peut aussi penser à l'acupuncture et à l'homéopathie et, quand cela se révèle utile, ne pas hésiter à consulter son médecin qui pourra, pour une durée limitée, prescrire un tranquillisant ou un inducteur du sommeil. Il en existe aujourd'hui, sous diverses formes, qui permettent d'épargner ce bien si précieux : le capital sommeil.

■ **Fatigue :** Lorsqu'on a identifié les causes principales de sa fatigue comme nous l'avons proposé au chapitre 5, certains remèdes sont simples et coulent de source.

› **Fatigue par trop-plein :** vider ce trop-plein, bien sûr ! Mais, justement, si je ne l'ai pas fait à temps, c'est que je n'ai pas pu ou pas su respecter mes limites, ou bien que des raisons affectives, conscientes ou inconscientes, m'en ont empêché. Alors, c'est sur ce point qu'il m'est nécessaire de m'arrêter.

› **Fatigue par vide :** remplir ce vide, bien sûr ! Mais, justement, si j'ai laissé mon réservoir énergétique se vider à ce point, c'est que des freins – lesquels ? – ont entravé mon besoin de repos, de ressourcement ; c'est peut-être même mon envie de vivre qui n'est plus assez forte pour alimenter ma motivation.

À chacun d'établir sa « carte énergétique » avec ses zones problématiques, et d'envisager les remèdes qu'il est prêt à apporter pour améliorer les choses. Ainsi, un remède qui pourrait paraître adapté à tous les cas de fatigue, la relaxation, n'est pas le premier à choisir quand il s'agit de situations de vide, ou quand le trop-plein est un excès de charge émotionnelle. Dans ces deux cas, le remède est d'abord affectif. Et puis il y a encore tout ce qui peut aider aussi à la relance de mon organisme : homéopathie, ostéopathie, acupuncture, gymnastique douce, compléments alimentaires, vitamines, oligo-éléments, plantes, remèdes floraux, entre autres. La fatigue touchant divers espaces de notre psychosoma : corps, tête et cœur, elle nécessite fréquemment une prise en charge diversifiée.

Attention, très souvent nous laissons passer les premiers signes de fatigue et lorsque nous disons : « Je suis fatigué », c'est que, déjà, nous entrons dans la zone de l'épuisement ! La fatigue, tout comme la douleur, se laisse d'autant mieux soigner qu'on s'en occupe tôt.

■ **Déprime :** Quand nous traversons un moment de déprime, faire comme si tout allait bien ou vouloir se secouer à tout prix ne résout pas le problème, bien au contraire. La meilleure façon de mettre fin à ce mal-être, c'est de le prendre en compte et de chercher en soi les ressources qui aident à rebondir. Déjà reconnaître que l'on n'est pas en forme permet de ne pas augmenter ses tensions internes en y ajoutant de la culpabilité.

Vous êtes fatigué, découragé avant de démarrer la journée ? Constatez cela sans vous culpabiliser et dites-vous que demain sera un autre jour. Le simple fait de lâcher prise soulage la pression psychologique que l'on s'impose au quotidien et permet déjà de se sentir mieux. Adaptez votre rythme, organisez-vous pour travailler moins ; évitez de vous charger de ce qui n'est pas absolument indispensable. Loin d'être un signe de faiblesse, cette acceptation va vous permettre de mieux comprendre ce qui ne va pas et de commencer un travail de reconstruction intérieure. Prenez le temps de vous interroger sur votre état émotionnel. Quels sont les événements, importants ou minimes, dans votre vie privée ou professionnelle, qui peuvent être à l'origine de ce mouvement de déprime ? Tout sentiment de perte, réelle ou imaginaire, peut nous entraîner sur cette pente descendante. Voir ses illusions s'envoler à propos d'un travail, ou vis-à-vis d'une personne, avoir l'impression de ne pas être ou de ne pas avoir été à la hauteur dans une situation donnée, nous fragilisent. Et d'autant plus si cette situation nous en rappelle d'autres que notre inconscient a mal digérées dans le passé. En retrouvant l'origine de votre tristesse, il vous sera plus facile de faire le point : qu'est-ce qui m'a blessé, frustré, contrarié ? Et, à partir de là, donnez-vous la permission d'extérioriser ces émotions qui font le lit de votre déprime. Ce que l'on garde en soi se retourne automatiquement contre nous, bloquant notre énergie, et nourrissant notre mal de vivre. Évidemment, il n'est pas question de hurler sans raison contre telle ou telle personne de votre entourage qui probablement n'est pour rien dans vos états d'âme. Mais nous avons des moyens très simples et efficaces pour extérioriser nos émotions sans danger pour les autres. Par exemple, dans un endroit tranquille à l'abri des regards, se défouler verbalement, taper des pieds ou se servir d'un coussin comme d'un punching-ball, tordre une serviette, déchirer de vieux journaux, gribouiller sans retenue, etc. Laissez votre corps vous guider ! Vous constaterez que ces gestes ont un effet libérateur et qu'ils suffisent parfois à remonter le niveau de l'énergie. Ainsi « dégagé », vous pourrez probablement prendre les initiatives nécessaires à la remise en route de vos projets. Une déprime, bien accompagnée, risque moins de traîner et de se transformer en dépression.

■ **Dépression :** La dépression, elle, est un état qui nécessite l'intervention d'un spécialiste : psychothérapeute sûrement et, dans certains cas, psychiatre, susceptible de prescrire des médicaments adaptés, certaines formes de dépression ayant une composante organique. Cela dit, de nombreuses personnes présentant un état de dépression chronique souffrent, en fait, d'une accumulation de déprimes mal gérées. Le recours à la psychothérapie peut leur permettre de sortir de cet état sans recourir aux médicaments, ou de les utiliser seulement pendant une courte période. Dans certains cas, des thérapeutiques complémentaires ou alternatives peuvent aussi être d'une grande utilité. L'important est de bien en mesurer les effets et, si ceux-ci ne sont pas suffisants, de ne pas hésiter à avoir recours aux traitements allopathiques avant de sombrer dans l'épuisement. De plus, il est intéressant de savoir que la recherche de pointe s'intéresse, aujourd'hui, aux effets de champs électromagnétiques sur la dépression. Cette technique, qui consiste à stimuler le cortex cérébral à travers le crâne, avec un appareil à stimulation magnétique, est utilisée dans divers pays. D'abord réservée aux patients n'obtenant pas de résultats satisfaisants avec les antidépresseurs et la psychothérapie, elle commence à être utilisée dans certains cas comme substitut aux médicaments, même chez des personnes qui tolèrent bien ces derniers.

➤ ... Et ne pas retomber dans l'épuisement

Quand on a déjà vécu une grande fatigue ou un état d'épuisement allant parfois jusqu'à la dépression, il est fréquent que l'on craigne de « retomber » ; les pressions sont si grandes ! Pour éviter de rechuter, un changement d'attitude s'impose : il est temps de donner une priorité suffisante au bien-être, au mieux-être. Les symptômes physiques et psychologiques (fatigue, manque de joie de vivre, irritabilité, etc.) sont des messages de mon organisme ; plus qu'aux normes sociales, aux comparaisons avec les performances des autres, aux attentes des autres, c'est à eux que j'ai intérêt à me fier. Ils me disent, à leur façon, que je dois en faire moins, qu'il convient que je sois plus attentif à mes facteurs de stress, moins exigeant avec moi-même, moins perfectionniste peut-être, que je prenne le temps de faire des choses agréables, de récupérer, et de dormir assez. Alors, pourquoi ne pas les écouter ?

Impossible de ralentir et de prendre soin de vous car il y a trop à faire, dites-vous. Attention, vous êtes dans une zone à risque ! Relisez donc le premier chapitre pour vous rappeler les phases du stress.

10

chapitre

La santé au jour le jour

Notre médecine actuelle est surtout une « médecine de réparation ». La réparation des dommages (accidents de santé, maladies déclarées, troubles et bobos divers) y prend une telle place qu'il ne reste pratiquement plus rien pour la prévention. Prévention qui ne devrait d'ailleurs pas se limiter au dépistage ou aux vaccinations, mais englober dans une vision dynamique une recherche d'équilibre corporel, psychique, énergétique et spirituel.

Comme l'écrivait, il y a longtemps déjà, le docteur Jacques Sarano, auteur de nombreux ouvrages sur la santé et la guérison, un tel équilibre, « véritable pouvoir d'adaptation et de création, est une conquête communautaire autant qu'individuelle. [...] Il intéresse la totalité de la personne : autant le sens de la vie que l'ulcère d'estomac ou le faux pas au cœur ». Créer un climat de santé au quotidien est une bonne façon de protéger cet équilibre.

Des caresses et du lait

Les accoucheurs du XIXe siècle, qui proclamaient : « Le lait de la mère appartient à l'enfant », faisaient œuvre utile. En effet, il est aujourd'hui amplement démontré que, outre une relation de corps à corps sécurisante, l'allaitement au sein est source de divers bénéfices. D'après une vaste enquête portant sur plus de mille sept cents bébés de deux à sept mois, il ressort que ceux nourris au sein présenteraient deux fois moins d'otites et de diarrhées que les autres. Cela s'explique par le fait que la mère transmet à son enfant des anticorps protecteurs par l'intermédiaire de son lait. Le lait maternel présente un autre avantage pour l'enfant : certains acides gras qu'il contient jouent un rôle important dans le développement du système nerveux, ce qui va avoir un effet positif sur le développement de la mémoire et l'acquisition du langage. Ainsi l'allaitement naturel offre-t-il un apport nutritionnel à la fois physique et affectif dont le bébé tirera le plus grand profit durant les premiers mois de la vie. Car le bébé a besoin aussi de nourritures affectives : baisers, caresses, mots tendres, sourires, chatouilles, petits jeux. Il a besoin qu'on le porte, qu'on le berce, qu'on le dorlote et aussi qu'on lui parle. Le petit d'homme est un être de langage qui se nourrit des mots qu'on lui donne. Ces mots qui accompagnent les gestes des soins et de la nourriture sont indispensables à la maturation de son cerveau et à son développement comme être humain : un être de relation.

Un bébé qui pleure et qu'on prend dans les bras se calme et réharmonise ses rythmes internes beaucoup plus vite qu'un bébé qu'on laisse pleurer et se désespérer. N'ayez donc pas peur de prendre bébé dans les bras et de le bercer ; ne le laissez pas pleurer jusqu'à ce qu'il s'endorme d'épuisement. Loin de le « gâter », vous en ferez un être confiant dans la vie et dans ses semblables.

Les enfants qui, dès leur naissance, évoluent dans un contexte familial stressé et stressant (à cause de difficultés économiques, mésentente conjugale, conflits familiaux, violence intrafamiliale ou autres) semblent avoir un risque deux fois plus élevé de souffrir plus tard d'un problème de santé. Les événements vécus dans la période de la vie qui va de zéro à trois ans peuvent avoir un impact à long terme sur la vigueur du système immunitaire, la capacité de faire face au stress et les habiletés relationnelles de la personne.

À ce sujet, des études démontrent que des enfants qui ont été gravement négligés, comme beaucoup de ceux que nous avons rencontrés dans les orphelinats des pays de l'Europe de l'Est, peuvent avoir un développement normal quant à l'apprentissage du langage et à l'adaptation émotionnelle s'ils sont adoptés avant l'âge de huit mois. Si l'adoption survient après dix-huit mois, ils auront beaucoup plus de difficultés à s'adapter à leur nouvelle vie.

La prévention, ça commence tôt

Les premières expériences de vie s'impriment profondément dans le corps, on l'a observé aussi bien chez des singes que des rats ou des bébés humains. L'interaction physique entre la mère et son bébé provoque une réponse chimique qui pénètre jusque dans le noyau des cellules du cerveau. Celles-ci communiquent au code génétique (l'ADN) que la situation est agréable, ce qui entraîne une augmentation du nombre de récepteurs sensibles à un neurotransmetteur important : la **sérotonine**. Or la sérotonine remplit un rôle essentiel dans la régulation de l'humeur, de l'appétit et du sommeil. Un enfant dont on a convenablement pris soin peut répondre adéquatement au stress en produisant suffisamment de sérotonine.

« On sait, par ailleurs, que certaines sections du code génétique sont parfois incapables de reconnaître des messages, car elles ont en quelque sorte été désactivées par un processus appelé "méthylation", explique Mme le docteur Jean M. Clinton, professeur adjoint au département de psychiatrie et des neurosciences du comportement à l'université Mc Master (Hamilton, Ontario). C'est comme si ces sections étaient recouvertes d'un morceau de gomme à mâcher ; elles ne répondent plus normalement aux messages reçus. Cependant, ajoute-t-elle, ma pratique clinique m'a fait rencontrer des gens qui avaient eu des expériences terribles qui auraient dû les "méthyler" des pieds à la tête, mais qui ne l'avaient pas fait. Pourquoi ? Ils avaient eu la chance de côtoyer un professeur ou un mentor. La rencontre d'une seule personne peut changer le cours d'une vie ! »

De telles rencontres permettent des expériences réparatrices et peuvent aider à surmonter des épreuves inhumaines. Ce phénomène, appelé « résilience » (du latin *resilire*, se retirer, rebondir, rejaillir et, par extension, mettre fin à quelque chose : résilier un contrat), a été bien étudié par des psychiatres français comme Boris Cyrulnik et Stanislaw Tomkiewicz.

➤ Quand l'environnement stresse trop l'enfant

L'environnement est stressant ou inadéquat pour un enfant lorsqu'il maintient celui-ci constamment en état d'alerte. Plus l'enfant est petit, plus son vécu est corporel et plus son expression est psychosomatique. C'est en grandissant que l'on se distancie du corps. Et, comme chaque enfant a un tempérament propre, il est important que les parents apprennent à reconnaître les signes de stress particuliers que leur envoie chacun de leurs enfants. En effet, l'environnement familial ou scolaire risque d'être d'autant plus stressant que la perception des parents ne correspond pas à ce que vit l'enfant. Il n'y a alors pas d'adéquation entre les besoins manifestés et les réponses reçues. C'est pourquoi le rôle des parents est si important : en sachant interpréter la réaction de leur enfant, ils peuvent réagir d'une façon plus adaptée. Ce sont eux qui peuvent, dès le jeune âge, l'inviter à reconnaître et à communiquer ses besoins, ses ressentis et lui donner le sens de l'équilibre. Les parents sont les premiers éducateurs de santé. C'est par les messages qu'ils transmettent qu'ils vont permettre, ou non, aux jeunes générations de développer de nouvelles attitudes de prévention et de prise en charge personnelle.

➤ Tous victimes du « technostress » ?

Les nouvelles technologies, qui dit-on devraient nous faciliter la vie, créent de nouveaux asservissements. Il nous faut ainsi apprendre à utiliser des appareils de plus en plus sophistiqués et, à cause du courrier électronique, des téléphones portables, de la bascule des appels téléphoniques d'un poste sur un autre, les horaires se distendent et les limites entre foyer et lieu de travail tendent à s'estomper. Si nous ajoutons à cela les veilles prolongées, les émissions de télévision tardives, l'organisme risque fort de se trouver rapidement en état de fatigue.

Il est important d'en prendre conscience et de penser à l'organisation globale de notre vie, et, pour éviter d'atteindre la zone de danger, de ménager périodiquement quelques pauses dans nos activités. Une étude récemment réalisée à l'Institut de technologie du Massachusetts (États-Unis) montre qu'un moment de pause permet au cerveau de récapituler inconsciemment tout ce qu'il a fait juste avant d'arriver au but. De cette façon, la « recette du succès », ensemble de petites actions physiques et mentales qui ont conduit à cet aboutissement, est mieux mémorisée.

Une pause (mais pas forcément café)

Quand nous étudions et quand nous travaillons, absorbés par la tâche, il est fréquent que nous oubliions nos besoins élémentaires. Trop longtemps debout, trop longtemps assis ou dans la même position, le corps se fatigue, l'équilibre énergétique se dégrade. Ainsi les longues séances d'ordinateur, vue fixée sur l'écran, main collée à la souris, installé sur un siège souvent mal adapté, sont une épreuve pour les yeux, le dos, le poignet et l'équilibre du corps tout entier.

Il convient alors de faire une pause, de bouger, de se dégourdir les jambes, de s'étirer, de respirer profondément, de se reposer la vue, de parler avec quelqu'un. Parfois, de boire quelque chose de frais ou de chaud.

Mais attention, le café et les boissons gazeuses contenant de la caféine (qui a remplacé les extraits de coca depuis longtemps interdits) ne sont pas forcément nos meilleurs amis. La caféine, que l'on trouve aussi dans le thé, excite le système nerveux, accélère les battements du cœur, augmente la pression artérielle et peut accroître l'anxiété : c'est une sorte d'adrénaline végétale ! Peut-être vaut-il mieux, alors, prendre un grand verre d'eau, un jus de fruits naturel, une infusion, un potage léger, un extrait de jus de viande pas trop salé, un chocolat : tout dépend de vos goûts, de vos choix alimentaires.

»

»

Suite…

Et puis, pourquoi ne pas en profiter pour faire une bonne respiration, une courte relaxation ?

Quand nous ressentons dans notre corps un besoin, que nous traduisons comme besoin d'énergie, celui-ci n'est pas forcément alimentaire. L'organisme ne se réconforte pas qu'avec des boissons gazeuses et des barres chocolatées, il a besoin aussi de respiration, de détente, d'exercice et parfois de sommeil... Un petit somme, une courte sieste pourraient nous éviter de prendre bien des kilos ! Des études métaboliques appuient ce point de vue. Elles montrent, en effet, que lorsqu'on ne dort pas assez, la leptine (du grec *leptos*, minceur), hormone de la satiété découverte en 1994, diminue tandis que l'hormone qui stimule l'appétit augmente.

La santé est aussi dans l'assiette

Depuis le début de notre vie, la fonction alimentaire est empreinte d'une double valence, biologique et symbolique, nutritionnelle et affective. Elle est aussi marquée par des traditions sociales, ce qui explique certains de nos goûts et dégoûts, de nos préférences face aux aliments. Sous l'effet du stress, de l'anxiété, d'émotions fortes, l'appétit et le besoin de manger fluctuent : les uns dévorent compulsivement, les autres ne peuvent rien avaler. La respiration consciente, la reconnaissance de nos émotions et la relaxation, qui abaissent notre niveau de stress, peuvent nous aider à réguler notre appétit.

Par ailleurs, les nutritionnistes nous rappellent fort justement que la santé est aussi dans notre assiette et l'on trouve aujourd'hui dans les magazines de nombreuses idées pour varier ses menus tout en « mangeant santé ». On y trouve aussi des informations sur des compléments alimentaires qui peuvent être utiles au maintien de notre équilibre biologique. Certains ont un réel intérêt, et valent la peine qu'on s'informe. Tout cela est bon et il est souhaitable, certes, de choisir judicieusement ses aliments, mais soyons quand même indulgents par rapport à nos écarts, cela nous évitera d'ajouter de la culpabilité à notre malaise intérieur.

Le parfum de la vie

Une partie de notre cerveau émotionnel, appelée rhinencéphale (cerveau olfactif), est sensible aux odeurs. Pour nous, comme pour les papillons et les autres animaux, celles-ci sont des signaux qui nous repoussent ou nous attirent. Un parfum bien choisi peut éveiller nos sens, une odeur agréable nous causer des émotions douces, du plaisir, entraîner une expansion énergétique de tout notre être, elle peut aussi nous aider à nous relaxer, à nous harmoniser. Alors, pourquoi ne pas penser à parfumer notre ambiance ? Il existe un grand choix de parfums d'intérieur, de bougies et d'encens aromatiques spécialement conçus pour accompagner un moment de détente, une rencontre intime, une méditation, une relaxation ; des essences naturelles aussi. Pourquoi ne pas essayer ?

« Il est des parfums... »

Il est des parfums frais comme des chairs d'enfant,
Doux comme les hautbois, verts comme les prairies,
– Et d'autres, corrompus, riches et triomphants,

Ayant l'expansion des choses infinies,
Comme l'ambre, le musc, le benjoin et l'encens,
Qui chantent les transports de l'esprit et des sens.

Charles Baudelaire

Un frais bouquet de pensées

Avec des amis on vit, sans eux on se contente d'exister. L'amitié est une fleur trop précieuse pour qu'on la foule aux pieds ; pour parfumer notre vie, elle nécessite des soins. Alors si vous pensez à vos amis, faites-le-leur savoir, si vous aimez quelqu'un, dites-le-lui.

Maintenant, vite, en vie ! Même si l'autre le sait, soyez sûr que vous entendre dire que vous l'aimez lui fera plaisir. Et puis, un frais bouquet de tendres pensées, c'est plus joli que quelques pétales fanés sur une tombe, non ?

Donnez de vos nouvelles, prenez-en ! N'attendez pas demain, demain, c'est une hypothèse ! N'attendez donc pas. Les petits textos entretiennent l'amitié. Et puis, pensez aussi qu'à n'importe quel âge, on peut se faire de nouveaux amis.

➤ Respirer, marcher, bouger, rire, danser, chanter...

Pour diminuer l'impact d'une situation stressante, des actions mentales ou dirigées vers le milieu extérieur ne suffisent pas. Il est utile aussi de réguler le système végétatif et d'équilibrer notre énergie par des actions corporelles, même simples, même brèves. La première, qui est toujours possible, n'importe quand, n'importe où, est d'expirer profondément et de centrer un moment son attention sur sa respiration. Respirer profondément accroît la fonction d'épuration. De plus, en respirant, nous absorbons des corpuscules électrisés appelés ions. Ceux-ci sont des charges électriques (les unes négatives, les autres positives) qui sont fixées sur les molécules d'oxygène que nous inhalons. Les ions dits « négatifs », parce qu'ils ont une charge électrique négative, ont un effet « positif » sur l'organisme car ils stimulent nos fonctions vitales et améliorent nos performances psycho-physiologiques. Alors, chaque fois que cela est possible, pourquoi ne pas aller dans un parc, un jardin, à la mer ou à la campagne prendre un bon bol d'air ? Et en profiter pour marcher, courir, jouer ?

Faire un peu d'activité physique active la fabrication d'hormones et de neurotransmetteurs. En d'autres mots : **bouger le corps active l'esprit**. Rire aussi. Aussi n'hésitez pas à rire, sourire, blaguer. L'humour entretient la bonne humeur et la bonne humeur aide à maintenir l'organisme en santé. Et, où que nous soyons, pourquoi ne pas nous donner plus souvent l'occasion de respirer sans entraves et de façon consciente ? La pratique intitulée

« Cracher le vieux, faire entrer le neuf », que nous avons vue au chapitre 6, peut nous aider à en prendre l'habitude ; la variante que nous donnons ci-dessous aussi.

Et danser, y avez-vous pensé ? C'est une façon conviviale de bouger le corps, non ? Et chanter ? Chanter, c'est émettre de l'énergie, entrer en rythme, faire bouger son diaphragme, respirer plus ; et, lorsqu'on le fait à plusieurs, c'est partager. On n'est pas tenu de faire tout tout seul ! Il y a des choses que l'on peut partager. **Partager augmente le plaisir et élève le niveau d'énergie**.

Exercice

Le ver de terre et le poisson

Assis, allongé, ou même debout, relâchez d'abord bien tout votre corps, sans oublier les épaules, les mâchoires et le bas du dos, et concentrez votre attention sur votre nombril.

Maintenant, approfondissez doucement votre respiration en commençant par l'expir. Oui, videz l'air vieux avant de faire entrer le neuf.

Ah, mais ! dites-vous, ça je l'ai déjà fait... Très juste, et nous allons le refaire. Bien ou mal, consciemment ou pas, nous respirons sans cesse. La respiration est le rythme fondamental de la vie. Cela vaut bien la peine de lui consacrer parfois un peu de notre attention, non ?

Soit, dites-vous, mais où est la variante ? Patience, elle arrive. Rappelez-vous que dans l'Empire du milieu, comme au pays du Soleil levant ou dans celui du Matin calme, le temps est un précieux allié. Dans les pratiques de santé et de longue vie, on fait les choses « pour le plaisir de les faire », non « pour les avoir faites »... Alors, de grâce, hâtez-vous lentement ! Votre corps et votre système nerveux vous en seront reconnaissants. Prendre son temps, c'est donner une chance au système végétatif de se rééquilibrer ; c'est l'antidote du stress.

Voici donc la variante promise. C'est une nouvelle façon de jouer avec notre respiration, proposée il y a bien des siècles par un vieux maître taoïste.

D'abord, vous inspirez « comme un ver de terre en hiver »... Oui, imaginez un pauvre petit ver de terre dans un sol gelé. Comme il a peur de s'enrhumer, il ne respire que du bout du nez. Faites donc une inspiration douce, courte, légère...

»

Suite...

Puis, expirez « comme la truite qui s'enfuit dans le ruisseau »... Voyez comme elle glisse, soyeuse, dans le courant. Loin, loin, plus loin encore...

Expirez lentement, doucement, et prolongez votre expiration. Suivez la truite du regard pendant que vous expirez. Elle s'enfuit, miroitante dans le soleil, et son reflet se perd dans celui de l'eau.

Prolongez cette expérience autant que vous le désirez, puis ouvrez les yeux, étirez-vous, bâillez si vous en avez envie, remuez doucement.

Comment vous sentez-vous à présent ?

Lire de la poésie...

Oui, pourquoi ne pas lire de temps en temps de la poésie ? Entre les classiques, appris à l'école, dont vous vous souvenez encore, les modernes, et les traductions de poètes étrangers que vous n'avez peut-être jamais lus, le choix est grand. Les poètes nous invitent à découvrir le monde avec une autre sensibilité, leurs œuvres éveillent en nous de nouvelles émotions, de nouvelles sensations. Certaines formes de poésie nous font participer à l'harmonie du monde et, selon deux études récemment parues en Angleterre, lire de la poésie a un effet bénéfique sur l'anxiété et la dépression. La première a été menée conjointement par le Département britannique de la santé et le Conseil des arts. S'appuyant sur deux études antérieures, elle montre que les lecteurs de poésie voient s'élever leur taux de neurotransmetteurs liés au bien-être (les endorphines, par exemple). L'autre, conduite par un médecin de l'Hôpital royal de Bristol, affirme que des personnes atteintes de dépressions sévères, si elles lisent régulièrement des poèmes, peuvent diminuer considérablement la dose nécessaire d'antidépresseurs. Elle démontre aussi que si, au lieu de revues d'actualité (souvent dépassée), on place des recueils de poésie dans les salles d'attente d'hôpitaux, où habituellement l'anxiété régnante est élevée, les patients paraissent plus apaisés.

Les résultats de ces études peuvent s'expliquer par l'effet des émotions agréables qu'induisent en nous les images et les sensations évoquées par les poètes. Alors, n'hésitez pas, lisez de la poésie, mais choisissez vos auteurs, ceux qui cultivent la mélancolie ne sont pas les meilleurs quand on se sent d'humeur triste, à moins que vous ne souhaitiez augmenter votre spleen.

Exercice

Vous prendrez bien un demi ?

Même si vous êtes terriblement pressé, prenez au moins un demi. Oui, seulement deux vers, la moitié d'un quatrain, un demi-*rubayat* du vieux poète persan Omar Khayyam ; ceux-ci :

Sois heureux un instant,
cet instant c'est ta vie.

Et si vous avez un peu plus de temps, pourquoi ne pas savourer avec Arthur Rimbaud ces sensations :

Par les soirs bleus d'été, j'irai dans les sentiers,
Picoté par les blés, fouler l'herbe menue :
Rêveur, j'en sentirai la fraîcheur à mes pieds.
Je laisserai le vent baigner ma tête nue.

Je ne parlerai pas, je ne penserai rien :
Mais l'amour infini me montera dans l'âme,
Et j'irai loin, bien loin, comme un bohémien,
Par la Nature, heureux comme avec une femme.

➤ Dormir n'est pas un luxe…

Quand nous dormons, notre corps ne chôme pas : il reconstitue activement les éléments biochimiques indispensables au bon fonctionnement du système nerveux et du cerveau. Le « bon » sommeil est celui qui nous donne au réveil une agréable sensation de repos, celui qui ne nous laisse pas un résidu de fatigue qui va se traduire par des paupières lourdes et une sournoise envie de dormir tout au long de la journée. Le manque de sommeil prolongé crée une dette envers l'organisme, il est source d'irritabilité, d'anxiété, de malaise physique et psychique, d'états dépressifs parfois. De plus, il entraîne une perte du sens de l'humour, engendre de l'agressivité, appauvrit la vie relationnelle et sexuelle, affecte les capacités mentales.

Des recherches faites à la faculté de médecine d'Harvard, aux États-Unis, ont montré que les étudiants qui s'accordaient une bonne nuit de sommeil après une soirée studieuse retenaient mieux, et plus longtemps, ce qu'ils venaient d'apprendre que ceux qui veillaient très tard sur leurs livres. D'autres ont démontré que des nuits de cinq heures ou moins tendent à affaiblir les défenses immunitaires. Tout le monde n'a sans doute pas besoin de dormir huit heures par nuit, mais le manque de sommeil est un facteur de stress à ne pas négliger.

➤ … Rêver non plus !

Une nuit de sommeil est constituée d'alternances de sommeil lent et de sommeil rapide (sommeil paradoxal), ainsi nommés à cause des ondes lentes ou rapides qu'enregistre l'électroencéphalogramme chez un dormeur. Si l'on réveille des sujets lors d'une phase de sommeil rapide, 80 % d'entre eux se souviennent précisément d'un rêve, mais si le réveil a lieu au cours du sommeil lent, il n'y en a plus que 20 %.

L'émergence des images du rêve comporte encore beaucoup de zones mystérieuses malgré les connaissances nouvelles apportées par les expériences menées dans des laboratoires du sommeil. Ainsi, nous savons que nous passons beaucoup de temps à rêver, jusqu'à un cinquième ou même un quart de notre temps de sommeil si nous sommes un adulte, encore plus s'il s'agit d'un enfant et surtout d'un nourrisson.

Le rêve contribue grandement à la qualité du sommeil ; la suppression des périodes de rêve (artificiellement en laboratoire par des réveils programmés, ou par des médicaments) entraîne de la fatigue au réveil et, à la longue, certains troubles, tels que diminution de la mémoire et de l'attention. Alors, quelle est sa fonction ? De messager des dieux à celui de l'inconscient et, plus récemment, de l'évolution, plusieurs hypothèses ont été évoquées, mais rien n'est vraiment sûr. Pourtant il semble que le rêve permettrait **la maturation du cerveau et sa régénération**. Les moments de rêve sont des moments de grande circulation énergétique qui permettraient une cristallisation des informations, une libération de certains circuits jugulés pendant la veille par les contraintes de la réalité. Ce que nous pouvons dire avec certitude, c'est que, pendant le rêve, notre imaginaire est maître, et que nous sommes nous-mêmes les metteurs en scène. Au réveil nous pouvons recueillir des images, ou plus exactement des souvenirs d'images, qui sont en fait des souvenirs partiels, des extraits de nos scénarios nocturnes.

Depuis l'Antiquité, les productions oniriques ont intrigué les hommes, et ils ont cherché à donner sens aux images. Des « dictionnaires de rêves » ont même proposé des significations pour les thèmes les plus fréquemment rencontrés. Mais chaque individu étant unique, un rêve ne peut prendre sens que dans l'histoire de vie de la personne qui l'a produit. Cette réserve faite, on peut toujours s'interroger avec profit sur ce que peut vouloir dire pour nous, dans la situation actuelle, telle émergence onirique, tel déroulement, surtout si le même scénario se reproduit plusieurs fois. Ce questionnement concerne aussi le corps ; il n'est pas rare que certains rêves soient annonciateurs d'un dysfonctionnement somatique, et cela ne doit pas nous étonner étant donné l'indissociabilité corps-esprit. Notre mental ne peut pas ignorer ce qui se passe dans notre soma. Certains auteurs évoquent même une correspondance entre tel type de rêve et tel problème de santé, ce qui est évidemment trop schématique. Si une large utilisation des rêves a été faite en médecine (dans l'Antiquité, dans d'autres cultures et dans les approches chamaniques), c'est toujours dans un dialogue soutenu avec la personne souffrante, en tenant compte de son individualité et de son environnement.

Pourquoi ne pas nous intéresser à nos rêves, voire les noter au réveil dans un carnet spécial ? Leur langage symbolique ouvre des portes sur les parties les moins connues de nous. Et nous pouvons faire parler nos images en associant librement ce qui nous vient à l'esprit à propos de chaque scène, chaque personnage, chaque élément. Écrire son rêve, le dessiner, le raconter à une autre personne, peuvent enrichir nos associations et nous aider à en extraire des significations dont certaines peuvent être utiles à notre santé. Et pourquoi le soir, avant de vous endormir, ne vous souhaiteriez pas à vous-même de beaux rêves, en même temps que vous vous relaxez ?

➤ La nuit porterait-elle conseil ?

Vous avez une décision importante à prendre, il vous est difficile de faire un choix... Et si vous laissiez votre inconscient décider à votre place ? Une équipe de chercheurs hollandais vient de montrer que la meilleure méthode face à un choix décisif est de penser à autre chose ; les décisions prises inconsciemment étant les plus satisfaisantes. Certains sujets de l'étude avaient des décisions simples à prendre : quel shampooing choisir ou quelles serviettes acheter ; d'autres étaient mis face à des situations plus complexes : choix d'une voiture ou d'une maison. Ceux qui souhaitaient acquérir une nouvelle voiture ont d'abord reçu toutes les informations nécessaires sur les différents modèles convoités. Ensuite, ils ont été divisés en deux groupes : certains devant prendre leur décision immédiatement, les autres se voyant proposer de faire un puzzle pour penser d'abord à autre chose et prendre leur décision l'esprit tranquille. Résultat : ceux qui avaient pris leur décision « inconsciemment », après une bonne séance de puzzle, ont été beaucoup plus satisfaits de leur choix, alors que ceux qui avaient dû prendre une décision immédiate ont été plus nombreux à la regretter. Pour les décisions simples comme l'achat d'un shampooing, une décision rapide s'est révélée tout aussi efficace. Comment expliquer cela ? Notre esprit conscient aurait une faible capacité à traiter beaucoup d'informations à la fois, alors que notre inconscient serait capable de traiter beaucoup plus d'informations simultanément, ce qui conduirait à un choix optimal. « Le mieux à faire quand vous êtes face à une décision importante, conseillent les auteurs de cette étude, c'est de réunir toutes les informations nécessaires. Ensuite, laissez dormir tout ça pendant un petit moment, vous verrez que la meilleure solution se présentera à vous plus facilement. » Serait-ce pour cela que l'on dit que la nuit porte conseil ?

La sieste, c'est bon pour la santé

Des entreprises canadiennes se sont rendu compte que permettre à leurs travailleurs de faire une sieste durant leur temps de travail représentait un bénéfice pour ceux-ci et pour l'entreprise. Elles ont créé des « salles de repos » meublées de divans et de fauteuils inclinables, mais, comme cela va à l'encontre des idées admises, elles ne s'en vantent guère.

C'est que, dans bien des esprits, la sieste est associée à la nonchalance, aux langueurs tropicales, à la petite enfance ou au troisième âge, toutes situations qui ne sont pas, à proprement parler, des symboles de rendement et de productivité. Pour changer cet état d'esprit, les défenseurs de la sieste, dont nous sommes, proposent de la nommer **petit somme énergétique**, car elle est une pratique ressourçante pour le corps et pour l'esprit. Cela a été amplement démontré chez les conducteurs de machines à risque, les pilotes d'avion, les chauffeurs de poids lourds et les surveillants d'usines nucléaires : quinze à vingt minutes de sieste permettent de récupérer un état de vigilance optimal durant plusieurs heures. Alors, même si vous n'êtes pas méditerranéen, pensez-y !

Exercice

Attention les yeux !

« Trop, c'est trop ! » Voilà un adage dont nous ferions bien de nous souvenir quand nous travaillons sur ordinateur.

Face à l'écran, nos yeux se fatiguent. Cela est dû à la tension des muscles oculaires, et au fait que la rétine est constamment stimulée par l'alternance des points lumineux (pixels) qui forment l'image. Plus les signaux optiques de l'écran sont forts, et plus nos yeux consomment de rhodopsine, un pigment photosensible qui nous permet de voir. Alors, que faire ?

Avant tout, s'assurer que la hauteur du siège permet à l'ensemble du corps : tête, cou, épaules, coudes et poignets, mais aussi ceinture, genoux et pieds, de ne pas se crisper inutilement. Ensuite, ajuster la luminosité et la brillance de l'écran à un niveau confortable. Pendant que l'on travaille sur un texte, utiliser de préférence une taille de caractère qui n'oblige pas à forcer la vue et la réduire à la taille désirée avant impression, ou utiliser la fonction zoom qui permet d'agrandir le texte à une taille confortable pour la lecture sans modifier la taille de caractère choisie pour l'impression.

Réduire la durée des séances face à l'écran et faire de courtes pauses pour défatiguer les yeux en utilisant un ou plusieurs des exercices suivants ; exercices que l'on fera sans bloquer sa respiration :

■ 1. Pour les yeux

› fermer les paupières, les masser doucement et appuyer un moment sur les globes oculaires, cela détend les muscles des yeux. Attention si vous portez des lentilles !

› faire bouger les yeux latéralement, de gauche à droite et de droite à gauche, puis de haut en bas et de bas en haut, comme si vous suiviez le tracé d'une croix ;

››

Suite…

› frotter vigoureusement les paumes des mains l'une contre l'autre pour les réchauffer, puis les appliquer en conque sur les yeux fermés. La chaleur des paumes en se transmettant aux paupières et aux yeux facilite la circulation du sang et défatigue ;

› faire tourner les yeux en cercle dans les orbites plusieurs fois de gauche à droite puis de droite à gauche, et continuer un moment dans le sens qui nous fait le plus de bien. Compléter par un massage circulaire du bord des orbites ;

› appliquer à nouveau les paumes réchauffées sur les paupières fermées ;

› reprendre l'exercice de mouvement des yeux qui nous a fait le plus de bien et le compléter par un massage appuyé des sourcils et un plus léger, circulaire, des tempes ;

› terminer par une nouvelle application des paumes.

■ 2. Pour le cou

› menton collé sur la gorge, incliner plusieurs fois la tête d'avant en arrière, comme pour un petit salut, puis d'arrière en avant. Cela décontracte les muscles de la nuque ;

› cou droit, incliner la tête vers l'épaule droite puis vers l'épaule gauche, plusieurs fois ;

› cou droit, regardant devant soi, tourner la tête à droite et à gauche plusieurs fois ;

› faire tourner largement tête et cou sur les épaules plusieurs fois de droite à gauche et de gauche à droite ;

› enfin, terminer par un massage-pétrissage de la nuque pour détendre les muscles profonds.

■ 3. Pour le dos

› basculer le tronc plusieurs fois d'avant en arrière, en « cassant » à la hauteur du creux de l'estomac ou un petit peu plus haut. Cela permet de gommer le point douloureux entre les vertèbres dorsales ;

› mains croisées derrière la nuque, étirez plusieurs fois votre dos ;

› et, si vous le pouvez, levez-vous, étirez-vous encore plus, marchez un peu, allez aux toilettes, lavez-vous les mains, buvez un verre d'eau.

Suite...

Et si vous ne pouvez rien faire de tout cela, détournez au moins un moment vos yeux de l'écran et laissez votre regard flotter sans rien fixer de précis, puis fermez les yeux. Cela soulagera quand même un peu votre tension visuelle.
Par ailleurs, assurez-vous que votre alimentation contient assez de vitamine A, indispensable à la fabrication de rhodopsine dans la rétine. On la trouve en abondance dans le foie de morue et dans de nombreux poissons. Et aussi assez de bétacarotène que le corps, avec l'aide de la lumière solaire, transforme en vitamine A. On trouve ce dernier dans les carottes et les légumes verts ou rouges et dans des fruits comme la pêche, l'abricot, les pruneaux, le melon et la mangue.

Un peu moins de bruit, s'il vous plaît...

Nous vivons dans un monde bruyant, très bruyant, trop bruyant ! La pollution acoustique est un des principaux problèmes de notre société et un facteur de stress qui s'ajoute à beaucoup d'autres. D'après une étude de l'Organisation mondiale de la santé, les deux pays les plus bruyants du monde sont, par ordre, le Japon et l'Espagne, et l'on calcule qu'en Europe environ 20 % de la population (80 millions de personnes) est exposé à des niveaux de bruit inacceptables.

La limite tolérée par l'OMS est de 65 décibels, mais cent trente millions de personnes dans le monde sont exposées à des niveaux bien supérieurs, et trois cents millions d'autres souffrent de bruits qui les empêchent d'avoir une qualité acceptable de vie. Les principales sources de pollution acoustique sont les véhicules à moteur, les industries, les ateliers industriels, mais aussi les bars et les discos. Les effets du bruit sur la santé sont une augmentation globale de la tension nerveuse accompagnée d'une accélération du rythme cardiaque, d'une modification du rythme respiratoire, d'une augmentation de la tension musculaire et de la pression artérielle, sans oublier les risques de troubles de l'audition (bourdonnements, sifflements) pouvant aller jusqu'à des surdités temporaires ou définitives. Or, une étude, réalisée par des chercheurs allemands dans trente-deux hôpitaux de Berlin sur 4 115 personnes hospitalisées entre 1998 et 2001, vient de montrer qu'une exposition constante au bruit peut provoquer des crises cardiaques et que, dans l'ensemble, les femmes y sont plus sensibles que les hommes. Celles-ci, par contre, seraient moins affectées par l'excès de bruit dans leur environnement de travail. On ne sait pas expliquer ces différences, mais les chercheurs indiquent qu'elles pourraient être liées à un effet de l'évolution, les hommes étant plus sensibles au bruit dans leur ambiance de travail alors que les femmes seraient plus attentives aux bruits de la maison : pleurs d'un enfant, sonnerie du téléphone, par exemple.

➤ ... Et un peu plus de musique douce !

Des chercheurs du département de médecine cardiovasculaire de l'université d'Oxford, en Angleterre, se sont intéressés, eux, aux réponses physiologiques : pression artérielle, battements cardiaques, respiration, à l'écoute de différents morceaux de musique. Les sélections musicales étaient composées de raga (musique classique indienne), de la *Neuvième Symphonie* de Beethoven (musique classique lente), de rap (Red Hot Chili Peppers), d'un morceau de Vivaldi (musique classique rapide), de techno et d'une pièce d'Anton Webern (musique dodécaphonique lente).

Les musiques aux tempos les plus rapides et aux structures rythmiques les plus simples ont accéléré la respiration et les battements cardiaques. Elles ont aussi fait monter la tension artérielle. Pendant les pauses, ces paramètres diminuaient et descendaient même parfois au-dessous de leur valeur initiale. Au contraire, la musique lente, en particulier le raga, ralentit le cœur et fait respirer plus lentement et plus profondément ; la respiration peut donc être régulée de manière inconsciente par la musique.

« De la musique avant toute chose… »

Fort de ces informations, que peut-on conclure ? Qu'il est utile de se protéger du bruit, qu'un peu de silence nous fait souvent du bien et qu'écouter une musique douce que nous aimons a un effet positif sur le fonctionnement global de notre organisme. Alors, pourquoi ne pas nous donner parfois l'occasion d'en écouter à la maison ou d'aller au concert, et pourquoi ne pas nous constituer une petite discothèque personnelle pour accompagner nos moments de détente et de relaxation ? On trouve aujourd'hui en magasin de nombreux enregistrements de musique classique ou ethnographique et des compositions spécialement faites pour se relaxer. On trouve aussi de beaux enregistrements de voix. La voix humaine parle autant au cœur qu'au corps. Ténors, contre-ténors, sopranos, barytons, le choix est vaste. La musique est bonne pour le corps et pour l'esprit. Choisissez celle qui convient le mieux à votre état d'humeur, votre psychosoma vous en sera reconnaissant. Et, si vous avez tout de suite le temps, pourquoi ne pas écouter une musique douce que vous aimez, et pratiquer la relaxation suivante ? **La relaxation est une bonne façon de développer le juste amour de soi, puisqu'elle nous permet d'être à l'écoute de nous-mêmes et renforce l'unité corps-esprit**. Elle nous permet aussi de souffler un peu, de nous donner du temps pour reprendre des forces. Il a été vérifié chez des sportifs de haut niveau qu'une pause relaxation aide mieux à la reprise de l'effort qu'une simple pause repos.

Exercice

Le sourire intérieur

Ce que nous vous proposons maintenant est un très ancien exercice de santé taoïste destiné à maintenir le fonctionnement des organes en harmonie et à éliminer les émotions négatives qui peuvent les perturber. Il en existe des descriptions diverses. Celle-ci nous a été transmise par un maître de qi-gong et nous vous la présentons comme nous avons l'habitude de la présenter à nos élèves.

»

Suite...

■ **1. Préalables**

L'idée générale est de visiter par la pensée chacun de nos organes en leur transmettant la douce énergie du sourire. Mais, attention, d'un vrai sourire chargé de tendresse et de sympathie, pas d'un sourire « commercial » affiché mécaniquement du bout des lèvres.

Regardez-vous dans une glace, regardez autour de vous. Dans un sourire vrai, les yeux sourient aussi. Dans le sourire « affiché », seules les commissures des lèvres se relèvent. Alors, souriez, souriez vraiment et, pour vous y aider, pensez à quelqu'un que vous aimez, à un souvenir plaisant, à quelque chose qui vous rend, ou vous a rendu, heureux.

Ça y est, vous avez senti la différence, vos yeux sourient aussi ? Très bien. Savourez cette sensation, maintenant vous êtes prêt. Si vous ne connaissez pas bien la position des organes dans votre corps, vous pouvez regarder une planche d'anatomie, il y en a de très bien faites dans les albums pour enfants, ou faites confiance à votre corps : lui sait où sont ses organes.

Si pour une première fois vous trouvez l'ensemble trop long, vous pouvez n'en faire qu'une partie, ou vous centrer directement sur un organe. Si cette pratique vous plaît, vous pourrez toujours la reprendre et la compléter ultérieurement.

■ **2. La pratique**

Pour pratiquer, vous pouvez choisir d'être debout, assis (de préférence sur le bord d'une chaise, le dos droit, les jambes écartées de la largeur des hanches, les pieds bien posés sur le sol) ou allongé sur le dos.

Desserrez votre ceinture, enlevez vos lunettes, votre montre. Laissez maintenant votre corps se détendre. Les épaules se relâchent. Encore et encore. C'est parfait.

Posez les mains sur votre ventre ou sur vos cuisses, la paume droite sur la paume gauche, les doigts doucement repliés pour fermer le circuit de l'énergie.

Fermez doucement les paupières, posez la pointe de votre langue contre les dents du haut ou un peu plus en arrière, là où ça vous est confortable. En faisant cela, vous permettez une meilleure circulation de l'énergie.

Suite...

Si des idées extérieures vous viennent, laissez-les circuler sans lutter activement contre elles et ramenez votre attention sur vos sensations internes. Détendez bien votre front. Maintenant, pensez à quelque chose d'agréable et souriez avec vos lèvres et avec vos yeux.

■ 3. Visite des cinq organes

Les cinq organes dont il est question ici : foie, cœur, rate, poumon et rein sont, d'après la tradition taoïste, des « organes trésors », ceux desquels dépend l'équilibre énergétique de notre corps.

Laissez cette énergie douce et tendre se concentrer entre vos sourcils ; de là elle va ensuite descendre en cascade vers vos organes. Elle commence déjà à descendre dans votre visage, dans votre bouche, vos mâchoires se détendent.

Grâce à votre pensée, guidez maintenant votre sourire dans votre gorge. Votre cou se détend et l'énergie du sourire, tel un courant tiède, descend vers l'avant de votre corps et éveille un bien-être partout où elle passe. Imaginez que l'énergie de votre sourire baigne intimement chaque organe, qui s'ouvre et s'épanouit comme une fleur. Restez sur chacun le temps que vous voulez ; laissez-vous guider par vos sensations.

Lorsque vous êtes sur un organe, pensez à sa fonction, à son rôle dans l'équilibre général de notre organisme. Et pourquoi ne pas en profiter pour dialoguer avec lui et, si vous en ressentez l'envie, le remercier, le pardonner, lui demander pardon. Le pardon est un acte noble, plein d'humilité et de générosité. Ce dialogue intérieur, pour aussi fantaisiste qu'il puisse paraître, a une grande utilité. Il éveille la conscience, renforce l'harmonie intérieure et consolide l'unité de notre psychosoma.

Emmenez maintenant l'énergie du sourire jusqu'à votre **cœur** qui la reçoit et s'épanouit.

Et maintenant à vos **poumons**, à vos bronches, à chacune des cellules qui nous permettent de respirer.

À votre **foie**.

À vos **reins**.

Et maintenant à votre **rate**.

Suite...

C'est parfait ! Nous venons de visiter les principaux organes suivant la tradition taoïste, ceux desquels dépend l'harmonie énergétique de notre corps. Mais il est possible que, pour une raison qui vous est propre, vous éprouviez le besoin de visiter aussi un autre organe comme la **vessie**, les **ovaires** (ou les **testicules**), le **pancréas** (ou une autre **glande endocrine**) ou la **vésicule biliaire**. Si c'est le cas, n'hésitez pas à le faire.

■ 4. Détente du tube digestif

Revenons maintenant au point entre les sourcils.

De là, nous allons guider l'énergie du sourire dans tout notre tube digestif, **de la bouche à l'anus**, en passant par l'**œsophage**, l'**estomac**, l'**intestin grêle**, le **gros intestin** et le **rectum**.

Notre tube digestif se charge de tensions qui se traduisent parfois par des spasmes de l'œsophage, des maux d'estomac ou des douleurs abdominales (colite). Il est l'axe central de notre cuirasse défensive.

Ce ruissellement de l'énergie du sourire détend en profondeur tout le système digestif et nous détend aussi.

■ 5. Stimulation du cerveau et de la moelle épinière

Revenons une fois encore au point entre les sourcils où nous allons concentrer une fois encore l'énergie du sourire. De là, grâce à notre vision intérieure, notre imagination, nous envoyons ce sourire et son énergie au **centre de notre cerveau** qui se met à briller comme un soleil. Tout le cerveau en est irradié.

Guidons-la maintenant vers l'**arrière du crâne**, vers le **cervelet** et le **bulbe rachidien**, et laissons-la s'écouler dans la **moelle épinière** jusqu'au **coccyx**. Au passage, l'énergie du sourire va détendre et tonifier les nerfs, assouplir les articulations des vertèbres. Si nous avons mal au dos, concentrons-la un moment à l'endroit qui nous fait mal, la douleur se dissoudra peu à peu. Il est aussi possible de diriger l'énergie alternativement vers le bas et le haut de la colonne vertébrale comme pour gommer la douleur et « lubrifier » les vertèbres.

»

Suite...

■ 6. Concentration de l'énergie dans le nombril

Pour terminer, nous allons maintenant concentrer l'énergie dans le nombril. Si vous êtes une **femme**, posez la paume de votre **main droite**, l'autre par-dessus, si vous êtes un **homme**, celle de la **main gauche**, l'autre par-dessus, sur votre nombril et appelez dans votre main l'énergie de votre sourire. Sentez sa présence chaude et chaleureuse. Et maintenant, concentrez-la. Encore et encore, jusqu'à qu'elle ne soit plus qu'une petite pépite, un grain d'or, que vous allez conserver précieusement dans cette zone.

Comment vous sentez-vous maintenant ? Prêtez attention à vos sensations et laissez venir un mot, une image, une phrase ou un symbole pour décrire cette sensation.

Vous avez maintenant un code, une clef, pour accéder plus rapidement aux bienfaits de cette pratique. Il vous suffira, à l'avenir, de vous rappeler cette clef et vous retrouverez plus rapidement les bienfaits de cette relaxation.

■ 7. Et maintenant...

Relâchez doucement les mains, étirez-vous, ouvrez les yeux. Vous êtes dispos pour reprendre vos activités.

Cette pratique est une façon de nous donner de l'amour à nous-mêmes. Elle nous libère de la tension et du stress et induit dans tout le corps et dans chacun de ses organes une relaxation profonde.

Comme pour toutes les relaxations et les pratiques proposées dans ce livre, plus on la répète, plus elle est facile et rapide à faire.

Il serait bon de l'inclure dans notre pratique quotidienne de santé.

➤ Et si on s'écoutait un peu ?

Devant un danger potentiel d'évolution morbide, il nous faut désamorcer la bombe, garder ou retrouver l'équilibre. Bien souvent le corps se manifeste avant la parole et la prise de conscience, mais nous ne l'écoutons pas. Pourquoi ? Serait-ce parce qu'on nous a dit et répété sur un ton de reproche : « Allez ! Y s'ra toujours bien temps de se reposer. Si tu t'écoutais un peu moins !... » ?

Qu'est-ce que ça veut dire au juste s'écouter ? Est-ce être paresseux, égoïste, ne pas s'occuper des autres ? Et si on s'écoutait plus, qu'est-ce qui risquerait d'arriver ? Le corps nous envoie des messages que, trop souvent, nous ne nous permettons pas d'entendre : douleur, fatigue, insomnie...

Nous avons déjà parlé de l'attitude générale de répression des émotions par la culture et l'éducation. Ce type de répression s'exerce aussi fréquemment à l'encontre des sensations du corps. Les messages contraignants ont un effet sur notre caractère, sur notre corps, et donc sur notre capital santé. L'excès use, la non-prise en compte de ses besoins réels aussi, surtout si elle se répète à longueur d'années. Et si l'on découvrait qu'**en s'écoutant plus on peut se porter mieux**...

Exercice

À l'écoute de mes profondeurs

D'abord je choisis un moment et un lieu où je peux disposer de calme. Ensuite, je m'installe confortablement dans un fauteuil ou sur mon lit, en prenant soin d'avoir une couverture à portée de la main. J'approfondis ma respiration, je détends mon corps, je relaxe mes muscles. Maintenant je respire doucement puis j'oublie ma respiration afin de pouvoir percevoir d'autres sensations dans mon corps.

Ainsi bien préparé, j'observe en détail les sensations internes de mon corps. Je me donne le luxe et le temps de faire, de la tête aux pieds un **scanner de mes sensations**.

Je prête aussi attention au climat émotionnel dans lequel j'étais avant de commencer et à celui dans lequel je suis maintenant. Je prends tout en compte : mes sensations bien sûr, mais aussi les pensées, mots, images et tout ce qui tourne dans ma tête.

Si je me sens un peu anxieux, ou me rends compte que quelque chose m'occupe en particulier, je peux le noter sur un papier. Cela dégage ma pensée et me permet d'affiner mon écoute.

»

Suite...

Quoi que je découvre, je tiens compte de mon histoire personnelle, des circonstances qui m'entourent ou m'ont entouré. Et je me pose la question : « Qu'est-ce qui fait que j'en suis là aujourd'hui ? » Cette question m'aide à mettre les choses en perspective, et à faire des liens entre mes vécus antérieurs et mon vécu intérieur actuel.

Je me demande en particulier quels messages j'ai reçus dans mon enfance concernant le corps, la santé, la maladie, le sommeil, la fatigue, le repos, etc. ?

Et dans ce moment précis, qui a mal ? Ma tête, mon cœur, mon corps ? Je n'oublie pas que l'émotion est au cœur du corps. Et je cherche aussi à préciser quels sont les besoins que je néglige ? Le cas échéant, je prends une décision, concrète, pratique. Je décide ce qu'il me convient de faire.

Cela fait, j'adopte alors une attitude de parent nourricier pour moi-même. Je m'enveloppe dans la couverture, me parle doucement, parle à mes organes, à mon corps. Je le berce par une respiration douce et profonde. Et je lui permets ainsi pour un moment de retrouver des rythmes en accord avec ses besoins fondamentaux.

Il ne me reste plus maintenant qu'à remercier mon corps pour ce moment de dialogue ; à me féliciter pour le temps d'écoute que je viens de me donner, et à appliquer fermement les décisions que j'ai prises !

Du juste amour de soi

L'amour de soi a mauvaise réputation, il est généralement associé à l'égoïsme, l'égocentrisme, voire le narcissisme, et s'il s'agit d'un enfant, c'est l'occasion pour l'adulte de donner une leçon de morale : « Pense d'abord aux autres au lieu de penser à toi. » Il est souhaitable, bien sûr, qu'un enfant, même jeune, prête attention à autrui et apprenne à partager, mais sans pour autant négliger ses besoins personnels. L'aptitude à prendre soin de soi prend racine dans la toute petite enfance.

L'investissement de son corps propre par le bébé se fait par l'intermédiaire des soins maternels où le toucher peau à peau tient une place très importante. Si ces échanges quotidiens se font dans un plaisir mutuel, le petit peut construire cet amour de lui-même, véritable noyau de son moi, qui lui procure le sentiment d'être en sécurité.

Par la suite il gardera en lui un sentiment de la valeur de sa personne, une sécurité de base, atouts considérables pour traverser les étapes de la croissance et les épreuves de la vie. L'acquisition de cette sécurité de base permet à l'enfant grandissant de s'ouvrir aux autres et aux expériences nouvelles. Progressivement il fera pour lui-même ce que sa mère faisait pour lui, c'est-à-dire assurer sa protection, la prise en compte de ses besoins, instaurer les conditions nécessaires à sa santé et à son bien-être.

Trouver l'équilibre

L'observation des petits montre que, lorsque les enfants sont dans des conditions affectives rassurantes, ils sont assez souvent enclins à partager, et vont spontanément consoler ceux qui pleurent. Il est vrai qu'ils sont aussi facilement possessifs, voire agressifs, quand il s'agit de défendre un objet, un territoire, ou toute autre chose. Ces comportements d'accaparement sont des manœuvres de sécurisation, ils sont plus fréquents chez les tout-petits et chez les enfants anxieux.

Il est intéressant de remarquer que la possession, l'appropriation, si elle apporte une joie passagère, ne fait pas grandir le sentiment de sécurité de base. Le besoin relationnel fait partie des besoins psychologiques de tout individu. En grandissant, l'enfant fera l'expérience qu'il se sent content quand il partage quelque chose, même si cela lui inflige une privation. Quand il s'accapare la totalité de ce qu'il convoite, il y a frustration également, mais elle est d'un autre ordre : il profite seul, et il est alors privé d'une qualité de communication, et de l'expérience du plaisir partagé.

Quand un enfant a appris depuis sa toute petite enfance qu'il a de la valeur, que son corps est aimé/aimable, il peut s'apprécier lui-même, prendre soin de lui, respecter suffisamment ses besoins physiques, psychologiques, existentiels, et mettre ainsi en place les meilleures conditions pour sa santé et son bien-être. Par contre, si l'enfant n'a pas pu développer ce narcissisme primaire, il lui sera difficile d'investir positivement son corps et de s'en occuper en tenant compte de ses besoins.

La maladie donne droit à se soigner, or se soigner c'est s'occuper de son corps, se reposer, et aussi, sur le plan affectif, recevoir plus d'attention, de protection, se sentir important aux yeux de l'entourage, c'est-à-dire se restaurer, se ressourcer. Dans beaucoup de familles, les messages explicites ou implicites ne donnent pas droit à ces avantages sans la maladie. Si un enfant refuse un matin de se lever pour aller à l'école, bien des parents diront : « Mais tu n'es pas malade, donc tu peux (sous-entendu : tu dois) aller à l'école », et l'enfant enregistre : « Je ne peux avoir la permission de rester à la maison que si je suis malade. » Par ailleurs, il aura probablement compris, à travers l'expression « ne pas s'écouter », utilisée fréquemment par les adultes, que cette attitude est jugée favorable, et qu'elle apporte un signe positif de reconnaissance.

Combien de paroles, lancées de manière apparemment anodine, risquent d'être entendues par un enfant dans leur sens littéral, l'amenant à développer à la longue des traits de personnalité défensifs ? Ainsi en est-il de tous ces messages éducatifs qui invitent à la retenue des réactions émotionnelles instinctives dont nous avons vu divers exemples dans les chapitres précédents et de ceux qui se réfèrent aux corps et à ses soins.

Exercice

Qui, où, quand, comment ?

Faisons un moment retour sur notre propre enfance, et demandons-nous quels messages nous avons reçus sur la manière de prendre soin de soi.

› Quel impact sentez-vous qu'ils ont pu avoir sur la construction de votre personnalité ?

› Sur votre manière personnelle d'habiter (ou non) votre corps ?

› Quel retentissement ont-ils pu avoir sur votre santé, sur votre bien-être ?

› Y a-t-il des programmations mentales, des attitudes que vous jugeriez bon de changer ? Précisez lesquelles.

› Et pour ce faire, quels moyens allez-vous utiliser ?

➤ Satisfaire ses besoins fondamentaux

Bien que ceux-ci nous concernent dans la globalité de notre personne, nous les répartirons ici en trois catégories schématiques pour mieux expliciter la place de chacun :

■ **Besoins physiques** : Alimentation, sommeil, alternance activité/repos, sont à moduler. À chacun de trouver la bonne manière de se nourrir, le rythme de vie, l'activité sportive qui lui conviennent en tenant compte des temps de récupération indispensables à un bon équilibre nerveux. Des études, nombreuses et convergentes, démontrent les bienfaits de l'exercice physique sur la santé, aussi bien pour les juniors que les seniors, et il a été clairement prouvé que, outre ses effets bénéfiques sur les poumons et sur le cœur, un exercice régulier et modéré assure un équilibre des neurotransmetteurs chargés des interrelations complexes entre nos différents systèmes.

La sexualité, quelque forme qu'elle prenne, est aussi un domaine à ne pas négliger. Le toucher, les caresses, les baisers et, à plus forte raison, l'échange sexuel sont, à tout âge de la vie, une véritable fontaine d'énergie.

■ **Besoins affectifs :** Se sentir suffisamment aimé est une nécessité biologique autant que psychologique. Tout au long de sa vie, chacun, à sa façon, aménage sa vie relationnelle au mieux pour pallier l'angoisse d'abandon. Tant que nous avons la possibilité d'être en relation, nous disposons d'une barrière contre l'irruption de ce type d'angoisse existentielle. L'activité quotidienne (école, maison, travail) aide aussi à se sentir participer à la vie du monde.

Par ailleurs, le fait de se sentir utile, créatif, d'avoir des projets, des réalisations, des passe-temps, soutient la vitalité et alimente le dynamisme. Chaque personne, selon son âge, sa personnalité, ses capacités physiques et mentales, doit pouvoir donner une satisfaction, aussi petite soit-elle, à chacune de ses aspirations.

■ **Besoins existentiels, spirituels :** La spiritualité est un des besoins fondamentaux de l'homme, a dit Jung. Toute personne qui a pris le temps d'écouter un petit enfant s'est rendu compte de l'universalité de l'interrogation existentielle : « D'où je viens ? Où va-t-on après la mort ? Qu'est-ce que la vie ? Qu'est-ce que la mort ? » Les tribulations de la vie active nous permettent d'échapper à ce questionnement embarrassant, mais la mort des autres et l'idée de la vieillesse, que celle-ci soit déjà proche ou encore lointaine, étant inéluctablement associée à celle de l'approche de la mort, nous confrontent à notre finitude et il arrive un moment où il n'est plus possible de l'écarter. Or, par rapport à ce questionnement, notre société ne propose pas beaucoup de support, hormis celui des religions pour ceux qui y adhèrent.

Cependant, chacun a la liberté de développer une forme de spiritualité personnelle et combien porteuse de valeurs, en prenant conscience que nous sommes des « poussières d'étoiles », comme le dit Hubert Reeves, et que nous participons du grand mouvement de la vie et des rythmes du cosmos. Certains pourront aussi trouver une nourriture spirituelle dans la lecture des philosophes classiques (Platon, Épictète ou Marc-Aurèle, par exemple) et modernes, des poètes, ou dans des traditions comme le soufisme, le bouddhisme, le zen, le tao, le chamanisme, pour n'en citer que quelques-unes. Dans l'art, la musique, la méditation et la contemplation de la nature, ou encore dans le service des autres : bénévolat, aide humanitaire. L'ouverture du cœur, la compassion, l'accès au pardon alimentent notre aspiration à la transcendance. Tout dépend de la sensibilité de chacun. Que nous croyions en Dieu, en l'homme ou en toute autre chose, il nous paraît important de ne pas ignorer la petite voix qui parfois nous rappelle que nous sommes immergés dans une aventure existentielle qui dépasse, et de beaucoup, nos limites humaines.

En bref, disons que nous avons besoin de donner sens à la Vie, et rappelons que vivre suffisamment en conformité avec nos valeurs fait partie des conditions de notre équilibre psychosomatique. Et si un jour il est nécessaire de faire face à la maladie, au handicap, à la dépendance, celui ou celle qui aura développé une vie intérieure riche et active sera moins démuni(e). Un tel état d'esprit se cultive. Il demande une orientation déterminée, une grande ouverture, des qualités d'esprit et de cœur, et il est aidant de l'avoir développé avant d'être confronté à des situations éprouvantes.

« S'aimer justement » au quotidien

Notre « moi corporel » ne demande qu'à être pris en considération, à être éveillé, utilisé, écouté, compris ; n'attendons pas la maladie pour nous occuper de lui. Un juste amour de soi se manifeste à travers mille détails de notre vie quotidienne. Cela concerne la manière de prendre soin de son corps, à travers la toilette par exemple : le temps passé dans la salle de bain, sous la douche, les ingrédients utilisés, choisis en fonction ou non de nos goûts, de leur douceur, de leur parfum ; mais aussi l'attention apportée aux sensations corporelles pendant que nous nous lavons. Beaucoup d'entre nous sont, à ce moment-là, dans leur tête ; ils pensent aux problèmes du jour, aux tâches qui les attendent. Pourquoi ne pas prendre le temps de vous relaxer pendant que vous vous lavez ? Et, peut-être, de chanter aussi ? Et si vous avez une baignoire, pensez aux bains de plantes, aux bains moussants qui vous relaxeront. Et, pendant le bain, pourquoi ne pas écouter la musique que vous aimez ? Ou vous faire une petite thalasso (de thalassothérapie : soin par la mer) personnelle ? Une poignée de gros sel dans la baignoire, un sachet d'extraits d'algues ou quelques algues demandées à votre poissonnier, et vous voici dans la mer des Sargasses ! Un joli bain bleuté et vous voilà aux Caraïbes ! Il n'est pas interdit de rêver...

Et la manière de marcher, de bouger : est-elle « mécanique » ou bien source de sensations qui me communiquent le bon état de mes muscles, la fluidité de mes membres ? Et la nourriture : est-ce que je l'avale sans prendre le temps de la déguster ? Et le sommeil ? Et... Et encore... Prendre plus conscience de ce que nous faisons et de la manière dont nous le faisons est un moyen de vivre plus en contact avec nous-mêmes, donc de mieux percevoir nos besoins réels.

Exercice

Changer de programme

Vous vous êtes rendu compte que certaines entraves à votre épanouissement sont probablement dues à des influences éducatives reçues quand vous étiez petit, et maintenant vous voudriez bien vous en débarrasser. Mais comment faire ?

La prise de conscience est le premier pas. Vous venez de le faire. Bravo ! Le deuxième va être maintenant de vous donner la permission de vous occuper de vous-même. Quant au troisième, qui représente la mise en acte quotidienne de ce désir de changement, ce sera l'adoption de nouvelles habitudes de vie, plus respectueuses de vos propres besoins.

Tout cela vous semble difficile. Alors c'est que peut-être vous avez besoin d'un coup de main. Lorsqu'on amorce un changement personnel, on a souvent besoin d'être accompagné pour soutenir le mouvement. Dans ce cas, n'hésitez pas à demander de l'aide, et sachez qu'un travail sur soi – individuel ou en groupe – est une étape souvent nécessaire pour que les permissions soient opérantes, et aussi pour restaurer le juste amour de soi si celui-ci a été déficient.

➤ Être optimiste, sourire à la vie

Depuis une dizaine d'années, l'idée que l'optimisme, la bonne humeur et le rire sont des facteurs de santé a fait son chemin. Les religieuses optimistes supporteraient mieux que les autres les contraintes de la vie en communauté, les patients atteints de maladies cardiaques mais optimistes quant à leur avenir vivraient plus longtemps, et ceux atteints de cancer de même. Et d'appeler à la rescousse les inénarrables films de Laurel et Hardy, des Marx Brothers, de Buster Keaton – l'homme qui ne riait jamais, mais faisait rire les autres, ce qui ne semble pas avoir profité à sa propre santé ! – ou de l'immortel Charlie Chaplin, la présence de clowns dans les services de pédiatrie.

Tout cela est vrai et confirmé par de nombreuses études faites par des gens des plus sérieux. La dernière en date (2006) fait état d'une observation conduite en Hollande pendant quinze ans sur un échantillon de plus de cinq cents hommes. Se fondant sur leur niveau d'optimisme, mesuré de cinq ans en cinq ans au travers de questionnaires, et sur leur état de santé cardiovasculaire, elle conclut que les optimistes, ceux qui voient plus volontiers le verre à demi plein qu'à demi vide, auraient deux fois moins de risques de souffrir de maladies cardiovasculaires que les autres.

Alors pourquoi ne pas cultiver l'humour, qui est doux, plutôt que l'ironie acide ?

Un conte soufi

Le soufisme est une sagesse d'origine perse dont les racines plongent dans la mystique de l'islam. Ennemis des dogmes, les soufis cultivent la philosophie de l'instant à vivre et usent de nombreux contes humoristiques pour faire réfléchir les disciples. Tantôt idiot, tantôt sage, Nasrudin est leur héros favori. Né à l'époque médiévale, il continue de faire rire et de « faire voir » la vérité simple de la vie

qui se cache sous les apparences les plus extraordinaires.
Nasrudin, donc, qui se trouvait sans emploi, pensa qu'avec les connaissances qu'il avait sur les vertus médicinales des plantes il pourrait ouvrir une pharmacie.
« Oui, se dit-il, c'est une bonne idée ; une très bonne idée. Mais, bon comme je suis, je ne vais pas être un petit herboriste ; il faut que je cause sensation. »
Le lendemain même, il acquit un local et commença de l'installer. Quand le moment de peindre son enseigne fut venu, il monta un échafaudage et le couvrit avec des bâches pour la cacher aux yeux des curieux. Quelques jours plus tard, il fit placarder dans le village des affiches annonçant : « Demain, grande inauguration de la nouvelle pharmacie. »
Intrigués par le mystère qui avait entouré les travaux, de nombreux habitants du quartier et des alentours accoururent à l'invitation.
À l'heure dite, Nasrudin sortit de sa boutique et, d'un geste théâtral, découvrit l'enseigne. On pouvait y lire, en gros caractères : « Pharmacie cosmique et galactique de Nasrudin » et, en dessous, en lettres plus petites : « Harmonisée par des influences planétaires. »
De nombreuses personnes en furent impressionnées et les ventes furent coquettes ce jour-là. Dans l'après-midi, le maître d'école vint lui rendre visite et lui dit :
« Franchement, maître Nasrudin, ce que vous affirmez là me paraît un peu douteux.
– Pas du tout, lui répondit Nasrudin. Ce que j'affirme à propos des influences planétaires est parfaitement juste. Voyez plutôt : quand le soleil se lève, j'ouvre la pharmacie, et quand il se couche, je la ferme !... »

➤ Penser positif

Le rire a ses vertus, l'amour et l'humour aussi, de même que l'optimisme et la pensée positive ont les leurs. Tous ont en commun de susciter en nous des émotions agréables et d'entretenir notre bonne humeur, ce qui est une très bonne chose pour notre organisme. Mais ne confondons pas tout, et, d'abord, clarifions ce que veut dire vraiment « penser positif », car cette expression est souvent détournée de son sens véritable. Pour beaucoup de gens, elle évoque une forme de volontarisme qui consiste à s'obliger à être optimiste et combattre les idées noires. Pour d'autres, elle représente une tentative naïve de nier les problèmes, un manque de réalisme, un recours à la pensée magique. Or, elle n'est ni l'un ni l'autre.

Nous avons déjà vu l'influence réelle, et souvent négative, des images mentales sur notre fonctionnement biologique. L'objectif du travail de pensée positive est d'inverser le sens du cercle psychosomatique : utiliser ce pouvoir de la pensée sur le corps dans l'intention de détendre les muscles et le mental, entraînant cette fois un effet de renforcement dans le sens du mieux-être et de la baisse du stress. Il s'agit d'un travail progressif, le projet étant de diriger consciemment le mental afin de remplacer les contenus émotionnellement stressants par des images agréables. Cette démarche ne nie pas les problèmes, les préoccupations ou les difficultés, mais nous invite à les mettre de côté, par moments, pour nous ressourcer avec des sensations agréables, un climat de détente. Elle est un rappel qu'il y a encore de bonnes choses à vivre, même quand la réalité est éprouvante.

➤ Un temps de repos, de détente et de ressourcement

Ce temps de repos, de ressourcement gomme l'excès de stress, recharge nos batteries, nous redonne des forces pour affronter à nouveau la réalité, et nous aide à développer un optimisme, des affects positifs qui sont bons pour notre santé, alors que le pessimisme permanent la dégrade. On pourrait même, ici, parler d'**hygiène mentale**. Les événements, petits et grands, de notre vie quotidienne nous entraînent dans des scénarios interminables. Or, le plus souvent, ce sont nos appréhensions, nos peurs qui dominent, et cela même quand l'événement est agréable ou même souhaité.

Prenons l'exemple d'un départ en vacances dans un pays étranger. Alors qu'il s'agit de quelque chose de plaisant et d'un choix personnel, la plupart d'entre nous avouent être de plus en plus stressés au fur et à mesure que le moment du départ approche. Ils se gâchent le temps des préparatifs par la peur d'un oubli, de l'inconnu, à imaginer des obstacles de tout ordre. Ces scénarios catastrophes provoquent de l'anxiété, gâchent notre plaisir ; et c'est ainsi qu'un événement désiré, attendu, peut devenir un agent stressant majeur qui met à mal notre équilibre.

Marion se sent toute l'année sous pression dans son travail ; elle compte les jours qui la séparent des vacances, pour elle c'est la bouffée d'oxygène qui lui permet de continuer. Pendant de longs mois, elle prépare ce mois privilégié. La dernière semaine arrive enfin ; elle devrait donc être heureuse ! Mais non, plus les jours la rapprochent du départ, plus elle s'angoisse. Elle se repasse constamment le film du départ, du voyage, mais la joie escomptée n'est pas au rendez-vous ; au lieu des belles images de mer ou de montagne, ce sont des scénarios angoissants qui se présentent à son esprit : oublis possibles, réservation pas respectée, retards qui font rater la correspondance, peur de se perdre, d'être perdue, et combien d'autres obstacles...

« Et si... et si..., se dit-elle. Et puis j'aurais dû... j'aurais pu... Finalement je n'ai plus envie de partir... Et puis je n'ai pas fini tout ce que j'avais prévu de faire avant de m'en aller... » Et le petit vélo de tourner, tourner sans relâche dans sa tête, dans son corps, dans son cœur, prenant de l'accélération à chaque tour !

Bien sûr, un départ, même pour des vacances, n'est pas un événement sans ambivalence. Chaque fois qu'il s'agit de partir, cela implique une séparation, et les souvenirs enfouis d'expériences souvent très précoces, de séparations douloureuses, font le lit d'une anxiété voire d'une angoisse qui va se manifester de façon plus ou moins importante selon le passé de chacun. Pour certains, c'est même, simplement, sortir de chez soi pour aller au travail ou faire ses courses qui est source de stress. Alors, partir loin, c'est la panique !

Le remède, car il y en a un, c'est de s'arrêter quelques minutes, de prendre le temps de « souffler », détendre muscles et cervelle, faire revenir dans le mental les images qui ont motivé notre choix, faire resurgir le plaisir escompté, imaginer un déroulement sans embûches.

Ce travail mental peut d'ailleurs être considéré comme un simple appel au bon sens, car il nous est arrivé à tous d'imaginer de nombreuses circonstances pénibles qui ne se sont jamais présentées, non ? D'autres sont peut-être survenues, mais rarement celles que nous avions redoutées. Et puis, finalement, nous les avons traversées ! Nous pourrions donc faire l'économie des anticipations négatives, garder notre énergie pour une préparation vigilante, non angoissée, et même agréable, mais notre esprit patauge dans le marécage des pensées négatives. Certes, les obstacles rencontrés dans la vie sont nombreux, mais il semble que nous comptabilisions plus les difficultés que les situations sans incident désagréable.

L'éducation a conditionné la plupart d'entre nous à envisager le pire plutôt que le meilleur. Combien de fois par jour un parent répète-t-il à son enfant : « Attention, tu vas tomber, prendre froid, oublier telle chose, être en retard, avoir mal au ventre » ? Dans ces conditions, il est bien difficile de devenir un adulte optimiste et décontracté. À cela s'ajoutent les images, vues sur un écran ou un autre, qui chaque jour nous parlent de guerre, de violences, d'atrocités de toutes sortes. Malgré une certaine accoutumance, vu qu'elles sont quasi quotidiennes, ces images gardent un puissant impact sur notre organisme et élèvent notre niveau de stress.

Dans ces situations, nous sommes prisonniers de notre imaginaire, lui-même alimenté par notre vécu récent et/ou lointain, et le raisonnement n'a guère de prise sur ce climat émotionnel. Nous savons bien que ce mécanisme est plus fort que notre volonté. Une image, une représentation, et pas seulement visuelle, rappelons-le, est plus forte qu'un argument, même des plus solides.

Peut-on diriger son imaginaire ?

Alors, faut-il faire taire son imaginaire ? le juguler ? le laisser nous gouverner ainsi ? Peut-on en avoir la maîtrise ? À une telle question, il nous faut répondre oui et non à la fois ; nous pouvons apprendre à mieux l'utiliser, à en choisir le contenu durant quelques moments privilégiés. Cette démarche, qui consiste à exercer un certain contrôle sur notre fonctionnement mental, est essentiellement psychosomatique. En effet, comme nous l'avons vu, l'image influence immédiatement notre physiologie.

Pour discipliner notre mental et obtenir un effet positif, il nous faut, tout d'abord, obtenir un certain degré de détente, nous libérer un peu du stress, des tensions et de la fatigue, puis prendre le temps d'explorer notre monde intérieur, d'établir un dialogue entre psyché et soma. On peut alors orienter sa pensée vers la guérison d'un symptôme, d'une maladie, harmoniser ses énergies, stimuler l'élan vital, le système immunitaire, comme nous l'avons vu au chapitre 7 (« Visualiser le processus de sa guérison », p. 217 et suivantes).

Concrètement, cela veut dire fabriquer des images qui vont entraîner un réflexe conditionné, non pas à notre insu comme à l'accoutumée, mais en toute conscience, dans le sens souhaité, en vue d'un but précis. Ainsi, le projet thérapeutique de cette technique appelée **visualisation positive** est de fournir au cerveau émotionnel une nourriture positive pour restaurer une régulation fonctionnelle équilibrée dans l'organisme. Il représente la mise en œuvre consciente d'un programme d'informations positives, rectificatrices et réparatrices des dommages, sous forme d'images mentales.

Comment échapper à une programmation nuisible à notre santé ?

En tout premier lieu, il nous faut acquérir une capacité à traverser les deuils liés aux pertes inévitables et de toute nature. Cela suppose une fluidité émotionnelle suffisante, que nous pouvons apprendre à développer par une réflexion consciente sur nous-mêmes et/ou par un travail personnel guidé, que celui-ci soit individuel ou en groupe. L'important est de ne pas se confiner dans les regrets ni de se projeter dans des rêves inatteignables ; ce qui ne veut pas dire, bien sûr, qu'il faille bloquer son imaginaire ni son imagination, simplement accepter que nos rêves et nos fantaisies, pour précieux qu'ils soient, ne vont pas toujours pouvoir se réaliser. Il est important aussi d'apprendre à exploiter et à développer ses potentialités, tout en tenant compte de ses limites, de donner un sens à sa vie et d'entretenir des projets en cohérence avec ses valeurs et aspirations.

On peut comprendre que ce soit là un état difficile à atteindre et à maintenir. Il suppose d'être capable de réajuster ses ambitions, de s'adapter aux changements liés aux circonstances, en particulier à l'avancée en âge, de modifier certains buts, réévaluer ses priorités, accepter des manques et des échecs, ce qui implique d'avoir fait le deuil de beaucoup de choses et en même temps d'être capable de réinvestir chaque jour son énergie dans de nouveaux possibles.

Le goût et la joie de vivre s'alimentent, à tout âge, d'objectifs à court et moyen terme, de buts qui donnent du sens à notre existence. Pour cela, il nous faut ressentir un élan, être motivé, éprouver du plaisir, ou au moins pouvoir l'anticiper ; en langage courant, on dirait savoir être optimiste, garder la capacité de s'enthousiasmer. L'ennui épuise notre énergie, alors que le plaisir ressenti et même simplement imaginé la stimule. L'influence de nos croyances est ici capitale. Les années passant, trop de personnes pensent ou disent : « À mon âge, je ne peux plus faire telle ou telle chose. Je suis trop vieux, trop vieille, pour entreprendre ce que je n'ai jamais fait. » Alors qu'au fil des ans le corps perd inéluctablement une partie de ses forces, ralentit son fonctionnement, le mental peut rester vif, voire suppléer à certains manques, à condition toutefois qu'il reste « éveillé ». Un de nos amis disait ainsi, à l'âge de quatre-vingt-dix ans : « Le cœur voudrait bien encore, mais le corps ne peut plus ! »

Dans notre monde actuel, les valeurs liées à la sensibilité, à la profondeur de l'être, à la réflexion et au silence sont négligées, voire disqualifiées. Il est temps de réagir !

Nous ne dirons jamais assez qu'un entraînement à un dialogue corps-esprit, à la pratique de la pensée positive, de la relaxation, de la respiration, une plus grande connaissance de soi et de son monde émotionnel, un temps réservé à cultiver son monde artistique, esthétique, spirituel facilitent grandement l'instauration et le maintien d'un bon équilibre psychosomatique tout au long de la vie.

➤ Énergie et vieillissement

Ces deux mots accolés peuvent paraître incongrus. L'automne n'a certes pas les ardeurs du printemps, mais chaque saison a son énergie propre et, tant que l'arbre vit, la sève circule. Dans la vieillesse, comme aux autres âges de la vie, l'énergie est bien là, mais elle ne se manifeste plus de la même façon et se module différemment. Un nouveau regard sur le processus du vieillissement peut nous permettre d'envisager cette étape de la vie non plus seulement sur le registre exclusif de la perte et de l'affaiblissement, mais aussi sur celui de la transformation.

L'existence, avons-nous dit, nous confronte à des pertes continuelles : chaque changement suppose de se séparer de l'ancien pour pouvoir accueillir le nouveau. Un être jeune est stimulé dans cette dynamique par la poussée instinctuelle qui lui donne l'envie irrésistible de grandir ou, plus tard, par l'anticipation de ce qu'il va gagner dans l'étape suivante. Mais, chez le sujet âgé, ces « moteurs » n'existent plus, et s'ils ne sont pas remplacés par d'autres, la personne risque de rester fixée dans le regret du passé. L'avenir, envisagé comme ne pouvant apporter que de nouvelles réductions des possibles, se présente à elle de manière négative, sur fond d'angoisse de mort.

Le milieu culturel ambiant ne valorise guère cette dernière tranche de vie, et peu d'efforts sont fournis par notre société pour soutenir le moral des « vieux » ; tout au plus se plaint-on des problèmes économiques que cela risque de poser aux « actifs ». Or, nous avons compris qu'en l'absence de vision positive notre organisme ne fonctionne pas au mieux de ses possibilités. Si notre pensée dévide des images pessimistes, entretient des idées noires, des affects amers, le corps s'en ressent ; il y a alors un risque accru d'affaiblissement du système immunitaire, de ralentissement de certaines fonctions, y compris bien sûr celles du système nerveux.

La vieillesse n'est pas forcément synonyme de maladie, de handicap, de déchéance ; elle peut être vécue en bonne forme physique, dans **un nouvel équilibre psychosomatique moins axé sur l'agir et plus centré sur le vécu intérieur**.

➤ Lutter contre le vieillissement

Qu'est-ce qui permet de bien vieillir ? D'après le docteur Elliot Friedman de l'université du Wisconsin (États-Unis), le sommeil et le lien social joueraient ici un rôle important, puisqu'il semble que ces deux facteurs diminuent le taux d'interleukine-6 dans le sang. L'interleukine-6, sécrétée par le système immunitaire, est un des messagers principaux de la réaction inflammatoire. En cas de stress, et lorsque l'on vieillit, son taux augmente. Or un taux élevé d'interleukine-6 dans le sang augmente les risques d'ostéoporose, d'arthrose, de maladies cardio-vasculaires, de cancers, de maladie d'Alzheimer. Un bon sommeil, une vie sociale active et une activité physique adaptée seraient trois facteurs primordiaux pour réduire ce risque ; ce qui augmenterait donc les chances de bien vieillir. Et si l'on ne peut avoir les trois, cherchons au moins à en avoir deux, ou... au moins un !

Exercice

Les saisons de la vie

Le thème de la relaxation suivante fait référence, tout comme les cinq « organes trésors » du sourire intérieur (cf. aussi p. 292), à une loi énergétique qui soutient les pratiques de santé chinoises. Cette loi (appelée « des cinq Éléments » ou « des cinq Mouvements ») décrit le cycle infini de l'énergie dans la nature et dans le corps humain.

D'abord, choisissez le lieu et la posture qui vous conviennent le mieux pour vous relaxer. Que ce soit allongé ou assis, installez-vous confortablement. Et n'oubliez pas une petite couverture pour le cas ou vous en auriez besoin. Avoir chaud, se sentir protégé, aide à mieux se détendre, à mieux se relaxer, à mieux laisser voler son imagination.

Relâchez votre front, votre visage, tout votre corps. Respirez doucement, calmement. Votre respiration devient tranquille et régulière, votre cœur se calme. Une douce chaleur remplit le creux de votre estomac...

› Pensez maintenant au **printemps**, un très joli printemps. Le ciel est bleu, pur, transparent. Quelques petits nuages s'effilochent dans le ciel. Au loin, le chant d'un oiseau. Le soleil, un soleil neuf, caresse la terre. Vous êtes une petite graine, une toute petite graine plantée dans le sol. Les caresses du soleil, son appel, l'énergie de la terre nourricière vous donnent envie de pointer le nez hors du sol et de connaître le monde. Une énergie s'éveille en vous, et telle une petite pousse voilà que vous apparaissez dans le vaste monde. Un oiseau, perché sur une branche fleurie, vous souhaite la bienvenue.

C'est le temps de la **croissance**. Savourez cette sensation qui pousse tout votre corps, tout votre être, à croître, à grandir, à se développer. Vous poussez, vous poussez...

› Maintenant c'est l'**été**. Le ciel est lumineux. Voilà que vous êtes une belle plante, un bel arbre ; les fruits passent la promesse des fleurs. Les oiseaux viennent se nicher dans vos branches. Le soleil vous couvre de ses rayons. L'ombre de vos ramures s'étend sur le sol et vous offrez la fraîcheur de cette ombre à qui vient y chercher abri. Parfois ce sont des enfants qui s'y cachent pour jouer. Leurs rires, leurs murmures vous font frissonner de plaisir, vous baignent

››

Suite...

de joie. Parfois un oiseau s'envole et revient, un brin de paille au bec, pour faire son nid.

C'est le temps du **rayonnement**. Savourez la sensation de force qui vous habite.

› L'été passe et s'étend. C'est la **fin de l'été**. Les moissonneurs fauchent les blonds épis ; la moisson sera bonne. Le soleil, haut encore, se fait plus doux, les crépuscules plus beaux. La terre se gorge encore de rayons. Les oisillons ont grandi et prennent leur vol. Votre force se mêle de sérénité.

C'est le temps de la **maturité**. Savourez cette sensation et tirez-en le meilleur profit.

› Et voici l'**automne** qui vient. Le soleil est moins chaud, ses rayons parfois pâlissent ; chacun d'eux est précieux. On récolte les fruits, les paniers sont pleins. Le soc des charrues pour la graine prépare le sillon. Quelques bourrasques emportent des feuilles. L'arbre se dénude, mais en lui la sève bouillonne encore. L'énergie est toujours là même si elle ne se manifeste plus comme aux saisons passées.

C'est le temps de la **plénitude**. Savourez la satisfaction d'avoir donné vos fruits. Acceptez cette nouvelle étape. D'autres vont faire ce que vous avez fait. Il est important que vous soyez là pour les guider, les accompagner.

› Et puis c'est l'**hiver** avec ses froidures, ses frimas. Un soleil pâle perce encore la nuée. Les branches sont nues, les nids abandonnés. Mais l'énergie est encore là qui se recueille. Comme la sève, elle descend doucement vers le sol, va un jour retrouver la terre.

C'est le temps de l'**intériorisation**. C'est le moment de l'accomplissement. Le corps ne suit pas toujours, alors que le cœur souvent voudrait bien encore, « Voulez-vous danser, grand-mère ? » Et puis, même s'il nous en coûte, on sait bien que « si le grain ne meurt... »

› Et c'est à nouveau le **printemps**. Un nouveau printemps, dans un monde nouveau. Tout le passé est oublié. Place à la vie nouvelle.

»

Suite...

La graine, transformée par son long séjour dans le sol, retrouve une vigueur nouvelle pour découvrir un monde nouveau.

Savourez cette sensation de renouveau. Et, si vous le voulez, imaginez cette autre vie après la vie...

Et, sous l'impulsion de cette énergie qui remonte, ouvrez doucement les yeux, levez-vous, étirez-vous, bâillez si vous en avez envie. La force est en vous, la vie est là qui vous appelle !

Conclusion

Ce livre appelle-t-il une conclusion ? Sans doute, mais nous ne croyons pas que ce soit à nous de la donner, mais bien plutôt à toi, ami lecteur, qui nous as suivis au fil de ces pages, car sa conclusion, s'il doit en avoir une, ne peut être que pratique.

Et cette pratique, toi seul peut la réaliser.

Nous écrivions dans l'introduction : « Nous voudrions montrer dans ce livre que la santé dépend, certes, de nombreux facteurs qui ne sont pas tous maîtrisables, mais que nous disposons aussi de ressources efficaces pour la préserver, voire l'optimiser. »

Y sommes-nous parvenus ? Toi seul peux le dire.

Si tu as trouvé au cours de ta lecture des informations éclairantes, si tu as découvert (ou redécouvert) des ressources qui ont retenu ton intérêt, alors n'hésite pas à les pratiquer.

Nous connaissons nombre de gens qui, d'atelier en séminaire, ont engrangé des tonnes de pratiques, de techniques, utiles et faciles à utiliser, mais qu'ils ont rapidement oubliées, comme des livres trop vite feuilletés. Ils en ont des placards pleins, mais ne pensent pas à s'en servir.

Nous souhaitons que pour toi il n'en soit pas de même, et que tu n'hésites pas à relire ce qui t'a intéressé.

Rappelle-toi les grands axes proposés : le **corps**, la **conscience**, l'**énergie**, la **respiration**, la **gestion des émotions**, la **relaxation**, le **mouvement**, les **images mentales**, les **pensées positives**... Fais de petites choses, mais fais-les vite !

Tout cela appartient à notre quotidien. Commence par le plus simple, le plus facile, ce qui te plaît le plus. Une petite graine semée aujourd'hui peut devenir un grand arbre. Un grain de sable, uni à d'autres petits grains de sable, peut former une plage...

Le tout est de commencer. Alors, c'est pour quand ?

Paraphrasant le vieil Omar Khayyam, nous aimerions te rappeler :

Sois heureux un instant,
cet instant c'est ta vie.

Et, s'il te plaît, n'oublie pas : **le bien-être, c'est peut-être pour plus tard, mais le mieux-être, c'est tout de suite !**

Santé !

Bibliographie

1. Un cocktail doux-amer

› BAUMANN N. (2005). Préface à *La Santé indigène*, de J.-P. Barou et S. Crossman, Montpellier, Indigène Éd.
› GUASCH G. ET HINOSTROZA L. (2005). *Diagnóstico y medicina tradicional. El arte del diagnóstico en las medicinas tradicionales de Asia y América*, México D.F., Ocelote.
› LABORIT H. (1985). *L'Inhibition de l'action*, Paris, Masson.
› LOUIS C. (2004). « Thérapies alternatives à travers le monde : la science du XXIe siècle tente de comprendre, voire de s'approprier, les savoirs ancestraux », *Le Figaro*, 3 août 2004.
› ROSENGREN A. ET AL. (2004). « Association of psychosocial risk factors with risk of acute myocardial infarction in 11 119 cases and 13 648 controls from 52 countries (the INTERHEART study) : case-control study », *Lancet*, septembre 2004, vol. 11, n° 364, p. 953-962.
› SELYE H. (1975). *Le Stress de la vie*, Paris, Gallimard.
› STEINMANN L. ET LUPIERI S. (2004). Dossier « Travailler nuit gravement à la santé », *Enjeux*, novembre 2004, n° 207.
› STORA J.B. (1999). *Quand le corps prend la relève. Stress, traumatismes et maladies somatiques*, Paris, Odile Jacob.
› VAGO K. (1997). « Stress et glandes surrénales », *Énergie santé*, n° 36, p. 36-59.

2. La merveilleuse intelligence de notre corps

› ADER R., FELTEN D. ET COHEN N. **EDS**. (1991). *Psycho-neuro-immunology*, 2nd ed., London, Academic Press.
› ANSELME B. (1991). *Le Corps humain*, Paris, Nathan, 1991/1998/2002.
› DAVIDSON R.J. ET AL. (2003). « Alterations in brain and immune function produced by mindfulness meditation », *Psychosomatic Medicine*, n° 65, p. 564-570.

› DAVIS D. (2006). « Dialogue entre cellules immunitaires », *Pour la science* (édition française de *Scientific American*), mars 2006, n° 34, p. 54-61.
› DIVERS AUTEURS (2005). Dossier « Génome humain et médecine », *Pour la science*, janvier 2005, n° 46.
› FELTEN D. ET AL. (1985). « Noradrenergic and peptidergic innervation of lymphoid tissue », *The Journal of Immunolgy*, n° 135, p. 755-765.
› GABERT F. (2005). *Le Système immunitaire*, Grenoble, CDRP de l'académie de Grenoble.
› GUASCH G. (2001). Articles : « Bichat », « Reich », « Système végétatif » et autres, *Dictionnaire culturel des sciences* (collectif sous la direction de N. Witkowski), Paris, Seuil/Regard.

3. La valse des émotions

› BUIJSSE B. (2006) : « Cocoa intake, blood pressure, and cardiovascular mortality », *Arch. Intern. Med.*, n° 166, p. 411-417.
› DAMASIO A.R. (2003). *Spinoza avait raison. Joie et tristesse, le cerveau des émotions*, Paris, Odile Jacob.
› DENTON D. (2005). *Les Émotions primordiales*, Paris, Flammarion.
› DIVERS AUTEURS (2003). Dossier « Vaincre l'anxiété », *Le Nouvel Observateur*, 20-26 février 2003.
› DIVERS AUTEURS (2004). Dossier « La force des émotions », *Cerveau et Psycho*, n° 6.
› DUBE L. LEBEL J.L. LU J. (2005). « Affect asymmetry and comfort food consumption », *Physiol. Behav.*, 15 novembre 2005, vol. 86, n° 4, p. 559-567.
› FAVRE-BISMUTH C, GROUZMANN E. (1985). « Chocolatomanie », *Médecine interne*, p. 108-111.
› FIAMMETTI R. (2004). *Le Langage émotionnel du corps*, Paris, Dervy.
› GUASCH G. (1998). *Wilhelm Reich, énergie vitale et psychothérapie*, Paris, Retz.
› LE DOUX J. (1996). *The Emotional Brain*, New York, Simon and Schuster (traduction française : *Le Cerveau des émotions*, Paris, Odile Jacob, 2005).
› LENZEN M. (2004). Dossier « Cerveau et émotions », *Cerveau et Psycho*, juin-août 2004, n° 6.
› RIMÉ B. (2005). *Le Partage social des émotions*, Paris, PUF.
› SHUMYATSKY G.P. (2005). « Stathmin, a gene enriched in the amygdala, controls both learned and innate fear », *Cell*, 18 novembre 2005, vol. 123, p. 697-709.
› VINCENT J.D. (1986). *Biologie des passions*, Paris, Odile Jacob. Rééd. 2002.

4. Quand l'émotion « prend corps »

› HOUDE O., MAZOYER B., TZOURIO-MAZOYER N. (2002). *Cerveau et psychologie*, Paris, PUF.
› MILLER A. (1980). *C'est pour ton bien*, Paris, Aubier, 1984 (trad. fr.).
› REICH W. (1952). *La Fonction de l'orgasme*, Paris, L'Arche.
› SHREEVE J. (2005). « Beyond the brain », *National Geographic*, mars 2005, p. 2-31.
› WOLF ET WOLF (1943). *Human Gastric Function. Stomach*, Oxford, Oxford University Press.

5. Lorsque mon corps se plaint

› BENAZERAF C. (1994). *Les Chagrins de la peau*, Paris, Grasset.
› CORNEAU G. (2000). *La Guérison du cœur. Nos souffrances ont-elles un sens* ?, Paris, Laffont.
› DOREY G. (2005). BJU *International*, septembre 2005.
› DRANSART PH. (1999). *La maladie cherche à me guérir*, Grenoble, Le Mercure dauphinois.
› DUBOS R. (1972). *L'Homme interrompu*, Paris, Denoël.
› FERRAGUT É. (éd). (2004). *Émotion et mémoire. Le corps et la souffrance*, Paris, Masson.
› JEAMMET P. (2005). *Anorexie, boulimie. Maladies du paradoxe*, Paris, Hachette.
› KAUSHIK R. ET AL. (2005). « Biofeedback assisted diaphragmatic breathing and systematic relaxation versus propranolol in long term prophylaxis of migraine », *Complementary Therapies in Medicine*, septembre 2005, vol. 13, n° 3, p. 165-174.
› KELLER S. ET AL. (1992). « Affective processes and immune disfunction have health consequences », *Biological Psychiatry*, n° 31.
› KLOTZ H.P. (1983). *Du bon usage de la médecine*, Paris, Presses de la Renaissance.
› PALLARDY P. (2002). *Et si ça venait du ventre* ?, Paris, Laffont.
› STERN E. (1955). *Les Conflits de la vie, causes de maladies*, Paris, Payot.
› XU W. TAMIM H. ET AL. (2006). « Use of antidepressants and risk of colorectal cancer : a nested case-control study », *Lancet Oncol.*, 7 avril 2006, n° 4, p. 301-308.

6. Corps & énergie

› AMOYEL J. (1984). *Acupuncture, le défi par l'aiguille*, Saint-Jean-de-Braye, Dangles.
› CHOPRA D. (1990). *Le Corps quantique. Trouver sa santé grâce aux interactions corps/esprit*, Paris, InterÉditions.

› DELCLOS M. (2005). *Vivre le Tao*, Paris, Trajectoire.
› DUTHEIL R. (1992). *La Médecine superlumineuse*, Paris, Sand.
› GARILLON (1998). « Demain la médecine quantique », *Énergie santé*, n° 42, p. 40-53.
› HUAI-CHIN N. (1994). *Yi King, Sagesse et santé*, Paris, Guy Trédaniel.
› MUSSAT M. (1982). *Énergétique des systèmes vivants*, Paris, Medsi.
› OSCHMAN J.L. (2000). *Energy Medicine : The Scientific Basis*, Edimburg, Churchill Livingstone.
› REQUENA Y. (1989). *Qi Gong. Gymnastique chinoise de santé et de longévité*, Paris, Guy Trédaniel.
› SAINTE-ROSE M. (2000). *La Santé au bout des doigts. L'ostéopathie, médecine moderne*, Paris, Laffont.
› STEVANOVICH V. (1993). *La Voie de l'énergie. L'éveil et le développement du chi, ou énergie vitale*, Saint-Jean-de-Braye, Dangles.
› TOHEI K. (1982). *Le Livre du Ki ; l'unification de l'esprit et du corps dans la vie quotidienne*, Paris, Guy Trédaniel.
› TREMBLAY N. (2004). *Le Tao de l'énergie : corps, mental, esprit*, Outremont, éd. Quebecor.

➤ 7. Mon médecin intérieur

› BAUSELL R.B. ET AL. (2005). « Is acupuncture analgesia an expectancy effect ? Preliminary evidence based on participants' perceived assignments in two placebo-controlled trials », *Eval. Health Prof.*, n° 28, p. 9-26.
› DE LA FUENTE-FERNANDEZ R. ET AL. (2001). « Expectation and dopamine release : mechanism of the placebo effect in Parkinson's disease », *Science*, 10 août 2001, vol. 293, n° 5532, p. 1164-1166.
› FILLIOZAT I. (1992). *L'Alchimie du bonheur*, Paris, Dervy.
› GROOPMAN J. (2004). *La Force de l'espoir, son rôle dans la guérison*, Paris, Jean-Claude Lattès.
› GUARNERI M. (2006). *The Heart Speaks : A Cardiologist Reveals the Secret Language of Healing*, New York, A Touchstone Book/Simon & Schuster.
› JANSSEN TH. (2006). *La Solution intérieure. Vers une nouvelle médecine du corps et de l'esprit*, Paris, Fayard.
› KLOTZ H.P. (1983). *Du bon usage de la médecine*, Paris, Presses de la Renaissance.
› KOCH C. (2006). *À la recherche de la conscience*, Paris, Odile Jacob.
› MCRAE C. ET AL. (2004). « Effects of perceived treatment on quality of life and medical outcomes in a double-blind placebo surgery trial », *Arch. Gen. Psychiatry*, n° 61, p. 412-420.
› MOERMAN D. (2000). « Cultural variations in the placebo effect : ulcers, anxiety and blood pressure », *Medical Anthropology Quarterly*, n° 14, p. 1-22.

› MYSS C. (1998). *Anatomie de l'esprit. Les sept étapes pour retrouver son pouvoir de guérison*, Outremont, Ariane.
› NATHAN T. (1994). *L'Influence qui guérit. Une théorie générale de l'influence thérapeutique*, Paris, Odile Jacob.
› ORNSTEIN R., SOBEL D. (1988). *The Healing Brain*, London, Macmillan.
› PETROVIC P. ET AL. (2002). « Placebo and opioid analgesia. Imaging a shared neuronal network », *Science*, n° 295, p. 1737-1740.
› REUTER L. (1999). *Votre esprit est votre meilleur médecin*, Paris, Robert Laffont.
› REVOY N. ET CHAMBON PH. (2006). « La science aux portes de la conscience », *Science et vie*, mars 2006, n° 1062, p. 56-71.
› RIOU-MILLIOT S. (2005). Dossier « Quand l'esprit guérit le corps », *Sciences et avenir*, mars 2005, n° 705, p. 62-71.
› VINCENT C. (2006) « Comment le cerveau décrypte les messages antitabac », *Le Monde*, 1er mars 2006.
› WEIL A. (1995). *Spontaneous Healing*, New York, Alfred Knopf Inc. (traduction française : *Le Corps médecin*, Paris, J'ai Lu, 2000).
› ZARIFIAN E. (1999). *La Force de guérir*, Paris, Odile Jacob.
› ZUBIETA J.K. ET AL. (2005). « Placebo effects mediated by endogenous opioid activity on {micro-)opioid receptors », *J. Neurosci.*, n° 25, p. 7754-7762.

➤ 8. L'approche psychosomatique en action

› GUASCH G., FILLIOZAT A.M. (1995). « La psychosomatique en action », *Énergie santé*, n° 29.
› GUASCH G., FILLIOZAT A.M. (1996). « L'écoute psychosomatique en médecine », *Le Concours médical*, 27 janvier 1996.
› GUASCH G. (2004). « Un autre regard sur la psychosomatique », ADIRE-*Revue d'analyse psycho-organique*, n° 20, p. 19-48.
› MAINGOT G. (1920). « Conférence donnée le 13 novembre 1920 au Collège de France », *Bulletin de l'Institut général psychologique*, n° 4-6.
› ROSSI E. (2002). *The Psychobiology of Gene Expression. Neuroscience and Neurogenesis in Therapeutic Hypnosis and the Healing Arts*, New York, W. W. Norton Professional Books.

➤ 9. Aide-toi, ton corps t'aidera !

› ALIMI D. ET AL. (2003). « Analgesic effect of auricular acupuncture for cancer pain : a randomized, blinded, controlled trial », *Journal of Clinical Oncology*, n° 21, p. 4120-4126.
› BERTHERAT TH. (1976). *Le corps a ses raisons. Autoguérison et antigymnastique* (avec la collaboration de Carol Berstein), Paris, Seuil.

› FELDENKRAIS M. (1971). *La Conscience du corps*, Paris, Laffont.
› FLECHE CH. (2000). *Mon corps pour me guérir. Décodage psychobiologique des maladies*, Barret-le-Bas, Le Souffle d'or.
› LOUIS C. (2004). « Thérapies alternatives : à travers le monde, la science du XXIe siècle tente de comprendre, voire de s'approprier, les savoirs ancestraux », *Le Figaro*, 3 août 2004.
› NOGIER P. ET R. (1979). *L'Homme dans l'oreille*, Moulins-lès-Metz, Maisonneuve.
› SCHEFFER M. (1991). *Les 38 quintessences florales du Dr Edward Bach*, Paris, Librairie Médicis.
› SERVAIS PH. (2000). *Larousse de l'homéopathie* (sous la direction de), Paris, Larousse.

10. La santé au jour le jour

› ANDRÉ C. (2006). *Imparfaits, libres et heureux. Pratiques de l'estime de soi*, Paris, Odile Jacob.
› ANDRÉ J. (2006). « Petits poèmes antidéprime », *Epok*, 17-23 mars 2006, p. 23.
› CLINTON J.M. (2006). « Tout se joue avant 6 ans » (interview par Christian Lamontagne), passeportsanté.net, 13 février 2006.
› DIJKSTERHUIS A. ET AL. (2006). « On making the right choice : the deliberation-without-attention effect », *Science*, 17 février 2006, vol. 311, n° 5763, p. 1005-1007.
› FILLIOZAT R. (1995). « Une toilette émotionnelle s'impose » (entrevue avec Anik Douseau), *Psychologies*, mars 1995, n° 129, p. 38-41.
› FRIEDMAN E.M. (2005). « Social relationships, sleep quality, and interleukin-6 in aging women », *Proc. Natl Acad. Sci.*, décembre 2005.
› GILTAY E.J. ET AL. (2006). « Dispositional optimism and the risk of cardiovascular death. The Zutphen elderly study. », *Arch. Intern. Med.*, n° 166, p. 431-436.
› SARANO J. (1975). « La santé, valeur suprême », *Informations sociales*, n° 9, p. 70-74.
› TRAN DINH CAN M. (2002). *Bien dormir pour guérir*, Monaco, éd. du Rocher.

Outre les revues et ouvrages mentionnés ici, nous avons aussi consulté pour la rédaction de ce livre divers sites Internet, français et étrangers, consacrés au bien-être et à la santé, parmi lesquels un excellent site québécois : Passeport santé.net,

bulletin.hebdomadaire@passeportsante.net

Et le dynamique site santé de la revue française *Le Nouvel Observateur* :

newsletter@lejournalsante.com

Adresses utiles

› LE CERCLE PSYCHOSOMATIQUE.

Un groupe d'étude et de formation créé et dirigé par Anne-Marie Filliozat et Gérard Guasch, à Paris, pour pratiquer et enseigner l'approche décrite dans ce livre : la psychosomatique en action. Stages d'initiation, ateliers thérapeutiques, séminaires, journées d'étude et de supervision de cas.

Tél./fax : 01 45 39 53 33 et 01 55 96 03 57.

› LE CERCLE D'ÉTUDE WILHELM REICH.

Un groupe de formation à l'analyse reichienne et aux méthodes de décuirassement de l'organisme, créé et dirigé par Gérard Guasch et Jacques Lesage de la Haye, à Paris.

Tél. : 01 45 92 96 94 ; fax : 01 49 32 02 32.

› UN SITE INTERNET (en espagnol), créé par Helder Vera, qui parle d'analyse reichienne et de psychosomatique dans notre perspective :

www.biofuncional.com

› ET LES ADRESSES INTERNET DES AUTEURS :

Anne-Marie Filliozat :

am.filliozat@wanadoo.fr

Gérard Guasch :

gguasch@hotmail.com

Remerciements

Un livre ne s'écrit jamais sans l'aide bienveillante de bons génies et d'indulgentes fées, ni sans la vigoureuse critique d'amis très chers.

Nous avons bénéficié de l'aide des uns et des autres, et nous voudrions remercier ici très vivement tous ceux qui, de près ou de loin, nous ont soutenus dans l'écriture de ce livre, et tout particulièrement (par ordre alphabétique, qui n'a pas été forcément l'ordre de leur entrée en scène) : **Suzanne Dupuis, Jean-Denis et Rémy Filliozat, Alain Gamichon, Nicole Geslin, Anna et Isabel Guasch, Érick Henry, Patrice Levallois, Jacques Lesage de la Haye, Marie-France Médana, Jorge Morales, Rocío Peyron, Annie et Jocelyne Sauvard, Marduk Serrano**.

Et l'équipe éditoriale, grâce à qui vous avez cet ouvrage entre les mains.

À tous, à ceux que nous avons pu oublier, et à toi lecteur qui nous as suivis jusqu'à la fin de cette page, jusqu'à la fin de ce livre.

Merci et encore merci.

A-M. F. et G.G.

Table

Des mêmes auteurs

■ Anne-Marie Filliozat

› **Le Défi des mères** (en collaboration avec Isabelle Filliozat), Paris, Dervy, 1994.

A collaboré aux ouvrages collectifs suivants :
› La Complexité, l'humain et ses environnements (document de l'INJEP n° 2), Marly-Le-Roi, INJEP, 1991.
› Réussir son avancée en âge (H. Périé et C. Jeandel, coordinateurs), Paris, éd. Frison-Roche, 1998.
› Vers une médecine de l'homme en mouvement (sous la direction de H. Perié, F. Commandré et D. Barrault), Paris, éd. Frison-Roche, 2006.

■ Gérard Guasch

› L'Homosexualité. Paris, Filippachi, 1972.
› L'Adolescent et son corps. Paris, Éditions universitaires, 1973. (Traduit en espagnol et en italien.)
› Arsène Lupin, un caractère sur le divan. Paris, L'Harmattan, 1997.
› Quand le corps parle... Vannes, Sully, 1998/2002.
› Wilhelm Reich, énergie vitale et psychothérapie. Paris, Retz, 1998.
› Diagnóstico y Medicina Tradicional. El arte del diagnóstico en las medicinas tradicionales de Asia y América (en collaboration avec L. Hinostroza), México D.F., Ocelote, 2005.
› Wilhelm Reich, Biographie d'une passion. Sully, 2007.

A collaboré aux ouvrages collectifs suivants :
› Encyclopédie de la sexualité (sous la direction du Pr R. Volcher), Paris, Éditions universitaires, 1973.
Dictionnaire de la vie affective et sexuelle (sous la direction du Dr Jean Cohen), Paris, Casterman, 1974.
Educazione sessuale : falso problema, Milano, Ed. Paoline, 1975.
Dictionnaire culturel des sciences (sous la direction de Nicolas Witkowski), Paris, Regard/Seuil, 2001.

Ensemble, ils ont aussi participé à l'ouvrage collectif, publié sous la direction du Dr Simon Idelman : Psychosomatique et guérison. De la dualité à l'unité : vers une santé holistique, Saint-Jean-de-Braye, Dangles, 2004.

Dans la collection Guides Clés

Le livre de l'essentiel, I, II et III
collectif

Le livre des dauphins et des baleines
Brigitte Sifaoui

Le secret d'Abou Simbel.
Le chef-d'œuvre de Ramsès II décrypté
François Xavier Héry

Le grand livre des rêves
Roger Ripert, Sylvain Michelet, Nicolas Maillard

Enquête sur la réincarnation
collectif

Le grand livre de la tendresse
collectif

Madre Tierra !
Pour une renaissance amérindienne
Daniel Wermus

Conception graphique : Valérie Faron
Illustrations : Cécile Mazur

Composition I.G.S.
Impression CPI Firmin Didot *en octobre* 2010
Éditions Albin Michel
22, *rue* Huyghens, 75014 Paris
www.albin-michel.fr
ISBN 978-2-226-17502-1
N° *d'édition* 17281/05 - N° *d'impression* - 102479
Dépôt légal octobre 2006
Imprimé en France